本书的出版得到了全国重点马克思主义学院建设、
上海市高校思政课教指委建设立项资助

教育与传播·"近思"文献读本

丛书主编：肖 巍

人权问题、理论与实践

HUMAN RIGHTS ISSUES, THEORY AND PRACTICE

任帅军 ——— 编

天津出版传媒集团

天津人民出版社

图书在版编目(CIP)数据

人权问题、理论与实践/任帅军编. —— 天津：天
津人民出版社,2023.3
(马克思主义学院望道书系/肖巍主编. 教育与传
播·"近思"文献读本)
ISBN 978-7-201-19099-0

Ⅰ.①人… Ⅱ.①任… Ⅲ.①人权—研究 Ⅳ.
①D082

中国版本图书馆 CIP 数据核字(2022)第 254531 号

人权问题、理论与实践
RENQUAN WENTI LILUN YU SHIJIAN

出　　版	天津人民出版社
出 版 人	刘　庆
地　　址	天津市和平区西康路35号康岳大厦
邮政编码	300051
邮购电话	(022)23332469
电子信箱	reader@tjrmcbs.com

策划编辑	王　康
责任编辑	王佳欢
装帧设计	明轩文化·王　烨

印　　刷	天津新华印务有限公司
经　　销	新华书店
开　　本	710毫米×1000毫米 1/16
印　　张	18.5
插　　页	2
字　　数	250千字
版次印次	2023年3月第1版 2023年3月第1次印刷
定　　价	78.00元

总　序

中国特色社会主义进入新时代,中国与世界的关系在已发生历史性变化的基础上又面临许多新变化新课题。中国积极推进"四个全面"战略布局,努力为促进世界可持续发展提供新动力新方案,积极推进全球治理体系和治理方式的变革。与此同时,为了保证中国发展坚持正确的方向,国家领导人发表了很有针对性也很有分量的讲话,并论证了新时代意识形态工作的极端重要性。在这些论述的指导和鼓舞下,意识形态领域出现了令人振奋的新气象。但是如何构建反映中国改革开放和现代化潮流、符合中国特色社会主义建设和发展需要的意识形态,仍然是我们要认真对待并积极做好的事情。

在当代中国,社会主义意识形态必须正视若干挑战:

一是由资本主导的现代生产生活方式的挑战。资本是这个世界上最强势的"物化"力量,科学技术的巨大成就标榜的所谓"价值中立""工具理性"和效用(功利)主义,往往使人们丧失了对为什么要这样做的价值追问。物质日益丰富和技术更新换代、生活标准的提高、消费观念的刷新,极大地改变了人们的生活方式和消费习惯,通过各种手段刺激起来的消费欲望也在吞噬着劳动的快乐,淹没了人的审美情趣和精神向往,导致出现相当普遍的价值迷失现象。

二是数字技术和网络传播方式的挑战。数字技术发展和网络传播方式的增多大大拓展了人们的视野,丰富了人们的精神生活,激活了人们的参与热情,也促使人们对公共话题的思维方式和表达方式发生了很大变化。信息选择多样性和价值取向多元化,在相当程度上冲击了主流意识形态的导向和控制力,弱化了大众尤其是青年人对主流意识形态的认同。网络强大的渗透功能也为各种势力的价值观传播提供了技术条件,"互联网 +"时代意识形态建设和社会主义核心价值观广泛践行的难度不可低估。

三是全球化及其"逆袭"带来的外来思想挑战。冷战终结,直接导致人们对于苏联解体大相径庭的认知和解释,反映了价值观层面的严重困惑。在全球化跌宕起伏的过程中,西方价值观凭借着先进技术和话语权优势,通过各种政策主张有所表现而产生了不小的影响,但由于安全、气候、移民、核控等一系列全球治理问题陷入困境,地方性的民族认同和文化认同遭遇前所未有的危机,催生了新型民粹主义、民族主义和激进主义的思想温床,甚至出现了某些极端势力。

四是与我国发展转型改革开放不适应的各种社会思潮挑战。我国社会基本矛盾已经发生变化,发展不平衡不充分问题尤为突出,利益多元化和价值观疏离也已是不争的事实。文化保守主义刻意强调某些与现代化精神格格不入的东西,并把它们当作抑制现代病、克服人心不古的"良药";历史虚无主义否定历史进程的必然性,否定中国现代化艰难探索和中国革命的伟大意义,否定中国共产党执政的合法性;发展转型还遇到创新能力、改革动力、政策执行力不足的困扰,出现了明里暗里否定改革开放的思潮,以及令人担忧的蔓延之势。

新时代中国特色社会主义致力于解决各种"发展以后的问题",但相对于经济建设、制度建设作为国家建设的"硬件"比较"实",文化建设、意识形态建设作为国家建设的"软件"仍然比较"虚",意识形态建设能否取得实效,就要看其是否既能反映"发展以人民为中心"这个原则,又能用主流意识形态引领各种社会思潮,最大限度地满足人民群众,尤其是青年人的获得感、幸福感、安全感。实现意识形态的"最大公约数",还要靠我们一起努力。

当代中国的意识形态建设毫无疑问要坚持社会主义方向,同时要体现中国特色,弘扬中国精神,还要拥有时代情怀,开阔全球视野。

这样的意识形态建设是自主的。中国特色社会主义实践蕴涵着丰富的思想内容,包括以人为本、发展优先、社会和谐、国家富强、天下为怀。这些内涵构成了充满自信的"法宝",并以此增强主旋律思想的生命力、凝聚力、感召力,防止在与各种社会思潮的互动碰撞中随波逐流、进退失据,拥有中国特色社会主义建设者所应具备的思想素质和自信心,为实现中华民族伟大复兴提供值得期待的价值观愿景。

这样的意识形态建设是包容的。在改革开放和社会转型的过程中,各种思想思潮都有其存在的合理性,或将与主流意识形态长期共存,有交流交融也有交锋。我们必须充分了解它们的来龙去脉,以我为主、为我所用,积极加以引导,最大限度地凝聚思想共识,最大限度地发挥各方面的积极性。我们还应遵循"古为今用,洋为中用"的原则,有选择地吸纳、消化古今中外一切优秀成果,服务于意识形态建设这个目标。

这样的意识形态建设是中道的。各种社会思想思潮既有个性,又有共性。有个性,就有比较;有共性,就可以借鉴。这就要求我们在比较借鉴的基础上,取长补短,举一反三,中道取胜,同时警惕极端的、偏激的思想干扰。思想引领既要坚决,又要适度,避免"不及"与"过头"。既不能放弃原则,一味求和、害怕斗争,又不能草木皆兵,反应过度;既保持坚定的思想立场,也讲求对话交流的艺术。

这样的意识形态建设是创新的。与我国协调推进"四个全面"战略布局相适应,宣传思想工作切不能墨守成规,包括理论资源、话语体系、表达方式、传播手段等都要主动求"变",主动利用现代传播手段,打造主流思想传播的新理念、新形象、新渠道、新载体。这就对在讲好中国故事的同时提供中国方案提出了更高的创新要求,即通过教育引导、舆论宣传、文化熏陶、实践养成、制度保障,使之有机融入意识形态工作的方方面面。

新时代中国特色社会主义的伟大实践正在"给理论创造、学术繁荣提供强大动力和广阔空间"。为此,我们推出这套意识形态建设基本文献读本

（选编），并设定若干主题，包括当代国外经济、社会、政治、文化、科技、生态等理论和方法，以及与意识形态建设有关的领域的思想资源。我们尽量从二战后，特别是冷战终结以来的具有代表性的著述中选取资源，分门别类地加以筛选、整理。希望读者一卷在手，就能够比较便捷地对这些领域的观念沿革、问题聚焦和思想贡献有一个大概的了解。这套读本是复旦大学马克思主义学院学科建设的资助项目，同时也获得了上海市研究生思想政治理论课教学指导委员会的支持。这套丛书不单是关于意识形态建设的文献选编，也可以作为马克思主义理论学科建设、思想政治理论课教学、马克思主义学院研究生培养的参考用书，还可以作为人文社会科学相关学科、专业研究生教学和研究的通识教育读本。

　　是为序。

肖　巍

2019 年秋于复旦大学光华楼

目 录

Contents

三、国家现行宪法法律的规定

四、人权国际文件

五、人权理论研究

选编说明

长期以来，中国坚持把人权的普遍性原则同中国实际相结合，不断推动经济社会的发展，增进人民福祉，促进社会公平正义，加强人权法治保障，努力促进经济、社会、文化权利与公民权利、政治权利全面协调发展，显著提高了人民生存权、发展权的保障水平。中国人民正在为新时代中国特色社会主义现代化事业而奋斗，这将在更高水平上保障中国人民的人权，促进人的全面发展。

中国人权事业的不断发展进步，与中国在政治、经济、社会、文化、环境、科技等领域的不断发展密不可分。新中国成立以来，中国人权事业迎来了新的历史曙光，尤其是改革开放以来，中国人权实践已经进入新阶段。但其中也有一些亟待解决的问题，如农村贫困问题、改善民生问题、完善民主问题、环境保护问题、社会发展问题、法治建设问题、道德培育问题等。这些问题看似与人权无关，其实就是当下中国在发展转型过程中需要认真对待的人权问题。突破和解决这些制约中国人权发展的瓶颈问题，既是中国共产党执政为民的重要使命,也是实现中华民族伟大复兴的必然要求。

从意识形态角度对人权问题进行汇编,既要对世界范围内的人权理论研究进行梳理,对人权国际文件进行必要的介绍,又要从党和国家(中央政府)的人权论述中把握中国人权事业发展的脉络,从相关文件中思考中国如何持续推进人权工作,还要将人权放到法治中国建设的视野中进行考察,从宪法和专门法的规定中看人权保障的实现程度。这是对人权问题进行理论与实践研究必须要掌握的资料。

在经典作家的有关论述中,本书选编了无产阶级革命导师关于人权及有关问题的主要论述,统一引用2009年版的《马克思恩格斯文集》,集中体现在马克思的《论犹太人问题》《关于费尔巴哈的提纲》《哥达纲领批判》,恩格斯的《私有制、家庭和国家的起源》《反杜林论》,马克思恩格斯的《神圣家族》《德意志意识形态》《共产党宣言》《资本论》等著作中,通过节选,力图反映经典作家关于人权论述本身的内在逻辑。在列宁关于人权的论述中,统一引用2012年版的《列宁选集》,集中体现在《党的组织和党的出版物》《论面目全非的马克思主义和"帝国主义经济主义"》《国家与革命》《俄共(布)党纲草案》等文献中。以专题链接的形式呈现国家领导人的有关论述。以毛泽东同志为主要代表的中国共产党人,为国家的独立和人民的权利而争人权,为主权的平等和社会的建设而争人权,为政权的稳固和世界的和平而争人权,集中体现在毛泽东的《关于正确处理人民内部矛盾的问题》一文中。以邓小平同志为主要代表的中国共产党人"实事求是"定位中国人权问题的性质,通过解放思想推进中国人权事业的发展,形成中国特色的人权理论与实践,从《邓小平同志会见加拿大前总理特鲁多时的谈话》中可以了解其人权思想。以江泽民同志为主要代表的中国共产党人对马克思主义人权观进行了创新性的发展,在与西方"普世人权"的较量中肯定了人权的普遍性,通过走中国特色人权道路肯定了人权的特殊性,并明确指出中国有权选择实现人权的发展道路,从《在联合国千年首脑会议上的讲话》中可以看出中国政府对人权的重视程度。以胡锦涛同志为主要代表的中国共产党人以科学发展观统领中国人权事业的发展,可以参阅胡锦涛的《致中国人权研究会的信》。党的十八大以来,习近平总书记对我国人权事业发展作出一系列重要论述,制定了一系列实现人权的中国举措。实现中国梦的过程就是不断推进人权事业发展的过程,中国精准扶贫、精准脱贫是世界人权事业的"中国方案",中国人权事业是构建人类命运共同体的重要组成部分。这些都成为习近平谈治国理政的重要内容。

在党和国家(中央政府)的人权文件中,《国家人权行动计划(2016—2020)、(2012—2015)、(2009—2010)、(2021—2025)》分阶段明确了中国政府在促进和保护人权方面的工作目标和具体措施。中国政府还专门通过发布《中国司法领域人权保障的新进展》《发展权:中国的理念、实践与贡献》白皮书、《中国的减贫行动与人权进步》白皮书、《中国性别平等与妇女发展》白皮书、《新疆人权事业的发展进步》白皮书等,讲好中国的人权"故事",尤其是重视通过法治建设对人权的保障,不仅发布了《中国人权法治化保障的新进展》白皮书,还在《中共中央关于全面推进依法治国若干重大问题的决定》中重视人权的法治保障。

在国家现行法律的有关规定中,宪法明确规定:"国家尊重和保障人权。"人民主权原则是基本人权原则的政治载体,这是国家建立合法性权力,正当行使权力来保障人权的基本原则,在宪法条文中得到了集中体现。宪法通过确定基本人权原则保障权利的不可侵犯性,成为人权的保障书。开展人权法治教育,还要把部门法中的人权条款摘录出来,供理论工作者学习和研究。通过了解在民法通则、民事诉讼法、刑法、刑事诉讼法、行政处罚法、行政强制法、行政诉讼法等法律中的人权保障条款,可以建立人权在部门法和具体司法实践中的规定、保障和实现的概况。

联合国一直是世界人权事业发展和进步的积极推动者,在世界范围内推动制定了《世界人权宣言》《经济、社会和文化权利国际公约》《公民权利和政治权利国际公约》《发展权利宣言》《维也纳宣言和行动纲领》《和平权利宣言》等具有国际法效力的人权条约和文件。这些都是联合国人权核心条约,不断为世界人权发展的理论和实践注入新的活力。了解和研究这些国际人权条约，既对国际人权法的遵守与实施具有重要意义，又对国际人权事业与中国人权事业的衔接具有重要意义。

人权理论研究是了解和研究人权问题必不可少的环节。中国逐步融入世界现代化的历史进程，特别是改革开放以来，对人权重要性的认识与积极引介西方人权著作密不可分。国外理论家经常从不同视角对人权问题进行探讨。

从个人本位的视角来看，自由主义无疑是人权问题的重要理论渊源。米尔恩曾任英国法律与社会哲学协会主席，他认为自由是道德的社会基础，而道德与权利的多样性又成为人权的重要渊源。人权观念若要易于理解且经得起推敲，它就只能是一种最低限度标准的道德观念。作为最低限度普遍道德权利的人权，都是具有内在价值的人必须享有的权利。美国哈佛大学法学与历史学教授莫恩关注人权的乌托邦特性，即在其勾画的图景中，有一个更美好的世界，那里充满了自由与人性、尊严与尊重，支撑起人权的诉求。如果人权要避免失败，它就要被广泛理解为可以顶替诸多业已破产的政治乌托邦的道德替代品。

从权利本位的主张进行研究，是法学逻辑的人权研究范式。德国公法学家耶里内克通过法国《人权与公民权利宣言》，探讨了人权的宪法渊源。他没有把人权简单理解为大众意志的体现，而是把它解释为一种历史与观念发展的综合。他认为，人权的历史不仅是法学的，更是历史的。于是他把权利宣言放置在欧洲政治历史和思想史中进行考察，从而超越单纯文本争议而展现了权利宣言背后深刻的历史与文化内涵，让人看到了一个更生动和全面的现代宪法基本权利诞生的历史图景。美国宪法学家佩里认为，自二战结束后，世界出现了一种前所未有的全球性政治道德——"人权道德"，构成了建立在人权基础上的各种规范的基本要求，同时，它本身也是为世界上大多数国家所承认的人权的基本内容。这种为国际社会所认可的人权，作为一种道德权利，根植于美国宪法，构成了美国宪法的道德性。他强调，对于人权道德的理解,能够极大地增进我们对美国宪法道德性的理解。他的这一研究同样对今天的中国在宪法中强调人权的意义有很大的启发性。2004年的人权入宪正是把作为道德权利的人权上升到法律权利的高度,从而夯实了中国宪法的道德性。

人权不仅作为权利形式而存在,同样也作为道德形式而存在。在人权问题的理论研究中,有学者就直接从正义的视角对人权展开论证,主张善优先于权利。例如美国当代著名哲学家、伦理学家罗尔斯就致力于通过正义实现人权。在他的传世之作《正义论》中,他继承了西方契约论的思想传统,试图寻找替代现行功利主义的、有关社会基本结构的正义理论。从道德的视角来研究社会的基本结构,即研究社会基本结构在分配基本的权利和义务、决定社会合理的利益或负担之划分方面的正义问题,正是实现人权的道德–利益进路。他所研究的问题关系对每个人来说都是至关重要的切身利益,因此他的讨论就不仅是道德问题,同样也是政治问题、人权问题、社会问题。德国的朋霍费尔是20世纪最卓越的基督教思想家。他关于善是生命的权利的主张,伦理学所关注的主要命题是生命的"塑造",责任是人主动参与"塑造"过程所展现出的具体形式,都对人如何认识自己,主张自己的权利,如何塑造自己的生命,乃至通过人的责任性行动向上帝宣示他的实体地位,具有重要的理论意义。

人权及其实现从来就与国家的行动和作为紧密相连。有许多学者是从国家的视角来审视人权的内涵。德国著名思想家黑格尔的成熟而系统的权利思想集中体现在他的《法哲学原理》一书中。在这部著作中,他认为权利展现为抽象权利和形式权利的道德原则,最终在国家层面得到具体化和现实化。国家是权利得以实现的社会中介,在个体身上承担着权利从道德向伦理的过渡作用。日本学者大沼保昭提出了以不同文明之间通过协商而认可的普遍化人权概念来取代唯一正确的普遍主义人权概念的构想,被称之为建立文明相容的国家人权观。这是探索真正具有全球适合性的、文明相容的人权观念的努力和方向。他认为,人权问题可以看作不同文明和国家之间对话的出发点和焦点。通过国家之间的平等对话,可以形成跨文明的重叠性合意乃至共识,从而确立其具有超越西方社会特有价值的普遍性的新的国际人权标准。

步入权利时代的人权具有普遍性,揭示人权的时代属性成为人权研究的重要任务。美国的杰克·唐纳利试图建立一种普遍人权的理论。他认为,在通常情况下,人权具有对其他道德、法律和政治要求的优先性。在当今世界,人权得到了普遍的承认,至少在口头上或作为理想的标准是如此。所有国家都宣称它们承认并拥护国际人权规范,对于侵犯人权的谴责成为国际关系中所能够作出的最强烈的谴责之一。人权研究要回答人权时代的实践问题,就亟须建立普遍人权的理论与实践。意大利的诺伯托·博比奥认为,在权利的时代,自然权利是历史性的权利。它们与"社会"的个人主义观念一起,出现在现代历史的开端,构成社会进步的主要标志之一。从自然权利到人权的宣布和实现,从它们在各国内部的实现到在国际体系内的实现,人权在历史上的发展进程才刚刚开始。建立宽容的理性,与其说是纯粹政治审慎的选择,不如说是转向对真正普世方法的选择,或者说转向对普遍适用于文明社会的方法的选择,从而对一切人有精神能力获得自身信仰的权利认可与确认。

人权研究从来就是跨学科研究领域。美国的林·亨特从文学读本中探讨作为想象平等的人权。他在卢梭的《朱莉》(又译《新爱洛漪丝》)中阐发西方人普遍持有的"我们认为这些真理是不言而喻的"人权观念。如果杰斐逊在1776年6月中旬的《独立宣言》中的话——"人人生而平等,他们由上帝赋予了某种不可剥夺的权利,其中包括生命、自由和追求幸福的权利"是真理的话,那么朱莉在18世纪的读者们心中就树立了这样的意识——使"人权"一词在当时广为流行。美国的安靖如从儒家视角对人权与中国思想进行了专门分析。他认为,首先,在中国人权讨论史上,儒者在中国的早期权利和人权论述中扮演了重要角色。其次,人权思想家们对于儒家价值的明确接受也在不同程度上延续。这是认识人权的"普适价值观"与"中国模式"的重要视角。

　　需要说明的是,本书所选取的文献都是有关人权的重要资料。虽然其中一些文献资料并非直接以人权为主要内容,然而却与认识和实现人权有着密不可分的重要联系,甚至可以说是人权问题在具体时代语境下的集中体现。作为"意识形态汇编"这样的一本书,要介绍人权问题的理论与实践的概况,还需要把研究视野放到更宽广的哲学社会科学领域当中。如果从这个层面而言,本书确实还有许多工作要做。任何努力都是在既定的条件下展开的,本书的汇编也同样如此。局限于能力的不足、资料的匮乏、精力的不济,只能在浩如烟海的人权文献中选取最有代表性的著作、条文和论述,向中国读者呈现新中国成立后,特别是改革开放以来中国人权发展的脉络。在文献的选取方面,由于种种原因,还有许多具有重要影响和堪称代表的作者、书籍和观点被忽视或遗漏了,同样,部分具有较强技术性内容的书籍由于缺乏与意识形态有关的直接表述而未能包括进来。诸多不足之处,敬请读者指正。

一

经典作家的有关论述

1. 马克思

　　我们现在就来看看所谓人权,确切地说,看看人权的真实形式,即它们的发现者北美人和法国人所享有的人权的形式吧! 这种人权一部分是政治权利,只是与别人共同行使的权利。这种权利的内容就是参加共同体,确切地说,就是参加政治共同体,参加国家。这些权利属于政治自由的范畴,属于公民权利的范畴;而公民权利,如上所述,决不以毫无异议地和实际地废除宗教为前提,因此也不以废除犹太教为前提。另一部分人权,即与 *droits du citoyen*[公民权]不同的 *droits de l'homme*[人权],有待研究。

　　信仰自由就属于这些权利之列,即履行任何一种礼拜的权利。信仰的特权或者被明确承认为一种人权, 或者被明确承认为人权之一——自由——的结果。

　　……

　　在人权这一概念中并没有宗教和人权互不相容的含义。相反, 信奉宗教、用任何方式信奉宗教、履行自己特殊宗教的礼拜的权利,都被明确列入人权。信仰的特权是普遍的人权。

　　Droits de l'homme, 人权,它本身不同于 *droits du citoyen*, 公民权。与 *citoyen*[公民]不同的这个 *homme*[人]究竟是什么人呢? 不是别人,就是市民社会的成员。为什么市民社会的成员称做"人", 只称做"人", 为什么他的权利称做人权呢? 我们用什么来解释这个事实呢? 只有用政治国家对市民社会的关系,用政治解放的本质来解释。

首先,我们表明这样一个事实,所谓的人权,不同于 *droits du citoyen*[公民权]的 *droits de l'homme*[人权],无非是市民社会的成员的权利,就是说,无非是利己的人的权利、同其他人并同共同体分离开来的人的权利。请看最激进的宪法,1793 年宪法的说法:

人权和公民权宣言。

第2条:"这些权利等等〈自然的和不可剥夺的权利〉是:平等、自由、安全、财产。"

自由是什么呢?

第6条:"自由是做任何不损害他人权利的事情的权利",或者按照1791年人权宣言:"自由是做任何不损害他人的事情的权利。"

这就是说,自由是可以做和可以从事任何不损害他人的事情的权利。每个人能够不损害他人而进行活动的界限是由法律规定的, 正像两块田地之间的界限是由界桩确定的一样。这里所说的是人作为孤立的、自我封闭的单子的自由。依据鲍威尔的见解,犹太人为什么不能获得人权呢?

"只要他还是犹太人,那么使他成为犹太人的那种狭隘本质就一定会压倒那种把他作为人而同别人结合起来的人的本质,一定会使他同非犹太人分隔开来。"

但是,自由这一人权不是建立在人与人相结合的基础上,而是相反,建立在人与人相分隔的基础上。这一权利就是这种分隔的权利,是狭隘的、局限于自身的个人的权利。

自由这一人权的实际应用就是私有财产这一人权。

私有财产这一人权是什么呢?

第16条(1793年宪法):"财产权是每个公民任意地享用和处理自己的财产、自己的收入即自己的劳动和勤奋所得的果实的权利。

这就是说,私有财产这一人权是任意地(à son gré)、同他人无关地、不受社会影响地享用和处理自己的财产的权利;这一权利是自私自利的权利。这种个人自由和对这种自由的应用构成了市民社会的基础。这种自由使每个人不是把他人看做自己自由的实现,而是看做自己自由的限制。但是,这种自由首先宣布了人权是

"任意地享用和处理自己的财产、自己的收入即自己的劳动和勤奋所得的果实"。

此外还有其他的人权:平等和安全。

平等,在这里就其非政治意义来说,无非是上述自由的平等,就是说,每个人都同样被看成那种独立自在的单子。1795年宪法根据这种平等的含义把它的概念规定如下:

第3条(1795年宪法):"平等是法律对一切人都一视同仁,不论是予以保护还是予以惩罚。"

安全呢?

第8条(1793年宪法):"安全是社会为了维护自己每个成员的人身、权利和财产而给予他的保障。"

安全是市民社会的最高社会概念，是警察的概念；按照这个概念，整个社会的存在只是为了保证维护自己每个成员的人身、权利和财产。黑格尔正是在这个意义上才把市民社会称为"需要和理智的国家"。

市民社会没有借助安全这一概念而超出自己的利己主义。相反，安全是它的利己主义的保障。

可见，任何一种所谓的人权都没有超出利己的人，没有超出作为市民社会成员的人，即没有超出封闭于自身、封闭于自己的私人利益和自己的私人任意行为、脱离共同体的个体。在这些权利中，人绝对不是类存在物，相反，类生活本身，即社会，显现为诸个体的外部框架，显现为他们原有的独立性的限制。把他们连接起来的唯一纽带是自然的必然性，是需要和私人利益，是对他们的财产和他们的利己的人身的保护。

令人困惑不解的是，一个刚刚开始解放自己、扫除自己各种成员之间的一切障碍、建立政治共同体的民族，竟郑重宣布同他人以及同共同体分隔开来的利己的人是有权利的（1791 年《宣言》）。后来，当只有最英勇的献身精神才能拯救民族、因而迫切需要这种献身精神的时候，当牺牲市民社会的一切利益必将提上议事日程、利己主义必将作为一种罪行受到惩罚的时候，又再一次这样明白宣告（1793 年《人权……宣言》）。尤其令人困惑不解的是这样一个事实：正如我们看到的，公民身份、政治共同体甚至都被那些谋求政治解放的人贬低为维护这些所谓人权的一种手段；因此，citoyen［公民］被宣布为利己的 homme［人］的奴仆；人作为社会存在物所处的领域被降到人作为单个存在物所处的领域之下；最后，不是身为 citoyen［公民］的人，而是身为 bourgeois［市民社会的成员］的人，被视为本来意义上的人，真正的人。

"一切政治结合的目的都是为了维护自然的和不可剥夺的人权。"（1791年《人权……宣言》（第2条）"政府的设立是为了保障人享有自然的和不可剥夺的权利。"（1793年《人权……宣言》（第1条）

可见，即使在政治生活还充满青春的激情，而且这种激情由于形势所迫而走向极端的时候，政治生活也宣布自己只是一种手段，而这种手段的目的是市民社会生活。固然，这个政治生活的革命实践同它的理论还处于极大的矛盾之中。例如，一方面，安全被宣布为人权，一方面侵犯通信秘密已公然成为风气。一方面"不受限制的新闻出版自由"（1793 年宪法第 122 条）作为人权的个人自由的结果而得到保证，一方面新闻出版自由又被完全取缔，因为"新闻出版自由危及公共自由，是不许可的"（小罗伯斯比尔语，见毕舍和卢-拉维涅《法国革命议会史》第 28 卷第 159 页）。所以，这就是说，自由这一人权一旦同政治生活发生冲突，就不再是权利，而在理论上，政治生活只是人权、个人权利的保证，因此，它一旦同自己的目的即同这些人权发生矛盾，就必定被抛弃。但是，实践只是例外，理论才是通则。即使人们认为革命实践是对当时的关系采取的正确态度，下面这个谜毕竟还有待解答：为什么在谋求政治解放的人的意识中关系被本末倒置，目的好像成了手段，手段好像成了目的？他们意识上的这种错觉毕竟还是同样的谜，虽然现在已经是心理上的、理论上的谜。

这个谜是很容易解答的。

政治解放同时也是同人民相异化的国家制度即统治者的权力所依据的旧社会的解体。政治革命是市民社会的革命。旧社会的性质是怎样的呢？可以用一个词来表述：封建主义。旧的市民社会直接具有政治性质，就是说，市民生活的要素，例如，财产、家庭、劳动方式，已经以领主权、等级和同业公会的形式上升为国家生活的要素。它们以这种形式规定了单一的个体对国家整体的关系，就是说，规定了他的政治关系，即他同社会其他组成部分相分离和相排斥的关系。因为人民生活的这种组织没有把财产或劳动上升为社会要素，相反，却完成了它们同国家整体的分离，把它们建成为社会中的特殊社会。因此，市民社会的生活机能和生活条件还是政治的，虽然是封建意义上的政治；就是说，这些机能和条件使个体同国家整体分隔开来，把他的同业公会对国家整体的特殊关系变成他自己对人民生活的普遍关系，使他的特定的市民活动和地位变成他的普遍的活动和地位。国家统一体,作为这种组织的结果,也像国家统一体的意识、意志和活动即普遍国家权力一样,必然表现为一个同人民相脱离的统治者及其仆从的特殊事务。

政治革命打倒了这种统治者的权力,把国家事务提升为人民事务,把政治国家组成为普遍事务,就是说,组成为现实的国家;这种革命必然要摧毁一切等级、同业公会、行帮和特权,因为这些是人民同自己的共同体相分离的众多表现。于是,政治革命消灭了市民社会的政治性质。它把市民社会分割为简单的组成部分:一方面是个体,另一方面是构成这些个体的生活内容和市民地位的物质要素和精神要素。它把似乎是被分散、分解、溶化在封建社会各个死巷里的政治精神激发出来,把政治精神从这种分散状态中汇集起来,把它从与市民生活相混合的状态中解放出来,并把它构成为共同体、人民的普遍事务的领域,在观念上不依赖于市民社会的上述特殊要素。特定的生活活动和特定的生活地位降低到只具有个体意义。它们已经不再构成个体对国家整体的普遍关系。公共事务本身反而成了每个个体的普遍事务,政治职能成了他的普遍职能。

可是,国家的唯心主义的完成同时就是市民社会的唯物主义的完成。摆脱政治桎梏同时也就是摆脱束缚住市民社会利己精神的枷锁。政治解放同时也是市民社会从政治中得到解放,甚至是从一种普遍内容的假象中得到解放。

封建社会已经瓦解,只剩下了自己的基础——人,但这是作为它的真正基础的人,即利己的人。

因此,这种人,市民社会的成员,是政治国家的基础、前提。他就是国家通过人权予以承认的人。

但是,利己的人的自由和承认这种自由,实际上就是承认构成这种人的生活内容的精神要素和物质要素的不可阻挡的运动。

因此,人没有摆脱宗教,他取得了信仰宗教的自由。他没有摆脱财产,他取得了占有财产的自由。他没有摆脱经营的利己主义,他取得了经营的自由。

政治国家的建立和市民社会分解为独立的个体——这些个体的关系通过法制表现出来，正像等级制度中和行帮制度中的人的关系通过特权表现出来一样——是通过同一种行为实现的。但是，人，作为市民社会的成员，即非政治的人，必然表现为自然人。*Droits de l'homme*[人权]表现为 *droits naturels*[自然权利]，因为有自我意识的活动集中于政治行为。利己的人是已经解体的社会的消极的、现成的结果，是有直接确定性的对象，因而也是自然的对象。政治革命把市民生活分解成几个组成部分，但没有变革这些组成部分本身，没有加以批判。它把市民社会，也就是把需要、劳动、私人利益和私人权利等领域看做自己持续存在的基础，看做无须进一步论证的前提，从而看做自己的自然基础。最后，人，正像他是市民社会的成员一样，被认为是本来意义上的人，与 *citoyen*[公民]不同的 *homme*[人]，因为他是具有感性的、单个的、直接存在的人，而政治人只是抽象的、人为的人，寓意的人，法人。现实的人只有以利己的个体形式出现才可予以承认，真正的人只有以抽象的 *citoyen*[公民]形式出现才可予以承认。

可见卢梭关于政治人这一抽象概念论述得很对：

> "敢于为一国人民确立制度的人，可以说必须自己感到有能力改变人的本性，把每个本身是完善的、单独的整体的个体变成一个更大的整体的一部分——这个个体以一定的方式从这个整体获得自己的生命和存在——，有能力用局部的道德存在代替肉体的独立存在。他必须去掉人自身固有的力量，才能赋予人一种异己的、非由别人协助便不能使用的力量。"（《社会契约论》1782年伦敦版第2卷第67页）

任何解放都是使人的世界即各种关系回归于人自身。

政治解放一方面把人归结为市民社会的成员，归结为利己的、独立的个体，另一方面把人归结为公民，归结为法人。

只有当现实的个人把抽象的公民复归于自身，并且作为个人，在自己的经验生活、自己的个体劳动、自己的个体关系中间,成为类存在物的时候,只有当人认识到自身"固有的力量"是社会力量,并把这种力量组织起来因而不再把社会力量以政治力量的形式同自身分离的时候,只有到了那个时候,人的解放才能完成。

选自马克思:《论犹太人问题》,《马克思恩格斯文集》(第一卷),人民出版社,2009年,第39~46页。

承认自由的人性? 犹太人不是认为要去力求承认、而是的确一直在力求承认的那种"自由的人性",就是在所谓普遍人权中得到经典式承认的那种"自由的人性"。鲍威尔先生本人却不容分说地把犹太人为了使他们的自由的人性得到承认所作的努力当成是他们为获得普遍人权所作的努力。

《德法年鉴》已经向鲍威尔先生阐明,这种"自由的人性"和对它的"承认"无非是对利己的市民个体的承认,也是对构成这些个体的生活状况的内容,即构成现代市民生活内容的那些精神要素和物质要素的失去控制的运动的承认;因此,人权并不是使人摆脱宗教,而是使人有信仰宗教的自由;人权并不是使人摆脱财产,而是使人有占有财产的自由;人权并不是使人摆脱牟利的龌龊行为,反而是赋予人以经营的自由。

《德法年鉴》已经指出,现代国家承认人权和古代国家承认奴隶制具有同样的意义。就是说,正如古代国家的自然基础是奴隶制一样,现代国家的自然基础是市民社会以及市民社会中的人,即仅仅通过私人利益和无意识的自然必然性这一纽带同别人发生联系的独立的人,即为挣钱而干活的奴隶,自己的利己需要和别人的利己需要的奴隶。现代国家通过普遍人权承认了自己的这种自然基础本身。它并没有创立这个基础。正如现代国家是由于自身的发展而挣脱旧的政治桎梏的市民社会的产物,而今它又通过人权宣言承认自己的出生地和自己的基础。可见,犹太人在政治上获得解放和赋予犹太人以"人权",这是一种彼此相互制约的行为。当里瑟尔先生提出自由活动、自由居留、自由旅行、自由经营以及诸如此类的其他种种要求时,他是正确地表达了犹太人要求承认自由的人性的含义。在法国人权宣言中,"自由的人性"的这些表现作为人权得到了明确的承认。因为"自由的市民社会"具有纯粹商业的犹太人的本质,而犹太人一开始就是这个自由的市民社会的必然成员,所以犹太人就更有权利要求承认自己的"自由的人性"。此外,《德法年鉴》还曾阐明,为什么市民社会的成员首先被称为"人",为什么人权被称为"天赋的权利"。

除了黑格尔曾经说过的"人权"不是天生就有的,而是历史地产生的话以外,"批判"说不出其他任何关于人权的批判性言论来。批判曾经断言,犹太人和基督徒为了使别人和自己获得普遍的人权,就必须牺牲信仰的特权(批判的神学家是用自己的唯一的固定观念来解释一切事物的)。为了反驳这种论断,《德法年鉴》最后专门指出了在一切非批判的人权宣言中写明的一项事实,即按照自己的意愿选择信仰的权利,进行任何宗教礼拜的权利,都作为普遍的人权得到了明确承认。此外,"批判"可能也知道,人们在推翻阿贝尔派时找到的借口就是该派侵犯了人权,因为它侵犯了宗教自由;同样,在后来恢复礼拜的自由时,人们也是以人权为依据的。

选自马克思:《神圣家族》,《马克思恩格斯文集》(第一卷),人民出版社,2009年,第312~313页。

在这里平等的权利按照原则仍然是资产阶级权利,虽然原则和实践在这里已不再互相矛盾,而在商品交换中,等价物的交换只是平均来说才存在,不是存在于每个个别场合。

虽然有这种进步,但这个平等的权利总还是被限制在一个资产阶级的框框里。生产者的权利是同他们提供的劳动成比例的;平等就在于以同一尺度——劳动——来计量。但是,一个人在体力或智力上胜过另一个人,因此在同一时间内提供较多的劳动,或者能够劳动较长的时间;而劳动,要当做尺度来用,就必须按照它的时间或强度来确定,不然它就不成其为尺度了。这种平等的权利,对不同等的劳动来说是不平等的权利。它不承认任何阶级差别,因为每个人都像其他人一样只是劳动者;但是它默认,劳动者的不同等的个人天赋,从而不同等的工作能力,是天然特权。所以就它的内容来讲,它像一切权利一样是一种不平等的权利。权利,就它的本性来讲,只在于使用同一尺度;但是不同等的个人(而如果他们不是不同等的,他们就不成其为不同的个人)要用同一尺度去计量,就只有从同一个角度去看待他们,从一个特定的方面去对待他们,例如在现在所讲的这个场合,把他们只当做劳动者,再不把他们看做别的什么,把其他一切都撇开了。其次,一个劳动者已经结婚,另一个则没有;一个劳动者的子女较多,另一个的子女较少,如此等等。因此,在提供的劳动相同,从而由社会消费基金中分得的份额相同的条件下,某一个人事实上所得到的比另一个人多些,也就比另一个人富些,如此等等。要避免所有这些弊病,权利就不应当是平等的,而应当是不平等的。

但是这些弊病,在经过长久阵痛刚刚从资本主义社会产生出来的共产主义社会第一阶段,是不可避免的。权利决不能超出社会的经济结构以及由经济结构制约的社会的文化发展。

选自马克思:《哥达纲领批判》,《马克思恩格斯文集》(第三卷),人民出版社,2009年,第434~435页。

劳动力的买和卖是在流通领域或商品交换领域的界限以内进行的,这个领域确实是天赋人权的真正伊甸园。那里占统治地位的只是自由、平等、所有权和边沁。自由!因为商品例如劳动力的买者和卖者,只取决于自己的自由意志。他们是作为自由的、在法律上平等的人缔结契约的。契约是他们的意志借以得到共同的法律表现的最后结果。平等!因为他们彼此只是作为商品占有者发生关系,用等价物交换等价物。所有权!因为每一个人都只支配自己的东西。边沁!因为双方都只顾自己。使他们连在一起并发生关系的唯一力量，是他们的利己心，是他们的特殊利益，是他们的私人利益。

选自马克思:《资本论》,《马克思恩格斯文集》(第五卷),人民出版社,2009
年,第204~205页。

必须承认,我们的工人在走出生产过程时同他进入生产过程时是不一样
的。在市场上,他作为"劳动力"这种商品的占有者与其他商品的占有者相对
立,即作为商品占有者与商品占有者相对立。他把自己的劳动力卖给资本家
时所缔结的契约,可以说像白纸黑字一样表明了他可以自由支配自己。在成
交以后却发现:他不是"自由的当事人",他自由出卖自己劳动力的时间,是他
被迫出卖劳动力的时间;实际上,他"只要还有一块肉、一根筋、一滴血可供榨
取",吸血鬼就决不罢休。为了"抵御"折磨他们的毒蛇,工人必须把他们的头
聚在一起,作为一个阶级来强行争得一项国家法律,一个强有力的社会屏障,
使自己不致再通过自愿与资本缔结的契约而把自己和后代卖出去送死和受
奴役。从法律上限制工作日的朴素的大宪章,代替了"不可剥夺的人权"这种
冠冕堂皇的条目,这个大宪章"终于明确地规定了,工人出卖的时间何时结
束,属于工人自己的时间何时开始"。多么大的变化啊!

选自马克思:《资本论》,《马克思恩格斯文集》(第五卷),人民出版社,2009
年,第349~350页。

资本是天生的平等派,就是说,它要求把一切生产领域内剥削劳动的条
件的平等当做自己的天赋人权。

选自马克思:《资本论》,《马克思恩格斯文集》(第五卷),人民出版社,2009
年,第457页。

2. 恩 格 斯

　　在社会发展的某个很早的阶段,产生了这样一种需要:把每天重复着的产品生产、分配和交换用一个共同规则约束起来,借以使个人服从生产和交换的共同条件。这个规则首先表现为习惯,不久便成了法律。随着法律的产生,就必然产生出以维护法律为职责的机关——公共权力,即国家。随着社会的进一步发展,法律进一步发展为或多或少广泛的立法。这种立法越复杂,它的表现方式也就越远离社会日常经济生活条件所借以表现的方式。立法就显得好像是一个独立的因素,这个因素似乎不是从经济关系中,而是从自身的内在根据中,可以说,从"意志概念"中,获得它存在的理由和继续发展的根据。人们忘记他们的法起源于他们的经济生活条件,正如他们忘记他们自己起源于动物界一样。随着立法进一步发展为复杂和广泛的整体,出现了新的社会分工的必要性:一个职业法学家阶层形成了,同时也就产生了法学。法学在其进一步发展中把各民族和各时代的法的体系互相加以比较,不是把它们视为相应经济关系的反映,而是把它们视为自身包含自我根据的体系。比较是以共同点为前提的:法学家把所有这些法的体系中的多少相同的东西统称为自然法,这样便有了共同点。而衡量什么算自然法和什么不算自然法的尺度,则是法本身最抽象的表现,即公平。于是,从此以后,在法学家和盲目相信他们的人们眼中,法的发展就只不过是使获得法的表现的人类生活状态一再接近于公平理想,即接近于永恒公平。而这个公平则始终只是现存经济关系的或者反映其保守方面,或者反映其革命方面的观念化的神圣化的表现。希腊人和罗马人的公平认为奴隶制度是公平的；1789年资产者的公平要求废除封建制度，因为据说它不公平。

选自恩格斯：《论住宅问题》，《马克思恩格斯文集》（第三卷），人民出版社，2009年，第322~323页。

由于文明时代的基础是一个阶级对另一个阶级的剥削，所以它的全部发展都是在经常的矛盾中进行的。生产的每一进步，同时也就是被压迫阶级即大多数人的生活状况的一个退步。对一些人是好事，对另一些人必然是坏事，一个阶级的任何新的解放，必然是对另一个阶级的新的压迫。这一情况的最明显的例证就是机器的采用，其后果现在已是众所周知的了。如果说在野蛮人中间，像我们已经看到的那样，不大能够区别权利和义务，那么文明时代却使这两者之间的区别和对立连最愚蠢的人都能看得出来，因为它几乎把一切权利赋予一个阶级，另一方面却几乎把一切义务推给另一个阶级。

但是，这并不是应该如此的。凡对统治阶级是好的，对整个社会也应该是好的，因为统治阶级把自己与整个社会等同起来了。所以文明时代越是向前进展，它就越是不得不给它所必然产生的种种坏事披上爱的外衣，不得不粉饰它们，或者否认它们——一句话，即实行流俗的伪善，这种伪善，无论在较早的那些社会形式下还是在文明时代初期阶段都是没有的，并且最后在下述说法中达到了极点：剥削阶级对被压迫阶级进行剥削，完全是为了被剥削阶级本身的利益；如果被剥削阶级不懂得这一点，甚至想要造反，那就是对行善的人即对剥削者的一种最卑劣的忘恩负义行为。

现在把摩尔根对文明时代的评断引在下面作一个结束：

"自从进入文明时代以来，财富的增长是如此巨大，它的形式是如此繁多，它的用途是如此广泛，为了所有者的利益而对它进行的管理又是如此巧妙，以致这种财富对人民说来已经变成了一种无法控制的力量。人类的智慧在自己的创造物面前感到迷惘而不知所措了。然而,总有一天,人类的理智一定会强健到能够支配财富,一定会规定国家对它所保护的财产的关系,以及所有者的权利的范围。社会的利益绝对地高于个人的利益,必须使这两者处于一种公正而和谐的关系之中。只要进步仍将是未来的规律,像它对于过去那样,那么单纯追求财富就不是人类的最终的命运了。自从文明时代开始以来所经过的时间,只是人类已经经历过的生存时间的一小部分,只是人类将要经历的生存时间的一小部分。社会的瓦解,即将成为以财富为唯一的最终目的的那个历程的终结,因为这一历程包含着自我消灭的因素。管理上的民主,社会中的博爱,权利的平等,教育的普及,将揭开社会的下一个更高的阶段,经验、理智和科学正在不断向这个阶段努力。这将是古代氏族的自由、平等和博爱的复活,但却是在更高级形式上的复活。"(摩尔根《古代社会》第552页)

选自恩格斯:《家庭、私有制和国家的起源》,《马克思恩格斯文集》(第四卷),人民出版社,2009年,第196~198页。

资产阶级在反对封建制度的斗争中和在发展资本主义生产的过程中不得不废除一切等级的即个人的特权,而且起初在私法方面,后来逐渐在公法方面实施了个人在法律上的平等权利,从那时以来并且由于那个缘故,平等权利在口头上是被承认了。但是,追求幸福的欲望只有极微小的一部分可以靠观念上的权利来满足,绝大部分却要靠物质的手段来实现,而由于资本主义生产所关心的,是使绝大多数权利平等的人仅有最必需的东西来勉强维持生活,所以资本主义对多数人追求幸福的平等权利所给予的尊重,即使有,也未必比奴隶制或农奴制所给予的多一些。

选自恩格斯:《费尔巴哈和德国古典哲学的终结》,《马克思恩格斯文集》

（第四卷），人民出版社，2009年，第293页。

社会的经济进步一旦把摆脱封建桎梏和通过消除封建不平等来确立权利平等的要求提上日程，这种要求就必定迅速地扩大其范围。只要为工业和商业的利益提出这一要求，就必须为广大农民要求同样的平等权利。农民遭受着从十足的农奴制开始的各种程度的奴役，他们必须把自己绝大部分的劳动时间无偿地献给仁慈的封建领主，此外，还得向领主和国家交纳无数的贡税。另一方面，也不能不要求废除封建特惠、贵族免税权以及个别等级的政治特权。由于人们不再生活在像罗马帝国那样的世界帝国中，而是生活在那些相互平等地交往并且处在差不多相同的资产阶级发展阶段的独立国家所组成的体系中，所以这种要求就很自然地获得了普遍的、超出个别国家范围的性质，而自由和平等也很自然地被宣布为人权。这种人权的特殊资产阶级性质的典型表现是美国宪法，它最先承认了人权，同时确认了存在于美国的有色人种奴隶制：阶级特权不受法律保护，种族特权被神圣化。

可是大家知道，从资产阶级由封建时代的市民等级破茧而出的时候起，从中世纪的等级转变为现代的阶级的时候起，资产阶级就由它的影子即无产阶级不可避免地一直伴随着。同样地，资产阶级的平等要求也由无产阶级的平等要求伴随着。从消灭阶级特权的资产阶级要求提出的时候起，同时就出现了消灭阶级本身的无产阶级要求——起初采取宗教的形式，借助于原始基督教，以后就以资产阶级的平等理论本身为依据了。无产阶级抓住了资产阶级所说的话，指出：平等应当不仅仅是表面的，不仅仅在国家的领域中实行，它还应当是实际的，还应当在社会的、经济的领域中实行。尤其是从法国资产阶级自大革命开始把公民的平等提到重要地位以来，法国无产阶级就针锋相对地提出社会的、经济的平等的要求，这种平等成了法国无产阶级所特有的战斗口号。

因此，无产阶级所提出的平等要求有双重意义。或者它是对明显的社会不平等，对富人和穷人之间、主人和奴隶之间、骄奢淫逸者和饥饿者之间的对立的自发反应——特别是在初期,例如在农民战争中,情况就是这样;它作为这种自发反应,只是革命本能的表现,它在这里,而且仅仅在这里找到自己被提出的理由。或者它是从对资产阶级平等要求的反应中产生的,它从这种平等要求中吸取了或多或少正当的、可以进一步发展的要求,成了用资本家本身的主张发动工人起来反对资本家的鼓动手段;在这种情况下,它是和资产阶级平等本身共存亡的。在上述两种情况下,无产阶级平等要求的实际内容都是消灭阶级的要求。任何超出这个范围的平等要求,都必然要流于荒谬。我们已经举出了关于这方面的例子,当我们转到杜林先生关于未来的幻想时,我们还会发现更多的这类例子。

可见,平等的观念,无论以资产阶级的形式出现,还是以无产阶级的形式出现,本身都是一种历史的产物,这一观念的形成,需要一定的历史条件,而这种历史条件本身又以长期的以往的历史为前提。所以,这样的平等观念说它是什么都行, 就不能说它是永恒的真理。如果它现在对广大公众来说——在这种或那种意义上——是不言而喻的, 如果它像马克思所说的,"已经成为国民的牢固的成见",那么这不是由于它具有公理式的真理性,而是由于 18 世纪的思想得到普遍传播和仍然合乎时宜。因此,如果杜林先生能够直截了当地让他的有名的两个男人在平等的基础上料理家务, 那是由于这对国民的成见来说是十分自然的。的确,杜林先生把他的哲学叫做自然哲学,因为这种哲学是仅仅从那些对他来说是十分自然的东西出发的。但是为什么这些东西对他来说是自然的呢? ——这一问题他当然是不会提出来的。

选自恩格斯:《反杜林论》,《马克思恩格斯文集》(第九卷),人民出版社,2009年,第111~113页。

此外,抽象的平等理论,即使在今天以及在今后较长的时期里,也都是荒谬的。没有一个社会主义的无产者或理论家想到要承认自己同布须曼人或火地岛人之间、哪怕同农民或半封建农业短工之间的抽象平等；这一点只要是在欧洲的土地上一被消除，抽象平等的观点也会立时被消除。随着合理的平等的建立，抽象平等本身也就失去任何意义了。现在之所以要求平等，那是由于预见到在当前的历史条件下随着平等要求自然而然来到的智力上和道德上的平等化。但是，永恒的道德应当在任何时候和任何地方都是可行的。关于平等的这种主张，甚至杜林也没有想提出；相反，他还容许暂时性的压制，这样也就承认平等不是永恒真理，而是历史的产物和一定的历史状况的特征。

资产者的平等（消灭阶级特权）完全不同于无产者的平等（消灭阶级本身）。如果超出后者的范围，即抽象地理解平等，那么平等就会变成荒谬。正因为这样，杜林先生最后又不得不把武装的和行政的、法庭的和警察的暴力从后门引进来。

可见，平等观念本身是一种历史的产物，这个观念的形成，需要全部以往的历史，因此它不是自古以来就作为真理而存在的。现在，在大多数人看来，它在原则上是不言而喻的，这不是由于它具有公理的性质，而是由于18世纪的思想的传播。因此，如果说这两个著名的男人今天置身于平等的基础上，那么，这正是因为他们被想象为19世纪的"有教养的"人，而且这对于他们说来是很"自然的"。现实的人过去和现在如何行动，都始终取决于他们所处的历史条件。

选自恩格斯：《反杜林论》，《马克思恩格斯文集》（第九卷），人民出版社，2009年，第354~355页。

3. 马克思恩格斯

个人力量（关系）由于分工而转化为物的力量这一现象，不能靠人们从头脑里抛开关于这一现象的一般观念的办法来消灭，而只能靠个人重新驾驭这些物的力量，靠消灭分工的办法来消灭。没有共同体，这是不可能实现的。只有在共同体中，个人才能获得全面发展其才能的手段，也就是说，只有在共同体中才可能有个人自由。在过去的种种冒充的共同体中，如在国家等等中，个人自由只是对那些在统治阶级范围内发展的个人来说是存在的，他们之所以有个人自由，只是因为他们是这一阶级的个人。从前各个人联合而成的虚假的共同体，总是相对于各个人而独立的；由于这种共同体是一个阶级反对另一个阶级的联合，因此对于被统治的阶级来说，它不仅是完全虚幻的共同体，而且是新的桎梏。在真正的共同体的条件下，各个人在自己的联合中并通过这种联合获得自己的自由。

各个人的出发点总是他们自己，不过当然是处于既有的历史条件和关系范围之内的自己，而不是意识形态家们所理解的"纯粹的"个人。然而在历史发展的进程中，而且正是由于在分工范围内社会关系的必然独立化，在每一个人的个人生活同他的屈从于某一劳动部门以及与之相关的各种条件的生活之间出现了差别。这不应当理解为，似乎像食利者和资本家等等已不再是有个性的个人了，而应当理解为，他们的个性是由非常明确的阶级关系决定和规定的，上述差别只是在他们与另一阶级的对立中才出现，而对他们本身来说，上述差别只是在他们破产之后才产生。在等级中（尤其是在部落中）

这种现象还是隐蔽的,例如,贵族总是贵族,平民总是平民,不管他的其他关系如何;这是一种与他的个性不可分割的品质。有个性的个人与阶级的个人的差别,个人生活条件的偶然性,只是随着那本身是资产阶级产物的阶级的出现才出现。只有个人相互之间的竞争和斗争才产生和发展了这种偶然性本身。因此,各个人在资产阶级的统治下被设想得要比先前更自由些,因为他们的生活条件对他们来说是偶然的;事实上,他们当然更不自由,因为他们更加屈从于物的力量。等级的差别特别显著地表现在资产阶级与无产阶级的对立中。当市民等级、同业公会等等起来反对农村贵族的时候,他们的生存条件,即在他们割断了封建的联系以前就潜在地存在着的动产和手艺,表现为一种与封建土地所有制相对立的积极的东西,因此起先也具有一种特殊的封建形式。当然,逃亡农奴认为他们先前的农奴地位对他们的个性来说是某种偶然的东西。但是,在这方面,他们只是做了像每一个挣脱了枷锁的阶级所做的事,此外,他们不是作为一个阶级解放出来的,而是零零散散地解放出来的。其次,他们并没有越出等级制度的范围,而只是形成了一个新的等级,在新的处境中也还保存了他们过去的劳动方式,并且使这种劳动方式摆脱已经和他们所达到的发展阶段不相适应的桎梏,从而使它得到进一步的发展。

相反,对于无产者来说,他们自身的生活条件,即劳动,以及当代社会的全部生存条件都已变成一种偶然的东西,单个无产者是无法加以控制的,而且也没有任何社会组织能够使他们加以控制。单个无产者的个性和强加于他的生活条件即劳动之间的矛盾,对无产者本身是显而易见的,特别是因为他从早年起就成了牺牲品,因为他在本阶级的范围内没有机会获得使他转为另一个阶级的各种条件。

注意。不要忘记,单是维持农奴生存的必要性和大经济的不可能性(包括把小块土地分给农奴),很快就使农奴向封建主缴纳的贡赋降低到各种代役租和徭役地租的平均水平,这样就使农奴有可能积累一些动产,便于逃出自己领主的领地,并使他有希望上升为市民,同时还引起了农奴的分化。可见逃亡农奴已经是半市民了。由此也可以清楚地看到,掌握了某种手艺的农奴获得动产的可能性最大。

由此可见,逃亡农奴只是想自由地发展他们已有的生存条件并让它们发挥作用,因而归根结底只达到了自由劳动;而无产者,为了实现自己的个性,就应当消灭他们迄今面临的生存条件,消灭这个同时也是整个迄今为止的社会的生存条件,即消灭劳动。因此,他们也就同社会的各个人迄今借以表现为一个整体的那种形式即同国家处于直接的对立中,他们应当推翻国家,使自己的个性得以实现。

选自马克思恩格斯:《德意志意识形态》,《马克思恩格斯文集》(第一卷),人民出版社,2009年,第570~573页。

当阶级差别在发展进程中已经消失而全部生产集中在联合起来的个人的手里的时候,公共权力就失去政治性质。原来意义上的政治权力,是一个阶级用以压迫另一个阶级的有组织的暴力。如果说无产阶级在反对资产阶级的斗争中一定要联合为阶级,通过革命使自己成为统治阶级,并以统治阶级的资格用暴力消灭旧的生产关系,那么它在消灭这种生产关系的同时,也就消灭了阶级对立的存在条件,消灭了阶级本身的存在条件,从而消灭了它自己这个阶级的统治。

代替那存在着阶级和阶级对立的资产阶级旧社会的,将是这样一个联合体,在那里,每个人的自由发展是一切人的自由发展的条件。

选自马克思恩格斯:《共产党宣言》,《马克思恩格斯文集》(第二卷),人民出版社,2009年,第53页。

4. 列　宁

要知道这种绝对自由是资产阶级的或者说是无政府主义的空话（因为无政府主义作为世界观是改头换面的资产阶级思想）。生活在社会中却要离开社会而自由，这是不可能的。

选自列宁：《党的组织和党的出版物》，《列宁选集》（第一卷），人民出版社，2012年，第666页。

一切"民主制"就在于宣布和实现在资本主义制度下只能实现得很少和附带条件很多的"权利"；不宣布这些权利，不立即为实现这些权利而斗争，不用这种斗争精神教育群众，社会主义是不可能实现的。

选自列宁：《论面目全非的马克思主义和"帝国主义经济主义"》，《列宁选集》（第二卷），人民出版社，2012年，第781页。

民主是国家形式，是国家形态的一种。因此，它同任何国家一样，也是有组织有系统地对人们使用暴力，这是一方面。但在另一方面，民主意味着在形式上承认公民一律平等，承认大家都有决定国家制度和管理国家的平等权利。

选自列宁:《国家与革命》,《列宁选集》(第三卷),人民出版社,2012年,第201页。

苏维埃组织无比深入地和广泛地发展了标志着资产阶级民主制比中世纪有伟大历史进步性的那一面,即居民参加对公职人员的选举。在任何一个最民主的资产阶级国家中,劳动群众从来也没有像在苏维埃政权之下那样广泛、那样经常、那样普遍、那样简便地行使选举权,因为资产阶级在形式上给了他们这种权利,而实际上又加以限制。同时苏维埃组织还摒弃了资产阶级民主制消极的一面,即立法权和行政权分立的议会制,这一制度巴黎公社已开始废除,其狭隘性和局限性马克思主义早已指出。苏维埃把两种权力合而为一,使国家机构接近劳动群众而拆除了资产阶级议会这道围墙,因为资产阶级议会以假招牌欺骗群众,掩饰议会投机家的金融勾当和交易所勾当,保障资产阶级的国家管理机构的不可侵犯性。

选自列宁:《俄共(布)党纲草案》,《列宁选集》(第三卷),人民出版社,2012年,第723页。

二

党和国家（中央政府）文件论述

1.《中共中央关于全面推进依法治国
若干重大问题的决定》(节选)

完善以宪法为核心的中国特色社会主义法律体系,加强宪法实施

(一)健全宪法实施和监督制度。宪法是党和人民意志的集中体现,是通过科学民主程序形成的根本法。坚持依法治国首先要坚持依宪治国,坚持依法执政首先要坚持依宪执政。全国各族人民、一切国家机关和武装力量、各政党和各社会团体、各企业事业组织,都必须以宪法为根本的活动准则,并且负有维护宪法尊严、保证宪法实施的职责。一切违反宪法的行为都必须予以追究和纠正。

......

(二)完善立法体制。健全有立法权的人大主导立法工作的体制机制,发挥人大及其常委会在立法工作中的主导作用。建立由全国人大相关专门委员会、全国人大常委会法制工作委员会组织有关部门参与起草综合性、全局性、基础性等重要法律草案制度。增加有法治实践经验的专职常委比例。依法建立健全专门委员会、工作委员会立法专家顾问制度。

......

(三)深入推进科学立法、民主立法。健全立法机关和社会公众沟通机制,开展立法协商,充分发挥政协委员、民主党派、工商联、无党派人士、人民团体、社会组织在立法协商中的作用,探索建立有关国家机关、社会团体、专家学者等对立法中涉及的重大利益调整论证咨询机制。拓宽公民有序参与立法途径,健全法律法规规章草案公开征求意见和公众意见采纳情况反馈机制,广泛凝聚社会共识。

......

(四)加强重点领域立法。依法保障公民权利,加快完善体现权利公平、机会公平、规则公平的法律制度,保障公民人身权、财产权、基本政治权利等各项权利不受侵犯,保障公民经济、文化、社会等各方面权利得到落实,实现公民权利保障法治化。增强全社会尊重和保障人权意识,健全公民权利救济渠道和方式。

保证公正司法,提高司法公信力

(一)完善确保依法独立公正行使审判权和检察权的制度。各级党政机关和领导干部要支持法院、检察院依法独立公正行使职权。建立领导干部干预司法活动、插手具体案件处理的记录、通报和责任追究制度。任何党政机关和领导干部都不得让司法机关做违反法定职责、有碍司法公正的事情,任何司法机关都不得执行党政机关和领导干部违法干预司法活动的要求。对干预司法机关办案的,给予党纪政纪处分;造成冤假错案或者其他严重后果的,依法追究刑事责任。

......

(二)优化司法职权配置。健全公安机关、检察机关、审判机关、司法行政机关各司其职,侦查权、检察权、审判权、执行权相互配合、相互制约的体制机制。

完善司法体制,推动实行审判权和执行权相分离的体制改革试点。完善刑罚执行制度,统一刑罚执行体制。改革司法机关人财物管理体制,探索实行法院、检察院司法行政事务管理权和审判权、检察权相分离。

最高人民法院设立巡回法庭,审理跨行政区域重大行政和民商事案件。

探索设立跨行政区划的人民法院和人民检察院，办理跨地区案件。完善行政诉讼体制机制，合理调整行政诉讼案件管辖制度，切实解决行政诉讼立案难、审理难、执行难等突出问题。

改革法院案件受理制度，变立案审查制为立案登记制，对人民法院依法应该受理的案件，做到有案必立、有诉必理，保障当事人诉权。加大对虚假诉讼、恶意诉讼、无理缠诉行为的惩治力度。完善刑事诉讼中认罪认罚从宽制度。

完善审级制度，一审重在解决事实认定和法律适用，二审重在解决事实法律争议、实现二审终审，再审重在解决依法纠错、维护裁判权威。完善对涉及公民人身、财产权益的行政强制措施实行司法监督制度。检察机关在履行职责中发现行政机关违法行使职权或者不行使职权的行为，应该督促其纠正。探索建立检察机关提起公益诉讼制度。

明确司法机关内部各层级权限，健全内部监督制约机制。司法机关内部人员不得违反规定干预其他人员正在办理的案件，建立司法机关内部人员过问案件的记录制度和责任追究制度。完善主审法官、合议庭、主任检察官、主办侦查员办案责任制，落实谁办案谁负责。

……

(三)推进严格司法。坚持以事实为根据、以法律为准绳，健全事实认定符合客观真相、办案结果符合实体公正、办案过程符合程序公正的法律制度。加强和规范司法解释和案例指导，统一法律适用标准。

推进以审判为中心的诉讼制度改革，确保侦查、审查起诉的案件事实证据经得起法律的检验。全面贯彻证据裁判规则，严格依法收集、固定、保存、审查、运用证据，完善证人、鉴定人出庭制度，保证庭审在查明事实、认定证据、保护诉权、公正裁判中发挥决定性作用。

明确各类司法人员工作职责、工作流程、工作标准，实行办案质量终身负责制和错案责任倒查问责制，确保案件处理经得起法律和历史检验。

(四)保障人民群众参与司法。坚持人民司法为人民，依靠人民推进公正司法,通过公正司法维护人民权益。在司法调解、司法听证、涉诉信访等司法活动中保障人民群众参与。完善人民陪审员制度,保障公民陪审权利,扩大参审范围,完善随机抽选方式,提高人民陪审制度公信度。逐步实行人民陪审员不再审理法律适用问题,只参与审理事实认定问题。

构建开放、动态、透明、便民的阳光司法机制,推进审判公开、检务公开、警务公开、狱务公开,依法及时公开执法司法依据、程序、流程、结果和生效法律文书,杜绝暗箱操作。加强法律文书释法说理,建立生效法律文书统一上网和公开查询制度。

(五)加强人权司法保障。强化诉讼过程中当事人和其他诉讼参与人的知情权、陈述权、辩护辩论权、申请权、申诉权的制度保障。健全落实罪刑法定、疑罪从无、非法证据排除等法律原则的法律制度。完善对限制人身自由司法措施和侦查手段的司法监督,加强对刑讯逼供和非法取证的源头预防,健全冤假错案有效防范、及时纠正机制。

切实解决执行难,制定强制执行法,规范查封、扣押、冻结、处理涉案财物的司法程序。加快建立失信被执行人信用监督、威慑和惩戒法律制度。依法保障胜诉当事人及时实现权益。

落实终审和诉讼终结制度,实行诉访分离,保障当事人依法行使申诉权利。对不服司法机关生效裁判、决定的申诉,逐步实行由律师代理制度。对聘不起律师的申诉人,纳入法律援助范围。

选自《中共中央关于全面推进依法治国若干重大问题的决定》,《人民日报》,2014年10月29日。

2.《国家人权行动计划(2009—2010年)》(节选)

导言

实现充分的人权是人类长期追求的理想，也是中国人民和中国政府长期为之奋斗的目标。

中华人民共和国成立以来，在中国共产党的领导下，中国政府将人权的普遍性原则与中国的具体国情相结合，为促进和保障人权做出了不懈的努力，中国人民的命运发生了翻天覆地的变化，中国人权事业实现了历史性发展。特别是改革开放以来，中国把尊重和保障人权作为治国理政的重要原则，庄严载入《中华人民共和国宪法》，采取切实有效的措施促进人权事业发展，使中国人民的物质文化生活水平得到大幅提高，政治、经济、文化、社会权利得到切实保障，谱写了中国人权事业发展的新篇章。

······

中国政府坚持以人为本，落实"国家尊重和保障人权"的宪法原则，既尊重人权普遍性原则，又从基本国情出发，切实把保障人民的生存权、发展权放在保障人权的首要位置，在推动经济社会又好又快发展的基础上，依法保证全体社会成员平等参与、平等发展的权利。中国政府在治国理政中坚持发展为了人民，发展依靠人民，发展成果由人民共享，着力解决好人民最关心、最直接、最现实的利益问题，促进社会公平正义，努力使全体人民学有所教、劳有所得、病有所医、老有所养、住有所居；坚持以保证人民当家作主为根本,从各个层次、各个领域扩大公民有序政治参与,健全民主制度,丰富民主形式,拓宽民主渠道,依法实行民主选举、民主决策、民主管理、民主监督,着力保障人民的知情权、参与权、表达权、监督权。与此同时,中国政府主张加强国际人权交流、对话与合作,同世界各国一道,共同致力于推动世界人权事业健康发展,为建设持久和平、共同繁荣的和谐世界做出应有的贡献。

经济、社会和文化权利保障

(一)工作权利

大力促进就业和再就业,保障劳动者的合法权益。

······

(二)基本生活水准权利

继续采取有效措施,促进城乡居民特别是中低收入居民收入的逐步增长,完善最低生活保障等制度,努力维护城乡居民获得基本生活水准的权利。

······

——加大扶贫工作力度,尽快稳定解决扶贫对象温饱问题,并逐步提高其收入水平,实现脱贫致富。加大"雨露计划"实施力度,每年完成对 100 万贫困劳动者的转移技能培训和对 1000 万劳动者的实用技术培训。

——发展普通商品住房和经济适用住房,改善城市中低收入家庭住房条件;健全廉租房制度,加快解决城市低收入家庭住房困难;严格执行拆迁的许可、资金监管、协议、评估、项目转让审批、住房保障、补偿救济和听证等制度,保障被拆迁人的合法权益。

······

(三)社会保障权利

完善和落实基本养老和基本医疗、失业、工伤、生育保险制度和社会救助制度,提高社会保障水平。

······

——完善城市流浪乞讨人员的救助制度。修订《城市生活无着的流浪乞讨人员救助管理办法》，制定《流浪未成年人救助保护条例》《救助管理站服务标准》《流浪未成年人救助保护机构服务标准》等行政法规和规范性文件。在市(地)级以上城市和重点县区建设一批设施比较完善的流浪未成年人救助保护中心。

(四)健康权利

初步建立覆盖全国城乡居民的基本医疗卫生制度框架，使中国进入实施全民基本卫生保健国家行列。

……

——促进基本公共卫生服务逐步均等化。从 2009 年开始,逐步在全国统一建立居民健康档案。定期为 65 岁以上老年人做健康检查,为 3 岁以下婴幼儿做生长发育检查,为孕产妇做产前检查和产后访视,为高血压、糖尿病、精神疾病、艾滋病、结核病等人群提供防治指导服务。实施结核病等重大疾病防控、国家免疫规划、农村妇女住院分娩等重大公共卫生项目。开展为 15 岁以下人群补种乙肝疫苗、消除燃煤型氟中毒危害、贫困白内障患者复明、农村改水改厕以及为预防出生缺陷而进行的农村妇女孕前和孕早期补服叶酸等项目。

……

——制定出台食品安全法,建立健全与食品、药品相关的生产许可、强制检验、市场准入、召回以及进出口检验检疫等制度,并对贯彻实施情况加强检查监督,确保严格执法,保障食品、药品安全。

……

(五)受教育权利

优先发展义务教育、农村教育,大力发展职业教育,提高高等教育质量,进一步推进校外教育,保障公民平等受教育权利。

……

——进一步建立健全家庭经济困难学生资助体系。加大财政投入,落实各项助学政策,扩大受助学生覆盖面,提高资助水平。

(六)文化权利

采取有力措施,发展繁荣文化事业,保障公民基本文化权益。

——建设公共文化服务体系。基本建成覆盖城乡的公共文化服务设施网络,实现大城市和中心城市有大剧院、公共图书馆、博物馆、美术馆、电影院、群众艺术馆,县(市)有文化馆、图书馆、电影院,行政村有文化活动室,社区有文化中心。在中西部地区新建、改扩建 2.67 万个综合文化站。每年建设农家书屋 7 万家左右,到 2010 年底,全国共建设农家书屋 23.7 万余家。国家财政投入 11.15 亿元,建成覆盖城乡的数字文化服务体系。

……

(七)环境权利

坚持人与自然和谐发展的方针,合理开发利用自然资源,积极参与国际合作,创造有益于人类生存和持续发展的环境,努力建设资源节约型、环境友好型社会,保障公众环境权益。

……

——强化环境法治,维护公众环境权益。深入开展整治违法排污企业,保障群众健康专项行动,严厉查处环境违法行为和案件。持续开展环境安全检查,重点排查沿江沿河和人口密集区的石油、化工、冶炼等企业,努力消除环境隐患。加强危险化学品、危险废物、放射性废物监管,防范环境风险。推行政务公开,实行环境保护政策法规、项目审批、案件处理等政务公告公示制度。加强信访工作,充分发挥 12369 环保热线作用,拓宽和畅通群众举报投诉渠道。

……

(八)农民权益的保障

着力破除城乡二元结构,加快新农村建设,维护农民的合法权益。

——保障农民土地权利。做好农村土地确权、登记、颁证工作,依法保障农民对土地的占有、使用、收益等权利;惩处违反土地管理规定的行为;健全土地承包经营权流转市场，按照依法自愿有偿原则，采取转包、出租、互换、转让、股份合作等多种形式流转土地承包经营权。全面推进集体林权制度改革，确保农民平等享有集体林地承包经营权，确保农民的经营主体地位。

……

——提高农民收入水平。逐年较大幅度增加农民种粮补贴，完善与农业生产资料价格上涨挂钩的农资综合补贴动态调整机制。完善粮食等主要农产品价格形成机制，健全农产品价格保护制度，完善农产品市场调控体系，稳步提高粮食最低收购价，改善其他主要农产品价格保护办法，保持农产品价格合理水平。

——推进城乡基本公共服务均等化。促进公共资源在城乡之间均衡配置、生产要素自由流动。建立政府扶持、多方参与、市场运作的农村信贷担保机制，加快建立农业再保险和巨灾风险分散机制。加快建立城乡统一的人力资源市场，支持农民外出就业、就近转移就业和返乡创业。

……

公民权利与政治权利保障

2009—2010年，国家将继续加强民主法治建设，健全民主制度，丰富民主形式，拓宽民主渠道，强化行政执法和司法中的人权保障，提高公民权利与政治权利的保障水平。

（一）人身权利

完善预防和救济措施，在执法、司法的各个环节，依法保障人身权利。

——严禁刑讯逼供。依照法定程序收集证据，严禁刑讯逼供和以威胁、引诱、欺骗以及其他非法的方法收集证据。对刑讯逼供或者体罚、虐待、侮辱犯罪嫌疑人的，将根据不同情节和后果，分别给予相应的处理；构成犯罪的，依法追究刑事责任。

——严禁执法人员实施非法拘禁行为。收押、换押、延押必须依法进行，防止错误羁押和超期羁押。完善对受害者的经济赔偿、法律救济、恢复名誉等措施,对造成非法拘禁、错误羁押、超期羁押的责任人进行责任追究和处罚。

……

(二)被羁押者的权利

完善监管立法,采取有效措施,保障被羁押者的权利与人道待遇。

……

(三)获得公正审判的权利

依法保障诉讼当事人特别是受刑事指控者获得公正审判的权利。

……

(四)宗教信仰自由

全面贯彻宗教信仰自由政策,依法管理宗教事务,切实保障公民的宗教信仰自由。

……

(五)知情权

积极推行政务公开,完善相关法律法规,切实保障公民的知情权。

——全面贯彻实施《政府信息公开条例》,对政府及相关部门的信息公开工作进行全面定期考核,检查督促具有公共事务管理职能的组织公开政务信息的情况,依法追究违反该条例的主管人员和直接责任人员的责任。完善地方性政务公开法规。

……

(六)参与权

从各个层次、各个领域扩大公民有序政治参与,保障公民的参与权。

……

——推进决策民主化、科学化,增强决策过程中公众的参与度。在制定与群众利益密切相关的法律法规和公共政策时,原则上要公开听取意见。推进重要法律法规的立法听证会、重大政策措施制定公开听取意见、重大决策接受专家咨询或第三方论证的制度化建设。

……

(七)表达权

采取有力措施,发展新闻、出版事业,畅通各种渠道,保障公民的表达权利。

……

(八)监督权

健全法律法规,探索科学有效的形式,完善制约和监督机制,保障人民的民主监督权利。

……

——加强人民群众对国家行政机关、审判机关、检察机关等的监督。加大执法监察、廉政监察和效能监察力度,进一步完善特约监察员制度,加强对国家行政机关及其工作人员的监督;探索、试行特约监督员制度,配合其他监督形式,开展对法院工作及审判人员的审判作风、工作作风、职业道德和廉洁自律等方面的监督;探索、试行特约检查员制度,改革和完善人民监督员制度,配合其他监督形式,对检察机关进行监督。

少数民族、妇女、儿童、老年人和残疾人的权利保障

2009—2010 年,国家将采取措施,进一步保障少数民族、妇女、儿童、老年人和残疾人的权益。

……

(一)少数民族权利

……

——促进民族地区经济发展,提高少数民族的生活水平。加大对民族地区经济社会发展投入的力度。2009—2010 年,国家将投入少数民族发展资金20 亿元以上,促进经济社会加快发展,其中投入近 10 亿元,用于帮助人口较少民族聚居地区的基础设施建设、茅草房危旧房改造、群众生产生活条件改善、产业发展、群众增收和社会事业发展。继续支持边境地区经济社会发展,重点解决边境地区群众民生方面的特殊困难。优先解决少数民族特困村的

贫困问题,基本实现具备条件的特困村通路、通电、通电话、通广播电视,有学校、有卫生室、有安全的人畜饮用水、有安居房、有稳定解决温饱的基本农田或草场的目标。

(二)妇女权利

全面实现《中国妇女发展纲要(2001—2010年)》规定的目标,促进妇女在各方面享有与男子平等的权利,保障妇女合法权益。

……

——禁止针对妇女的一切形式的家庭暴力,探索建立预防、制止、救助一体化的反对家庭暴力的工作机制。

……

(三)儿童权利

全面实现《中国儿童发展纲要(2001—2010年)》规定的目标,根据儿童最大利益原则,努力保障儿童的生存、发展和参与的权利。

……

(四)老年人权利

逐步完善老年人社会保障制度,推进老年人服务体系建设,保障老年人的各项合法权益。

……

(五)残疾人权利

中国有各类残疾人8300多万,占总人口的6.34%。国家大力发展残疾人事业,加强残疾人社会保障和服务体系建设,保障残疾人的合法权益。

人权教育

2009—2010年期间,国家将结合普法活动,积极依托现有的义务教育、中等教育、高等教育、职业教育体系和国家机关内的培训机构以及广播、电视、报刊、网络等多种媒体,有计划地开展形式多样的人权教育,普及和传播法律知识和人权知识。

国际人权义务的履行及国际人权领域交流与合作

2009—2010 年，国家将继续认真履行已参加的国际人权条约规定的义务，倡导并积极参与国际人权领域的交流与合作。

（一）国际人权义务的履行

国家重视国际人权文书对促进和保护人权的重要作用。截至目前，中国已参加 25 项国际人权条约。国家将认真履行条约义务，及时向相关条约机构提交履约报告，与条约机构开展建设性对话，并充分考虑条约机构提出的建议与意见，结合中国国情对合理可行的建议加以采纳和落实。

——完成《经济、社会和文化权利国际公约》(第二次履约报告的撰写工作，并将报告提交相关条约机构审议。

——完成《消除对妇女一切形式歧视公约》(第七、八期合并履约报告的撰写工作，并将报告提交消除对妇女歧视委员会审议。

——完成《儿童权利公约》(第三、四期合并履约报告的撰写工作，并将报告提交儿童权利委员会审议。

——完成《儿童权利公约关于儿童卷入武装冲突问题的任择议定书》的首期履约报告的撰写工作，并将报告提交儿童权利委员会审议。

——完成《儿童权利公约关于禁止买卖儿童、儿童卖淫和儿童色情制品的任择议定书》最新履约情况的撰写工作，并纳入执行《儿童权利公约》(第三、四期合并报告，一并提交儿童权利委员会审议。

——完成《残疾人权利公约》首期履约报告的撰写工作，并将报告提交残疾人权利委员会审议。

——参加消除种族歧视委员会对中国依照《消除一切形式种族歧视国际公约》提交的第十、十一、十二、十三期合并报告的审议会议。

——中国已签署《公民权利和政治权利国际公约》，将继续进行立法和司法、行政改革，使国内法更好地与公约规定相衔接，为尽早批约创造条件。

——认真履行《联合国反腐败公约》，努力做好《联合国反腐败公约》与中国法律制度相衔接的有关工作。

（二）国际人权领域交流与合作

中国致力于在平等和相互尊重的基础上，开展国际人权交流与合作，推动国际人权事业健康发展。

——深入参与联合国人权理事会工作，推动理事会以公正、客观和非选择方式处理人权问题。

——认真参加人权理事会对中国的首次普遍定期审议，与各方开展建设性对话，落实合理建议。

——继续与联合国人权特别机制合作，答复特别机制的来函，根据接待能力并兼顾各类人权平衡的原则，考虑邀请一位特别报告员访华。

——继续与联合国人权高专办公室开展人权技术合作。

——继续加强与联合国粮农组织、教科文组织、世界卫生组织、国际劳工组织等专门机构和其他相关国际组织的交流与合作。

——继续在平等和相互尊重的基础上与有关国家开展双边人权对话与交流。

——继续参与亚太地区、次区域框架下的人权活动。

选自中华人民共和国国务院新闻办公室：《国家人权行动计划（2009—2010）》，《人民日报》，2009年4月14日。

3.《国家人权行动计划（2012—2015年）》（节选）

导言

自 2009 年《国家人权行动计划(2009—2010 年)》颁布实施以来,中国公民的人权意识明显增强,经济、社会和文化权利保障得到全面加强,公民权利与政治权利保障更加有效,少数民族、妇女、儿童、老年人和残疾人的权利得到进一步保障,国际人权领域交流与合作日益深化,各领域的人权保障在制度化、法治化的轨道上不断推进,中国人权事业的发展进入了一个新的阶段。《国家人权行动计划(2009—2010 年)》的制定、实施和如期完成,得到人民群众的普遍欢迎和国际社会的广泛好评。

……

2012—2015 年是贯彻落实《中华人民共和国国民经济和社会发展第十二个五年规划纲要》,深化改革开放、加快转变经济发展方式的攻坚时期,也是加强人权建设、实现人权事业快速发展的重要时期。为此,在认真总结经验的基础上,中国政府制定《国家人权行动计划(2012—2015 年)》(简称《行动计划》),明确 2012—2015 年促进和保障人权的目标和任务。

制定和实施《行动计划》的指导思想是:高举中国特色社会主义伟大旗帜,以邓小平理论和"三个代表"重要思想为指导,深入贯彻落实科学发展观,结合实施《中华人民共和国国民经济和社会发展第十二个五年规划纲要》,将人权事业与经济建设、政治建设、文化建设、社会建设以及生态文明建设结合起来,顺应各族人民过上更好生活的新期待,继续把保障人民的生存权、发展权放在首位,着力保障和改善民生,着力解决人民群众最关心、最直接、最现实的权利和利益问题,切实保障公民的经济、政治、社会和文化权利,促进社会更加公正、和谐,努力使每一个社会成员生活得更有尊严、更加幸福。

制定和实施《行动计划》的基本原则是:

——依法推进原则。根据宪法关于"国家尊重和保障人权"的原则,遵循《世界人权宣言》和有关国际人权公约的基本精神,从立法、行政和司法各个环节完善尊重和保障人权的法律法规和实施机制,依法推进中国人权事业发展。

——全面推进原则。将各项人权作为相互依存、不可分割的有机整体,促进经济、社会、文化权利与公民权利、政治权利的协调发展,促进个人人权与集体人权的协调发展。

——务实推进原则。既尊重人权的普遍性原则,又坚持从中国的基本国情和新的实际出发,切实推进人权事业发展。

实施《行动计划》的目标是:

——全面保障经济、社会和文化权利。采取积极措施,更有效地保障全体社会成员的工作权利、基本生活水准权利、社会保障权利、健康权利、受教育权利、文化权利、环境权利,努力使全体人民学有所教、劳有所得、病有所医、老有所养、住有所居,使发展成果更好地惠及全体人民。

——依法有效保障公民权利和政治权利。完善相关的法律法规,维护公民的基本权利;加强人权的司法保障,促进司法公正;发展社会主义民主政治,扩大公民有序政治参与,保障人民的知情权、参与权、表达权、监督权。

——充分保障少数民族、妇女、儿童、老年人和残疾人的合法权益。进一步保障少数民族享有经济、政治、社会、文化等方面的平等权益;努力促进性别平等,消除性别歧视;切实保障儿童的生存、发展、受保护和参与权利;完善老年人社会保障制度,加快推进老年人服务体系建设;发展残疾人事业,促进残疾人平等参与社会生活。

——广泛开展人权教育。继续开展对公务人员的人权培训;在各级各类学校开展多种形式的人权教育;在全社会普及人权知识,不断提高公民的人权意识。

——积极开展国际人权交流与合作。认真履行国际人权条约义务,深入参与联合国人权机制工作,继续在平等和相互尊重的基础上与各国开展人权对话、合作和交流。

经济、社会和文化权利

继续把保障人民的生存权和发展权放在首位。采取积极措施,切实保障和改善民生,着力解决关系群众切身利益的问题,提高经济、社会和文化权利保障水平,努力使发展成果惠及全体人民。

(一)工作权利

实施更加积极的就业政策,完善工资制度,全面推行劳动合同制度,改善劳动条件,强化劳动安全,保障劳动者的工作权利。

……

(二)基本生活水准权利

保持经济平稳较快发展,调整收入分配格局,实施扶贫开发攻坚工程,完善基本住房保障制度,依法保障农民的土地权益,提高公民基本生活权利的保障水平。

……

(三)社会保障权利

完善各类社会保险制度,促进社会救助制度城乡均等覆盖,提高社会保障水平。

……

——完善养老保险制度。到2015年,城镇职工和居民参加基本养老保险人数达到3.57亿人,实现新型农村社会养老保险和城镇居民社会养老保险制度全覆盖。将与企业建立稳定劳动关系的农民工纳入城镇职工基本养老和医疗保险。做好城镇职工基本养老保险关系的转移接续,逐步推进城乡养老保险制度有效衔接。全面落实城镇职工基本养老保险省级统筹,实现基础养老金全国统筹。完善基本养老金正常调整机制,稳步提高企业退休人员基本养老金水平。

——完善基本医疗保险制度。到 2015 年,医疗保险基本覆盖城乡居民。职工医疗保险、城镇居民医疗保险、新型农村合作医疗(以下简称"新农合")参保(合)人数较 2010 年新增 6000 万人以上。城乡基本医疗保险参保(合)人数达到 13.2 亿人。提高对城镇居民基本医疗保险和新农合财政补助标准。职工医保、城镇居民医保和新农合在政策范围内住院医疗费用支付比例均达到 75% 左右。城镇居民医保和新农合门诊统筹覆盖所有统筹地区,支付比例提高到 50% 以上。到 2015 年,城镇居民医保和新农合政府补助标准提高到每人每年 360 元以上,新农合参合率稳定在 95% 以上。

······

(四)健康权利

初步建立起覆盖城乡居民的基本医疗卫生制度,健全医疗保障制度,完善公共卫生服务体系和医疗服务体系,保障公民健康权利。

······

(五)受教育权利

实施《国家中长期教育改革和发展规划纲要(2010—2020 年)》,推进义务教育均衡发展,发展学前教育和职业教育,普及高中教育,提高高等教育质量,促进教育公平,提高公民总体受教育水平。

······

(六)文化权利

实施《国家"十二五"时期文化改革发展规划纲要》,采取有力措施,加快公共文化设施建设,促进文化事业发展,丰富人民文化生活,保障公民文化权利。

······

（七）环境权利

加强环境保护，着力解决重金属、饮用水源、大气、土壤、海洋污染等关系民生的突出环境问题，保障环境权利。

······

公民权利和政治权利

努力发展社会主义民主政治，完善社会主义法治，扩大公民有序政治参与，全面保障公民权利和政治权利。

（一）人身权利

在刑事诉讼和执法工作中，依法保障公民的人身权利。

——逐步实施对公安机关执法办案场所的规范化改造。严格执行《公安机关执法办案场所设置规范》，将办案区域与其他区域物理隔离，按照办案流程设置办案区各功能室，并安装全程录音录像和视频监控系统，实时、动态监督管理执法办案全过程，防止侵犯公民合法权益。

······

（二）被羁押人的权利

进一步加强对刑事诉讼活动、刑罚执行和监管活动的监督，保障被羁押人的合法权利。

······

（三）获得公正审判的权利

完善诉讼程序的法律规定，保障诉讼当事人获得公正审判的权利。

······

（四）宗教信仰自由

贯彻宗教信仰自由的宪法原则，落实《宗教事务条例》，保障公民宗教信仰自由。

······

（五）知情权

深入推进政务公开，继续从法律法规、政策等方面拓展知情权的范围，不断提高公民知情权的保障水平。

......

（六）参与权

......

进一步健全民主制度，丰富民主形式，拓宽民主渠道，扩大公民有序政治参与。

......

（七）表达权

畅通各种渠道，依法保障公民的言论自由和表达权。

......

（八）监督权

不断完善监督体系，加强对权力运行的制约和监督，切实保障公民的民主监督权利。

......

少数民族、妇女、儿童、老年人和残疾人的权利

国家继续采取措施，切实保障少数民族、妇女、儿童、老年人和残疾人的合法权益。

（一）少数民族权利

中国是统一的多民族国家，各民族一律平等，国家保障各少数民族的合法权益。

......

（二）妇女权利

实施妇女权益保障法，促进男女平等，保障妇女合法权益。

——继续促进妇女平等参与管理国家和社会事务。逐步提高女性在全

国和地方各级人大代表、政协委员中的比例。省、市两级人大、政府、政协领导成员和县级政府领导成员中各配备 1 名以上的女性。逐步提高县(处)级以上各级地方政府和工作部门领导班子中女性担任正职的比例。逐步提高企业董事会、监事会成员及管理层中女性比例。逐步提高职工代表大会、教职工代表大会中女代表比例。在村民委员会、居民委员会成员中要有一定比例的女性成员。

......

(三)儿童权利

实施未成年人保护法,推进儿童福利、学前教育、家庭教育等立法进程,根据儿童最大利益原则,切实保障儿童的生存、发展、受保护和参与的权利。

......

(四)老年人权利

实施老年人权益保障法,逐步完善老年人社会保障制度,推进老年人服务体系建设,保障老年人合法权益。

......

(五)残疾人权利

发展残疾人事业,完善残疾人社会保障和服务体系,保障残疾人的合法权益。

......

人权教育

广泛开展各种形式的人权教育和培训,在全社会传播人权理念,普及人权知识。

——将人权教育纳入公务员培训计划。强化对公务人员的人权教育培训。支持人权研究机构编写人权培训教材,参与人权培训工作。

——加强中小学人权教育。将人权知识融入相关课程,纳入学校法制教育。开展适合青少年特点的人权教育活动,推动中小学依法治校和民主管理,营造尊重人权的教育环境。

……

——鼓励新闻媒体传播人权知识。提高全民人权意识,形成全社会重视人权的舆论氛围。

……

国际人权条约义务的履行和国际人权交流与合作

中国继续认真履行已参加的国际人权条约,积极开展国际人权领域的交流与合作。

(一)国际人权条约义务的履行

重视国际人权文书对促进和保护人权的重要作用。及时向相关条约机构提交履约报告,与条约机构开展建设性对话,并充分考虑条约机构提出的意见与建议,结合中国国情对合理可行的建议加以采纳和落实。

——撰写《禁止酷刑和其他残忍、不人道或有辱人格的待遇或处罚公约》第六次履约报告,并提交联合国禁止酷刑委员会审议。

——撰写《消除一切形式种族歧视国际公约》第十四次履约报告,并提交联合国消除种族歧视委员会审议。

——更新中国提交的《经济、社会和文化权利国际公约》第二次履约报告,并参加联合国经济、社会和文化权利委员会对报告的审议会议。

——参加联合国儿童权利委员会对中国提交的《儿童权利公约》第三、四次合并履约报告的审议会议。

——参加联合国儿童权利委员会对中国《儿童权利公约关于儿童卷入武装冲突问题的任择议定书》首次提交的履约报告的审议会议。

——参加联合国消除对妇女歧视委员会对中国提交的《消除对妇女一切形式歧视公约》第七、八次合并履约报告的审议会议。

——参加联合国残疾人权利委员会对中国提交的《残疾人权利公约》首次履约报告的审议会议。

——继续稳妥推进行政和司法改革，为批准《公民权利和政治权利国际公约》做准备。

（二）国际人权领域的交流与合作

中国致力于在平等和相互尊重的基础上，开展国际人权交流与合作，推动国际人权事业健康发展。

——认真落实联合国人权理事会对中国首次国别审查的有关合理建议，筹备并积极参加第二次国别审查工作。

——深入参与联合国人权机制工作，推动联合国人权理事会以公正、客观和非选择方式处理人权问题。

——继续与联合国人权特别机制开展合作，认真答复特别机制来函；根据接待能力并兼顾各类人权平衡的原则，视情况考虑邀请特别报告员访华。

——继续与联合国人权事务高级专员办公室保持良好合作关系。

——继续在平等和相互尊重的基础上与有关国家开展人权对话与交流，与发展中国家加强人权领域磋商与合作。

——继续参与亚欧非正式人权研讨会等亚太地区、次区域框架下的人权活动。

……

实施和监督

《行动计划》由国务院新闻办公室和外交部牵头的国家人权行动计划联席会议机制负责实施、监督和评估。

——中央和国家机关各有关部门、各级地方政府应高度重视，结合各部门工作职责和各地区特点，采取切实有效的措施完成《行动计划》确定的各项目标任务。

——国家人权行动计划联席会议机制开展阶段性调研、检查和终期评估，并公布评估报告。

——在实施《行动计划》过程中，尊重和发挥人民群众的主动性、积极性和创造性。创新社会管理机制,发挥社会组织在人权保障中的建设性作用。

　　——将《行动计划》作为人权教育和培训的重要内容,切实提高实施《行动计划》的自觉性。

　　——鼓励新闻媒体在《行动计划》的宣传、实施和监督方面发挥积极作用。

　　选自中华人民共和国国务院新闻办公室:《国家人权行动计划(2012—2015)》,《人民日报》,2012年6月12日。

4.《国家人权行动计划(2016—2020年)》(节选)

导言

2016—2020年,是中国全面建成小康社会的决胜阶段,也是实现中国人权事业持续稳定有序发展的重要时期。

自2009年以来,国家先后实施了两期人权行动计划。中国政府不断加大各项人权保障力度,人民生活水平和质量进一步提高,经济、社会和文化权利得到全面加强,公民权利和政治权利得到切实保障,全社会尊重和保障人权的意识明显提升,国际人权交流与合作不断发展,中国特色社会主义人权事业迈上新台阶。

但也应该看到,经济发展方式粗放,不平衡、不协调、不可持续的问题仍然突出,城乡区域发展差距仍然较大,与人民群众切身利益密切相关的医疗、教育、养老、食品药品安全、收入分配、环境等方面还有一些困难需要解决,人权保障的法治化水平仍需进一步提高,实现更高水平的人权保障目标尚需付出更多努力。

在总结第一、二期国家人权行动计划的执行情况和实施经验的基础上,依据国家尊重和保障人权的宪法原则,遵循《世界人权宣言》和有关国际人权公约的精神,结合实施《中华人民共和国国民经济和社会发展第十三个五年规划纲要》,中国政府制定《国家人权行动计划(2016—2020年)》(以下简称《行动计划》),确定2016—2020年尊重、保护和促进人权的目标和任务。

制定和实施《行动计划》的指导思想是：高举中国特色社会主义伟大旗帜，全面贯彻党的十八大和十八届三中、四中、五中全会精神，以马克思列宁主义、毛泽东思想、邓小平理论、"三个代表"重要思想、科学发展观为指导，深入贯彻习近平总书记系列重要讲话精神，按照全面建成小康社会、全面深化改革、全面依法治国、全面从严治党的战略布局，坚持创新、协调、绿色、开放、共享的发展理念，坚持中国特色社会主义道路自信、理论自信、制度自信、文化自信，将人权事业与经济建设、政治建设、文化建设、社会建设、生态文明建设和党的建设结合起来，坚持以人民为中心的发展思想，把保障人民的生存权和发展权放在首位，将增进人民福祉、促进人的全面发展作为人权事业发展的出发点和落脚点，维护社会公平正义，在实现中华民族伟大复兴中国梦的征程中，使全体人民的各项权利得到更高水平的保障。

制定和实施《行动计划》的基本原则是：依法推进，将人权事业纳入法治轨道；协调推进，使各项权利全面协调发展；务实推进，把人权的普遍原则和中国实际相结合；平等推进，保障每个人都能平等享有各项人权；合力推进，政府、企事业单位、社会组织共同促进人权事业的发展。

按照全面建成小康社会的新要求，实施《行动计划》的目标是：

——全面保障经济、社会和文化权利。普遍提升人民生活水平和质量；健全公共服务体系，提升服务均等化水平；全力实施脱贫攻坚，实现现行标准下的贫困人口全部脱贫；有效保护产权；总体改善生态环境质量；努力使发展机会更加公平，发展成果更加均等地惠及全民，使全体人民在共建共享发展中有更多获得感。

——依法保障公民权利和政治权利。严格规范公正文明执法，维护公民的人身权利和人格尊严；提高公正司法水平，保障诉讼当事人获得公正审判的权利；健全社会主义民主政治，畅通、创新渠道，促进公民知情权、参与权、表达权和监督权充分实现。

——充分保障各类特定群体权利。加快少数民族和民族地区发展；努力消除性别歧视；强化对未成年人权益的保障；积极应对人口老龄化；健全扶残助残服务体系。

——深入开展人权教育。将人权教育与国民教育、全民普法相结合；弘扬社会主义核心价值观的人权精神内涵，培育全社会尊重人权的文化。

——积极参与国际人权工作。认真履行人权条约义务，深入参与联合国人权机制工作；广泛开展人权对话、交流与合作，向有需要的发展中国家提供人权技术援助。

经济、社会和文化权利

（一）工作权利

——实现比较充分和高质量就业。实施高校毕业生就业促进和创业引领计划。促进农村富余劳动力转移就业和外出务工人员返乡创业。对就业困难人员实行实名制动态管理和分类帮扶，做好"零就业"家庭帮扶工作。支持贫困地区建设县乡基层劳动就业和社会保障服务平台。实现城镇新增就业5000万人以上。

……

（二）基本生活水准权利

……

——贯彻落实《中共中央国务院关于打赢脱贫攻坚战的决定》，实施精准扶贫精准脱贫方略。到2020年，实现特色产业脱贫3000万人，转移就业脱贫1000万人，实施易地扶贫搬迁1000万人，对其余完全或部分丧失劳动能力的贫困人口实行社保政策兜底脱贫2000万人。实现现行标准下的农村贫困人口全部脱贫，贫困县全部摘帽。

……

（三）社会保障权利

……

——落实国务院户籍制度改革方案，取消农业户口与非农业户口性质区分，建立城乡统一的户籍登记制度。全面实施居住证暂行条例，推进居住证制度覆盖全部未落户城镇常住人口。促进公民平等发展、共享成果,享受均等化的社会保障。

······

(四)财产权利

······

——有序推进民法典编纂工作,完善财产保障制度。

······

(五)健康权利

······

——促进基本公共卫生服务均等化。完善国家基本公共卫生服务项目和重大公共卫生服务项目,提高服务质量效率和均等化水平,适时调整基本公共卫生服务项目经费标准,项目经费继续向基层倾斜。鼓励社会力量兴办健康服务业,推进非营利性民营医院和公立医院同等待遇。

······

(六)受教育权

实施《国家教育事业发展第十三个五年规划》,全面提升教育质量,促进教育公平。到 2020 年,劳动年龄人口平均受教育年限达到 10.8 年。

······

(七)文化权利

······

——加强互联网与网络文化建设。城镇地区实现光网覆盖,提供 1000 兆比特每秒以上接入服务能力,大中城市家庭用户带宽实现 100 兆比特每秒以上灵活选择;98%的行政村实现光纤通达,有条件地区提供 100 兆比特每秒以上接入服务能力,半数以上农村家庭用户带宽实现 50 兆比特每秒以上灵活选择。实施网络内容建设工程,支持传统出版资源加快数字化转化,提高知识服务能力,鼓励推出优秀网络原创作品。

······

（八）环境权利

实行最严格的环境保护制度，形成政府、企业、公众共治的环境治理体系，着力解决大气、水、土壤等突出环境问题，实现环境质量总体改善。

……

公民权利和政治权利

……

深入推进依法行政，加强人权司法保障，扩大公民有序政治参与，切实保障公民权利和政治权利。

（一）人身权利

规范涉及公民人身的执法行为和司法行为。采取措施防范刑讯逼供。规范监管场所，保障各类被限制人身自由人员的权利。

（二）获得公正审判的权利

尊重司法运行规律，建立以审判为中心的诉讼制度，提高司法公信力。

……

（三）宗教信仰自由

提高宗教工作法治化水平，落实宗教信仰自由的宪法规定。

……

（四）知情权和参与权

多渠道多领域拓宽公民知情权的范围，扩展有序参与社会治理的途径和方式。

……

（五）表达权和监督权

扩展表达空间，丰富表达手段和渠道，健全权力运行制约和监督体系，依法保障公民的表达自由和民主监督权利。

……

特定群体权利

（一）少数民族权利

国家把加快少数民族和民族地区发展摆到更加突出的位置，尊重和保障少数民族权利。

……

（二）妇女权利

贯彻落实男女平等基本国策，全面实现《中国妇女发展纲要（2011—2020年）》目标，消除性别歧视，改善妇女发展环境，保障妇女合法权益。

……

（三）儿童权利

坚持儿童优先原则，强化政府和社会保障儿童权益的责任，全面实现《中国儿童发展纲要（2011—2020年）》目标。

……

（四）老年人权利

弘扬敬老养老助老社会风尚，实施老龄互助关爱工程，构建人口老龄化应对体系，切实维护老年人合法权益。

……

（五）残疾人权利

健全残疾人权益保障制度，提高残疾人社会保障和基本公共服务水平，促进残疾人平等参与社会生活，保障所有残疾人的人权。

……

人权教育和研究

加大人权教育与培训力度，提高全社会人权意识；搭建人权研究平台，为人权事业发展提供智力支持。

——落实《关于完善国家工作人员学法用法制度的意见》，把人权教育作为加强国家工作人员学法用法工作重要内容。将人权知识纳入党委(党组)的学习内容,列入各级党校、干部学院、行政学院的课程体系,列为法官、检察官、警察等公职人员入职、培训必修课。

——把人权知识纳入国民教育内容。以灵活多样的形式将人权知识融入中小学教育教学活动中。面向幼儿教师、中小学教师开展人权知识培训。

——继续支持高校开展人权通识教育,进一步加强人权方面的学科和方向研究生的招生和培养。提升高校、科研院所开展人权重大理论与实践问题研究的能力,设立人权理论研究国家科研专项。

——支持和鼓励企事业单位加强人权教育、培训,培育人权文化,在境内外投资中将尊重和保障人权作为决策的重要考虑因素。

——规范国家人权教育与培训基地工作。到2020年,再增加5家人权教育与培训基地。规范基地管理,创新基地运作模式,加强人才队伍建设,加大资金投入,建设中国特色新型高端人权智库。

——开展设立国家人权机构必要性与可行性研究。

——支持新闻和网络媒体设立人权专题频道或栏目,普及人权知识,传播人权理念。

人权条约履行和国际交流合作

认真履行已参加的国际人权条约,积极推进国际人权交流与合作。

选自中华人民共和国国务院新闻办公室:《国家人权行动计划(2016—2020)》,《人民日报》,2016年9月30日。

5.《国家人权行动计划》(2021—2025年)(节选)

导言

自2009年以来,中国先后制定实施了三期国家人权行动计划,人民的生活水平持续提升,各项权利得到更加切实保障,保护特定群体权益的政策和法律措施更加完善,人权法治保障进一步加强,全面参与全球人权治理,为世界人权事业发展作出了重要贡献。

2021—2025年是中国在全面建成小康社会、实现第一个百年奋斗目标之后,乘势而上开启全面建设社会主义现代化国家新征程、向第二个百年奋斗目标进军的第一个五年。

全面建设社会主义现代化国家是中国人权事业发展的新起点。中国已经进入高质量发展阶段,中国人权事业发展具备了多方面的优势和条件。同时,社会主要矛盾已经转化为人民日益增长的美好生活需要和不平衡不充分的发展之间的矛盾,人民对美好生活的向往更加强烈,对人权保障的要求不断提高。当今世界正经历百年未有之大变局,叠加全球新冠肺炎疫情大流行,国际环境日趋复杂,不稳定性不确定性明显增强,中国和世界人权事业发展面临新挑战。

在总结前三期国家人权行动计划执行情况和实施经验的基础上,依据国家尊重和保障人权的宪法原则,遵循《世界人权宣言》和有关国际人权公约精神,结合《中华人民共和国国民经济和社会发展第十四个五年规划和

2035 年远景目标纲要》，立足促进人权事业全面发展，中国政府制定《国家人权行动计划（2021—2025 年）》（以下简称《行动计划》），确定 2021—2025 年尊重、保护和促进人权的阶段性目标和任务。

制定和实施《行动计划》的指导思想是：坚持以习近平新时代中国特色社会主义思想为指导，坚持以人民为中心的发展思想，坚持人民幸福生活是最大的人权，将促进人的全面发展、全体人民共同富裕作为人权事业发展的出发点和落脚点，发展全过程人民民主，维护社会公平正义，着力解决人民群众急难愁盼问题，使全体人民的各项人权得到更高水平的保障，不断增强人民对于人权保障的获得感、幸福感、安全感。

制定和实施《行动计划》的基本原则是：依法推进，将人权事业纳入法治轨道；协调推进，使各项人权全面协调发展；务实推进，把人权的普遍原则与中国实际相结合；平等推进，充分保障所有社会成员平等参与、平等发展的权利；合力推进，政府、企事业单位、社会组织共同促进人权事业的发展；智慧推进，充分利用数字技术拓展所有人自由全面发展的空间。

制定和实施《行动计划》的目标是：

——将促进全体人民的自由全面共同发展作为人权事业发展的总目标。坚持以人民为中心，将满足人民对人权保障的新需求作为奋斗方向。坚持人民主体地位，坚持发展为了人民，发展依靠人民，发展成果由人民共享，增进人民的获得感、幸福感、安全感。

——充分保障人民的经济社会文化权利，不断实现人民对美好生活的向往，为人的全面发展创造更加有利的经济社会文化条件。

——切实保障公民权利和政治权利，促进人民有效社会参与，为实现人的全面发展提供更为坚实的民主法治基础。

——坚持绿水青山就是金山银山理念，坚持尊重自然、顺应自然、保护自然，促进人与自然和谐共生，推进生态文明建设，建设美丽中国，为全人类和子孙后代共享发展创造可持续条件。

——加强对特定群体权益的平等保护和特殊扶助，促进所有人平等分享发展成果,为实现所有人全面发展提供政策支持。

——广泛开展人权教育、研究、培训和知识普及,营造全社会尊重和保障人权的文化氛围。

——积极参与全球人权治理,深度参与联合国人权机制工作,推动建设更加公平公正合理包容的全球人权治理体系,共同构建人类命运共同体。

《行动计划》由国务院新闻办公室和外交部牵头编制,经国家人权行动计划联席会议机制审核同意,现授权国务院新闻办公室发布。

经济、社会和文化权利

巩固脱贫攻坚成果,开展乡村振兴建设,贯彻就业优先政策,实施健康中国战略,完善社会保障体系,推动教育公平发展,加强公共文化服务,促进全体人民共同富裕,保障公民的经济、社会和文化权利。

(一)基本生活水准权利

接续推进脱贫地区发展。保障居民基本住房、用水、食品安全和出行便利。

——巩固拓展脱贫攻坚成果同乡村振兴有效衔接。建立完善农村低收入人口和欠发达地区帮扶机制,保持主要帮扶政策和财政投入力度总体稳定。做好易地扶贫搬迁后续帮扶,加强大型搬迁安置区新型城镇化建设。

——夯实粮食安全基础。保障粮、棉、油、糖、肉、奶等重要农产品供给安全。坚持最严格的耕地保护制度,严守18亿亩耕地红线。建设国家粮食安全产业带,建成10.75亿亩集中连片高标准农田。

——实施食品安全战略。开展食品安全放心工程建设攻坚行动,着力提升智慧监管能力,推动健全从农田到餐桌全过程食品安全监管体系。

……

(二)工作权利

全面贯彻就业优先政策,消除就业和职业歧视,完善工资福利制度,健全劳动关系协调机制,落实安全生产管理制度,加强劳动法律实施监督。

——促进就业。实现更加充分更高质量就业，城镇调查失业率控制在5.5%以内。增加非全日制就业机会，支持和规范发展新就业形态，为农村外出返乡人员提供创业服务。实施创新创业带头人培育行动，引导建设各类农村创业创新示范园区和孵化实训基地。完善进城务工青年、灵活就业青年等群体的劳动就业合法权益。扩大公益性岗位安置，着力帮扶生育后再就业妇女、残疾人、零就业家庭成员等困难人员就业。

……

(三)社会保障权利

坚持应保尽保原则，按照兜底线、织密网、建机制的要求，加快健全覆盖全民、统筹城乡、公平统一、可持续的多层次社会保障体系。

——完善社会保障体制机制。为参加城乡居民养老保险的缴费困难群体代缴部分或全部保费。落实职工基本养老金合理调整机制。完善企业年金、职业年金制度，推动个人养老金发展。落实职工基本养老保险遗属待遇和病残津贴政策。

——健全社会救助制度体系。及时有针对性地给予困难群众医疗、教育、住房、就业等专项救助。完善农村特困人员救助供养制度，合理提高救助供养水平和服务质量。健全分层分类的社会救助体系，完善最低生活保障制度，特困人员救助供养覆盖的未成年人年龄从16周岁延长至18周岁。对符合临时救助条件的家庭或个人给予应急性、过渡性生活保障。

(四)财产权益

贯彻实施民法典，健全产权保护制度，保障农民土地承包经营权流转和宅基地使用权，深入推进农村集体产权制度改革，健全自然资源资产产权体系，完善数据产权保障制度。

——健全产权保护制度。修改土地管理法实施条例。加强数据、知识、环境等领域产权制度建设，健全自然资源资产产权制度和法律法规。

……

（五）健康权利

深入实施健康中国行动，为人民提供全方位全生命周期健康服务。重大疫情和突发公共卫生事件应急能力显著增强，人民身心健康素质明显提高，健康公平显著改善。

——构建强大公共卫生体系。坚持人民至上、生命至上，有效防控、阻击新冠肺炎疫情，不惜一切代价维护人民生命安全和身体健康。改革疾病预防控制体系，强化监测预警、风险评估、流行病学调查、检验检测、应急处置等职能。加强公共卫生学院和人才队伍建设。扩大国家免疫规划，加强重大传染病防治，强化慢性病预防、早期筛查和综合干预。完善心理健康和精神卫生服务体系。升级改造 20 个国家重大传染病防控救治基地。依托现有疾控机构建设 15 个左右区域公共卫生中心。升级改造 20 个国家紧急医学救援基地。

——完善医疗卫生服务体系建设。加强公立医院建设。完善城乡医疗服务网络，促进乡镇卫生院和社区卫生服务中心的服务能力达到国家标准。推动省市优质医疗资源支持县级医院发展。加快建设分级诊疗体系，积极发展医疗联合体。支持社会办医，鼓励有经验的执业医师开办诊所。

……

（六）受教育权

提高学前教育普及率、义务教育巩固率、高中阶段入学率。保证教育公平，提升教育质量，促进人的全面发展。

……

——推进学前教育全面普及。继续提升学前教育普及水平，大力发展公办幼儿园，积极扶持普惠性民办幼儿园。学前教育毛入园率提高到 90% 以上。

——促进义务教育优质均衡发展。推动义务教育优质均衡发展和城乡一体化，加快义务教育学校标准化建设。提升义务教育巩固水平，健全控辍保学工作责任体系。持续改善乡村小规模学校和乡镇寄宿制学校条件。

——提升高中阶段教育普及水平。加强县域普通高中建设,鼓励普通高中多样化特色化发展。加大对中西部贫困地区和高海拔地区高中阶段教育的扶持力度。高中阶段教育毛入学率提高到92%以上。

……

(七)文化权利

完善公共文化服务体系,提升全民阅读服务水平,加强中华优秀传统文化传承和保护,促进新兴文化产业发展,更充分保障公民文化权利。

——完善公共文化服务基础设施。做好公共图书馆、文化馆、博物馆、美术馆、乡镇(街道)综合文化站、村(社区)综合性文化服务中心等的规划建设。健全各级各类公共文化服务基础设施。

……

公民权利和政治权利

扩大公民自主参与和自由发展空间,完善人身权利、个人信息权益、财产权利和宗教信仰自由权利保障制度,加强人权法治保障,提升选举权和被选举权、知情权和参与权、表达权和监督权保障水平,切实尊重和保障公民权利和政治权利。

(一)生命权

保护公民的生命安全和生命尊严在常态和应急状态下均不受非法侵害。

……

(二)人身权利

在立法、执法和司法中充分尊重和保障公民的各项人身权利,坚持依法惩治犯罪与保障人权相统一。

……

(三)个人信息权益

加强个人信息保护,完善有关法律制度、监管执法和宣传,切实维护网络和数据安全。

......

(四)宗教信仰自由

贯彻宗教信仰自由政策,依法保障公民宗教信仰自由,促进宗教关系和谐,依法管理宗教事务,坚持独立自主自办原则,积极引导宗教与社会主义社会相适应,保障宗教界人士和信教群众的合法权益。

......

(五)选举权和被选举权

保障公民依法行使选举权和被选举权。采取直接选举和间接选举相结合的方式,选举产生全国人民代表大会代表和地方各级人民代表大会代表。

......

(六)知情权和参与权

保障公民、法人和其他组织依法获取政府信息,保证人民依法通过各种途径和形式管理国家事务、经济文化事业和社会事务,切实保障公民的知情权和参与权。

......

(七)表达权和监督权

依法保障公民的表达权和监督权,丰富表达手段,畅通公民诉求表达渠道,发挥公民监督在监督体系中的作用。

......

(八)获得公正审判的权利

全面落实司法责任制,推进审判体系和审判能力现代化,保障当事人获得公正审判的权利,努力让人民群众在每一个司法案件中感受到公平正义。

......

环境权利

实施可持续发展战略,落实减污降碳总要求,推动绿色发展,构建生态文明体系,完善生态环境法律法规制度体系,加快推动绿色低碳发展,改善生态环境质量,不断满足人民群众日益增长的优美生态环境需要,促进人与自然和谐共生。

(一)污染防治

深入打好污染防治攻坚战,持续改善生态环境质量。

——推进空气质量持续改善。继续开展大气污染防治行动,统筹大气污染物与温室气体协同减排,推进全国空气质量持续改善,基本消除重污染天气。地级及以上城市 PM2.5 平均浓度下降 10%,氮氧化物和挥发性有机物排放总量分别下降 10%以上。

——持续强化水污染防治。开展城市黑臭水体治理环境保护专项行动,基本消除城市建成区内黑臭水体。加强城镇(园区)污水处理环境管理,推进乡镇级集中式饮用水水源保护区划定。开展重点海域综合治理,推进美丽海湾保护与建设。

——推进土壤污染防治。巩固提升农用地安全利用水平,实施农药化肥减量行动,治理农膜污染。推动土壤污染重点监管单位落实土壤污染防治义务。

……

(二)生态环境信息公开

加大环境信息公开力度,切实保障公众知情权。

——加强政府环境信息公开。负有生态环境保护职责的部门通过政府网站、公报、新闻发布会以及媒体等便于公众知晓的方式,主动向社会公开生态环境信息。

——完善企业环境信息依法披露制度。制定环境信息依法披露管理办法,推进环境信息依法披露制度改革,确定强制性披露主体和披露内容,完善披露形式,及时披露主要环境信息。规范上市公司、发债企业环境信息依法披露,强化环境信息强制性披露行业管理,建立环境信息共享机制。

（三）环境决策公众参与

制定实施环境影响评价法，落实环境影响评价公众参与办法，促进公众有效参与环境决策。

——鼓励公众参与环境影响评价。对于可能造成不良环境影响并直接涉及公众环境权益的专项规划，鼓励公众参与环境影响评价。

——健全公众环境监督机制。支持全国各地"12369 环境保护投诉举报电话"与"12345 政务服务便民热线"归并运行工作。做好微信网络环保举报工作，督促解决公众身边突出生态环境问题。

（四）环境公益诉讼和生态环境损害赔偿

深入开展环境公益诉讼，拓宽环境公益诉讼受案范围，完善环境公益诉讼制度和生态环境损害赔偿制度。

——加强环境公益诉讼制度建设。探索开展预防性环境公益诉讼，研究制定环境保护禁止令制度相关规则，发布环境公益诉讼指导性案例。

——完善生态环境损害赔偿制度。省级、地级政府作为本行政区域生态环境损害索赔权利人，依法追究损害生态环境责任者的赔偿责任，修复生态环境，维护国家生态安全。

（五）国土空间生态保护修复

坚持山水林田湖草系统治理，加大生态保护和修复力度，着力提高生态系统自我修复能力和稳定性，共建地球生命共同体。

……

（六）应对气候变化

减少温室气体排放，增强气候变化适应能力，积极参与全球气候变化治理，实现可持续发展。

……

特定群体权益保障

完善对少数民族、妇女、儿童、老年人、残疾人等各类特定群体权益的平等保障和特殊保护,建立常态和非常态相结合的特定群体权益保障机制,促进所有人的全面发展。

（一）少数民族权益

坚持和完善民族区域自治制度,铸牢中华民族共同体意识,支持民族地区加快发展,保障各少数民族的合法权益。

……

（二）妇女权益

贯彻落实男女平等基本国策, 全面落实《中国妇女发展纲要（2021—2030 年）》。持续改善妇女发展环境,促进妇女依法平等行使权利、参与经济社会发展,共享发展成果。

……

（三）儿童权益

坚持儿童优先原则,全面落实《中国儿童发展纲要（2021—2030 年）》,保障儿童生存、发展、受保护和参与的权利,缩小儿童发展的城乡、区域和群体差距,促进儿童健康、全面发展。

……

（四）老年人权益

提高老年人权益保障水平,实现老有所养、老有所依、老有所乐、老有所为。

……

（五）残疾人权益

促进残疾人的平等参与和社会融入, 加强对困难和重度残疾人帮扶力度,保障残疾人共享社会发展成果。

……

人权教育和研究

将人权教育纳入国民教育体系,开展人权研究,加强人权培训,普及人权知识,增强全社会尊重和保障人权的意识。

(一)学校人权教育

在各级各类学校开展生动活泼、形式多样的人权教育,使学生牢固树立人权意识。

……

(二)人权研究

立足中国人权实践,加强人权研究能力建设,不断推出优秀人权研究成果。

……

(三)人权知识培训

在公共部门和企事业单位开展人权知识培训,形成尊重和保障人权的职场文化。

……

(四)人权知识普及

运用多种形式,广泛传播、普及人权知识,形成尊重和保障人权的社会氛围。

……

参与全球人权治理

认真践行国际承诺,深度参与国际人权事务,推动完善全球人权治理体系,构建人类命运共同体。

(一)履行国际人权条约义务

及时向相关人权条约机构提交履约报告,与条约机构开展建设性对话,结合中国国情采纳和落实条约机构合理可行的建议。

……

(二)深度参与联合国人权机构工作

深度参与联合国人权机构工作,发挥引领性和建设性作用,维护国际人权事业健康可持续发展。

……

(三)开展建设性人权对话与合作

继续在平等和相互尊重的基础上,开展国际人权交流与合作,促进相互理解,增进人权共识。

……

(四)为全球人权事业作出中国贡献

倡导和平、发展、公平、正义、民主、自由的全人类共同价值,促进全球人权治理更加公平、公正、合理、包容,推动构建人类命运共同体。

……

实施、监督和评估

完善国家人权行动计划联席会议机制,强化《行动计划》实施与监督,完善第三方评估机制,全方位、多层次保障《行动计划》的全面落实。

……

选自中华人民共和国国务院新闻办公室:《国家人权行动计划(2021—2025)》,《人民日报》,2021年9月10日。

6.《中国性别平等与妇女发展》白皮书（节选）

性别平等与妇女发展的机制保障

不断完善提高妇女地位的政府工作机构。1990年，中国成立了国务院妇女儿童工作委员会，负责组织、协调、指导、督促有关部门，共同促进性别平等与妇女发展。国务院妇女儿童工作委员会由相关政府部门部级领导组成，主任由国务院领导担任。20年来，成员单位从成立初的19个增至目前的35个，包括国家发展改革委、教育部、民政部、财政部、人力资源社会保障部、农业部、国家卫生计生委等29个部门和6个群体组织。国务院妇女儿童工作委员会下设办公室负责日常工作，配有专职工作人员和专项工作经费。全国31个省（区、市）县级以上人民政府均成立了相应机构，基本形成了纵向贯通、横向联动、协同配合的促进性别平等与妇女发展组织体系

制定实施促进妇女发展的国家规划纲要。第十、第十一和第十二个国民经济和社会发展五年规划都将妇女发展列入其中，内容不断丰富，目标更加明确，措施更加有效，推动妇女与经济社会同步协调发展。国务院先后颁布三个周期的中国妇女发展纲要，明确各阶段妇女发展的总体目标、重点领域及策略措施，全国31个省（区、市）县级以上人民政府分别制定本地区妇女发展规划，形成了全国自上而下促进妇女发展的规划体系。各级妇女儿童工作委员会分别建立目标管理责任制，将主要目标分解到相关职能部门，并纳入相关专项规划加以落实；建立纲要评估机制，对纲要落实情况进行年度监

测评估、中期督导评估和终期总结评估,确保纲要规划目标如期实现。

妇女与经济

妇女贫困状况显著改善。中国在实施全方位扶贫战略中,统筹考虑城镇化、老龄化、市场化及气候变化等因素对妇女贫困的影响,加大妇女扶贫脱贫力度。实施中国农村扶贫开发纲要,将妇女作为重点扶贫群体,同等条件下优先安排妇女扶贫项目,不断提升贫困妇女的发展能力和受益水平。贫困妇女数量大幅减少,妇女贫困程度不断降低……

保障妇女的平等就业权利……《中华人民共和国就业促进法》专设"公平就业"一章,强调男女平等就业权利。《中华人民共和国劳动合同法》对企业订立女职工权益保护专项集体合同作出明确规定,为保障女职工合法权益提供了法律依据。制定、修订和实施《女职工劳动保护特别规定》、机关事业单位处级干部和高级职称专业技术人员男女同龄退休、支持女性科技人才成长及促进女大学生平等就业等一系列法规、政策及措施,为妇女就业和职业发展创造有利条件。

……

提高妇女社会保障水平。《中华人民共和国社会保险法》把生育保险作为独立章节,明确规定妇女平等享有社会保障的权利。《中国妇女发展纲要(2011—2020年)》增设"妇女与社会保障"领域,提出妇女平等享有社会保险、社会救济、社会福利和社会救助的主要目标和策略措施。妇女参加养老保险、医疗保险、失业保险、工伤保险和生育保险人数不断增加……

妇女与教育

男女受教育差距明显缩小。贯彻落实《中华人民共和国义务教育法》等相关法律法规和政策,采取切实措施,提高妇女受教育水平。实施女童专项扶助政策,保障适龄女童平等接受义务教育……

妇女接受职业教育和技能培训的比例不断提高。国家制定和完善职业教育的法律政策,加大职业教育经费投入,完善助学政策体系,扩大妇女接受职业教育规模……

保障少数民族妇女和偏远贫困地区女童等公平享有教育资源。制定积极政策,开设少数民族专门学校,采取倾斜性定向招生措施,大幅增加少数民族女性接受各级各类教育的资源。制定贫困女童和女生专项教育计划,确保偏远、贫困地区女生平等享有教育机会……

妇女与健康

建立较为完善的妇幼健康法律政策体系。制定、修订并实施《中华人民共和国母婴保健法》《中华人民共和国人口与计划生育法》等法律法规,出台一系列配套规章和规范性文件,使妇幼健康逐步实现了有法可依、依法管理、规范服务。把妇女健康指标纳入国家国民经济社会发展总体规划和专项规划,把妇幼保健作为国家基本公共服务的重点内容,把乳腺癌、宫颈癌医治纳入重大疾病医疗保障和医疗救助体系,提高妇女医疗保障水平。

……

妇女生殖保健服务进一步加强。保障妇女在整个生命周期享有良好的生殖保健服务,开展妇女病普查普治,提供青春期保健和老年期保健服务。落实计划生育免费技术服务政策,推进避孕方法知情选择,减少非意愿妊娠。持续打击和查处非医学需要的胎儿性别鉴定和选择性别的人工终止妊娠行为。为流动妇女提供健康教育、预防接种、孕产妇保健等基本公共卫生服务,积极推进流动人口计划生育基本公共服务均等化试点。

妇女与决策管理

完善促进妇女参与决策和管理的法律政策。制定和实施促进妇女参与决策和管理的积极措施,妇女参与决策和管理的人数和比例不断提高。各地制定的妇女权益保障法实施办法和选举法实施细则,普遍对地方各级人大代表候选人中的女性比例作出明确规定。国家制定专项规划,明确培养选拔女干部的目标指标和工作要求，并采取具体措施，提高各级女干部的人数和比例……

妇女参与决策和管理的比例提高。重视发挥妇女在人民代表大会中的作用，提高妇女在各级人民代表大会代表中的比例……

妇女与环境

营造尊重妇女和两性平等发展的社会环境。各级党政部门、妇联组织及其他社会组织通过宣传倡导、教育培训、座谈研讨等多种形式，全方位、多渠道宣传男女平等基本国策，提升全社会性别平等意识。各级党政领导带头宣讲国策，发表署名文章，作专题报告，表明促进性别平等的意愿和行动。制定促进两性和谐发展的文化和传媒政策，禁止性别歧视。加强对传媒的正面引导和管理，培训媒体从业者，增强性别平等意识。完善传媒监管机制，监督新闻媒体和广告经营者严格自律，禁止在媒体中出现贬抑、否定妇女独立人格的歧视现象……

妇女的精神文化生活日益丰富。公共文化服务体系建设注重面向妇女群体，满足妇女的精神文化需求。全国范围内免费开放博物馆、美术馆、公共图书馆、文化馆和文化站等文化场所，不断发展数字图书馆，妇女的文化生活资源更加丰富。大力推动信息通信技术发展，为妇女文化交流与创新提供了新平台……

性别平等与妇女发展的法治保障

保障妇女权益的执法力度不断加大。全国人大常委会重视开展妇女权益保障法等相关法律的执法检查和专题调研，督促各级政府部门严格执法。加大对用人单位和人力资源服务机构的检查力度，依法查处侵害女职工合法权益的劳动保障违法行为，促进妇女平等就业。2013年，国务院发布《中国反对拐卖人口行动计划（2013—2020年）》，进一步完善部门联动协作机制。公安机关坚决打击暴力侵害妇女的违法犯罪行为……

妇女权益的司法保护不断加强。法院系统设立专门的妇女维权合议庭、家事审判庭,妥善审理婚姻家庭纠纷案件,保障妇女在情感补偿、财产分割等方面的合法权益。加大对猥亵、侮辱妇女,拐卖妇女,收买被拐卖妇女等侵害妇女人身权益违法犯罪行为的惩治力度,维护妇女人身权益和尊严。鼓励开展反家庭暴力的基层司法实践,探索家庭暴力人身安全保护裁定制度……

性别平等与妇女发展的国际交流合作

积极参与和推动全球及区域性别平等事业。高度重视与联合国机构的联系合作,支持联合国在性别平等和妇女发展领域的积极举措。推动联合国人权理事会通过中国倡议提出的"纪念第四次世界妇女大会暨《北京宣言》和《行动纲领》通过 20 周年"主席声明。参与联合国妇女署规章制度和行动规划的制定,加大合作力度。积极承办和举办第四次世界妇女大会后续行动的相关会议、妇女与减灾、妇女与可持续发展等国际会议。积极促进区域性别平等,与联合国亚太经社会在亚太地区开展"提高解决性别问题能力、实现联合国千年发展目标"项目……

选自中华人民共和国国务院新闻办公室:《中国性别平等与妇女发展》白皮书,《人民日报》,2015年9月23日。

7.《中国司法领域人权保障的新进展》白皮书(节选)

不断健全人权司法保障机制

逐步建立健全司法责任制,法官检察官办案主体地位更加凸显。逐步完善主审法官责任制、合议庭办案责任制和检察官办案责任制,明确法官、检察官办案的权力和责任,对所办案件质量终身负责,严格错案责任追究,形成权责明晰、权责统一、管理有序的司法权力运行机制。改革裁判文书签署机制,明确除审判委员会讨论决定的案件以外,法院院长、副院长、庭长对其未直接参加审理案件的裁判文书不再进行审核签发。明确法院院长、庭长除参加审判委员会、专业法官会议外,不得对其没有参加审理的案件发表倾向性意见,不得直接否定独任法官、合议庭意见。改革审判委员会制度,审判委员会评议实行录音、录像,全程留痕,所有参加讨论和表决的委员应当在审判委员会会议记录上签名,并建立审判委员会履职考评和内部公示机制……

废止劳动教养制度,强化以法治思维和法治方式管理社会。实行了50多年的劳动教养制度在特定条件下为维护社会治安秩序、确保社会稳定、教育挽救违法人员发挥了积极作用。随着治安管理处罚法、禁毒法等法律的施行和刑法的不断完善,以及相关法律的有机衔接,劳动教养制度的作用逐渐被取代,劳动教养措施的使用逐渐减少。2013 年 12 月,全国人大常委会通过《关于废止有关劳动教养法律规定的决定》,废止了劳动教养制度;并规定对正在被依法执行劳动教养的人员,解除劳动教养,剩余期限不再执行。

　　建立完善国家司法救助制度,加大受害人保护力度。2014 年,最高人民法院、最高人民检察院、公安部等 6 部门联合发布文件,建立完善国家司法救助制度。国家对受到侵害但无法获得有效赔偿的刑事被害人等给予经济资助,帮助其摆脱生活困境。司法机关严格遵守司法救助申请告知义务,对符合条件的救助对象,及时发放救助资金……

进一步完善人权司法保障程序

　　确立非法证据排除制度,保障犯罪嫌疑人合法权利。2012 年修改的刑事诉讼法明确规定尊重和保障人权,并通过完善证据制度、强制措施、辩护制度、侦查措施、审判程序、执行程序及增加规定特别程序予以落实。刑事诉讼法明确规定办案机关实施拘留、逮捕后,应当将被拘留人、被逮捕人立即送看守所羁押,并确立讯问犯罪嫌疑人、被告人全程录音录像制度。2014 年,公安部发布文件,对需要进行讯问录音录像的案件范围、录制要求等进一步作出明确规定。公安机关办案区讯问室和看守所讯问室普遍安装录音录像设施,开展讯问犯罪嫌疑人录音录像工作,有效预防刑讯逼供、违法取证等执法不规范问题。最高人民检察院发布《人民检察院讯问职务犯罪嫌疑人实行全程同步录音录像的规定》,进一步规范侦查讯问活动,强化对犯罪嫌疑人合法权利的保障。刑事诉讼法明确规定了非法证据的范围及排除非法证据的具体程序。司法机关在侦查、审查起诉和审判阶段发现有应当排除的非法证据的,都应当予以排除……

　　贯彻疑罪从无原则,积极防范和纠正冤假错案。2013 年,公安部发布《关于进一步加强和改进刑事执法办案工作,切实防止发生冤假错案的通知》等文件,深化错案预防机制制度建设,加强对执法办案全方位、全过程、即时性监督,从源头上防止冤假错案的发生。司法部制定《关于进一步发挥司法鉴定制度作用防止冤假错案的意见》,全面加强司法鉴定管理,进一步规范司法鉴定活动。最高人民检察院发布《关于切实履行检察职能,防止和纠正冤假错案的若干意见》,严把事实关、程序关和法律适用关,健全检察环节错案发现、纠正、防范和责任追究机制……

规范强制措施，减少羁押性强制措施的适用。刑事诉讼法对羁押性强制措施作出进一步完善，细化了逮捕的条件，明确了作为逮捕条件的社会危险性的具体标准，减少羁押性强制措施的适用，刑事强制措施的适用更加规范，公民人身自由权利保护更加有力。2014年，最高人民法院、最高人民检察院、公安部联合下发文件，明确了换押和羁押期限变更通知的范围、换押程序、通知程序、送达方式等，进一步预防和纠正超期羁押。检察机关严格执行法定逮捕条件和审查逮捕程序，坚持少捕、慎捕……

努力提高人权司法保障执行力

依法办理各类刑事案件，保障人民群众生命财产权利。重点惩治暴力恐怖、严重暴力、黑恶势力、涉枪涉爆、食药安全、制贩毒品等犯罪。公安机关先后开展打击暴力恐怖活动、打黑除恶、打击整治非法调查和非法买卖公民信息、打击电信诈骗犯罪和利用"伪基站"违法犯罪等专项行动……

严格控制和慎用死刑，确保死刑只适用于极少数罪行极其严重的犯罪分子。继2011年刑法修正案（八）取消13个经济性非暴力犯罪的死刑后，2015年通过的刑法修正案（九）再次减少适用死刑的罪名，取消走私武器、弹药罪，走私核材料罪，走私假币罪，伪造货币罪，集资诈骗罪，组织卖淫罪，强迫卖淫罪，阻碍执行军事职务罪，战时造谣惑众罪9个罪的死刑，并进一步提高对判处死刑缓期执行的罪犯执行死刑的门槛。在死刑案件中充分保障被告人的辩护权和其他合法权益，实行死刑第二审案件全部开庭审理。最高人民法院复核死刑案件注重依法讯问被告人，听取辩护律师的意见。

……

加大法律援助力度，公民获得法律援助的权利进一步落实。加强法律援助基层服务网络建设。全国共建成法律援助便民服务窗口3500余个、法律援助工作站7万余个，基层基础建设得到改善。推广使用全国法律援助信息管理系统，简化受理审查程序，公民获得法律援助更加便捷。进一步扩大法律援助补充事项范围,放宽适用法律援助的经济困难标准,加大法律援助经费保障……

切实保障被羁押人合法权利

加强看守所建设和管理,保障被羁押人的人身安全。实施新的《看守所建设标准》,全面推行床位制,对看守所的建筑标准和人均最低使用面积作出规定。严格落实入所身体检查制度,建立预防和打击牢头狱霸的长效机制,对新收押人员实行过渡管理,严禁使用在押人员管理监室。严格提讯、提解制度。办案机关因侦查需要提解犯罪嫌疑人出所辨认或者追缴犯罪有关财物的,必须持有县级以上办案机关主要领导批示并标明法定原因,由两名以上办案人员提解……

规范减刑、假释、暂予监外执行工作,保障服刑罪犯刑罚变更执行的权利。深化狱务公开,依法向社会公开减刑、假释、暂予监外执行的法定条件、程序和结果。人民法院强化网上公示、开庭审理等措施,开通全国法院减刑、假释、暂予监外执行信息网……

实施国家特赦,彰显人道精神。2015年8月29日,第十二届全国人大常委会第十六次会议通过关于特赦部分服刑罪犯的决定,国家主席习近平签署主席特赦令,对依据2015年1月1日前人民法院作出的生效判决正在服刑,释放后不具有现实社会危险性的四类罪犯实行特赦。这是新中国成立以来第八次,也是改革开放以来第一次实行特赦,是实施宪法规定的特赦制度、贯彻全面依法治国和体现人道主义精神的新实践,具有重大政治意义和法治意义。经人民法院依法裁定,全国共特赦服刑罪犯31527人。对无工作单位、无劳动能力、无生活来源、无法定赡养人的被特赦人员,依法按政策落实最低生活保障等措施,帮助被特赦人员顺利融入社会。

选自中华人民共和国国务院新闻办公室:《中国司法领域人权保障的新进展》白皮书,《人民日报》,2016年9月13日。

8.《中国的减贫行动与人权进步》白皮书(节选)

保障贫困人口生存权

特色产业脱贫得到扶持。国家相继出台一系列特色产业发展规划、政策,为贫困地区提供发展机会。制定实施关于加强农业行业扶贫工作的指导意见和《全国林业扶贫攻坚规划(2013—2020年)》,明确将大力发展特色农牧业作为农业行业扶贫重点工作。编制《农业行业扶贫开发规划(2011—2020年)》,制定《特色产业增收工作实施方案》《全国优势特色经济林发展布局规划(2013—2020年)》,对各集中连片特困地区特色农林牧业进行科学布局,明确发展重点。发布《特色农产品区域布局规划(2013—2020年)》,将贫困地区96个特色品种纳入规划范围,引导多方力量加大投入。"十二五"(2011—2015年)期间,向连片特困地区投入农业基本建设资金和财政专项资金1220亿元,安排林业基本建设资金和财政专项资金1160多亿元。在特色产业带动下,贫困地区发展条件不断改善,农民收入水平不断增加。

……

教育脱贫力度不断加大。"十二五"期间,中国把教育扶贫作为脱贫攻坚的重要内容,深入推进义务教育均衡发展,着力缩小城乡教育差距,全面改善贫困地区的办学条件,实施学前教育三年行动计划、乡村教师生活补助计划,实施中等职业学校免学费、补助生活费政策及面向贫困地区定向招生专项计划,切实保障贫困人口受教育权利……

医疗保障脱贫全面落实。中国政府不断加大健康扶贫工作力度,减轻农村贫困人口医疗费用负担,增强贫困地区医疗卫生服务能力,提高贫困地区群众健康水平,努力防止因病致贫、因病返贫,贫困人口健康权利得到切实保障……

农村兜底脱贫逐步实行。国家制定农村低保制度与扶贫开发政策相衔接实施方案,各地紧紧围绕贫困人口脱贫目标,完善政策措施,健全工作机制,努力实现农村低保制度政策性兜底保障,不断提高贫困人口社会保障水平。对于符合农村低保条件的建档立卡家庭,按规定程序纳入低保范围,根据家庭人均收入与当地低保标准的差额发给低保金。对于符合扶贫条件的农村低保家庭,按规定程序纳入建档立卡范围,根据不同致贫原因予以精确帮扶。对于脱贫后再返贫的家庭,分别纳入临时救助、医疗救助、农村低保等社会救助制度和建档立卡帮扶政策范围……

维护特定群体权利

贫困妇女权利保障水平不断提升。国家落实《中国妇女发展纲要(2011—2020 年)》,制定实施保障贫困妇女权益的政策措施。加强贫困地区妇女教育培训,培训中西部农村妇女 200 多万人。实施妇女小额贷款担保项目及财政贴息政策,促进城乡妇女创业就业……实施"母亲安居工程""母亲健康快车"等公益项目,帮助贫困单亲母亲、患病贫困妇女改善生存和发展状况。建立完善新型社会救助体系,加大对贫困妇女的保障力度……

贫困儿童权利保障力度不断加大。国家制定并落实《中国儿童发展纲要(2011—2020 年)》《国家贫困地区儿童发展规划(2014—2020 年)》,健全完善留守儿童关爱服务体系、困境儿童分类保障和救助保护机制。落实《国务院关于加强农村留守儿童关爱保护工作的意见》,推进城乡社区"儿童之家"和"儿童快乐家园"建设……落实《国务院关于孤儿保障工作的意见》,全面建立全国孤儿基本生活保障制度和艾滋病病毒感染儿童生活保障制度……

贯彻《国务院办公厅关于加强流浪未成年人救助保护工作的意见》,开展"接送流浪孩子回家"和"流浪孩子回校园"专项行动,基本杜绝胁迫、诱骗、利用未成年人乞讨现象。广泛开展适度普惠型儿童福利保障制度和未成年人社会保护试点工作,推动构建未成年人救助保护制度,推动建立县、乡、村三级儿童福利和保护工作网络……

老年人权利保障体系不断完善。国家积极推动养老保险制度改革,加强农村养老服务建设,建立健全养老服务补贴制度……

残疾人权利保障事业扎实推进。2012 年,国务院办公厅印发《农村残疾人扶贫开发纲要(2011—2020 年)》,明确将贫困残疾人列为重点扶贫群体。2015 年,国务院印发《关于加快推进残疾人小康进程的意见》,围绕残疾人基本民生保障、就业创业增收、基本公共服务三大重点领域,提出了一系列重要举措。2015 年,《国务院关于全面建立困难残疾人生活补贴和重度残疾人护理补贴制度的意见》正式实施,第一次在国家层面建立残疾人福利补贴制度……

少数民族脱贫步伐加快。国家制定一系列特殊扶持政策,加快推进少数民族和民族地区脱贫攻坚。《中国农村扶贫开发纲要(2011—2020 年)》确定的 14 个集中连片特困地区中, 分布在民族自治地方的有 11 个;592 个国家扶贫开发工作重点县中,分布在民族自治地方的有 263 个;扶贫开发整村推进"十二五"规划确定的 3 万个贫困村中,分布在民族自治地方的有 13158 个。2012—2015 年,中央财政安排少数民族发展资金 145.9 亿元,专项支持推进兴边富民行动、扶持人口较少民族发展以及开展少数民族特色村寨和少数民族传统手工艺品的保护与发展。国家安排中央预算内投资 55 亿元,用于帮助边境地区和人口较少民族聚居区的基础设施建设、群众生产生活条件改善和社会事业发展。"十二五"期间,内蒙古、广西、西藏、宁夏、新疆 5 个自治区和少数民族分布集中的贵州、云南、青海 3 省的贫困人口从 2011 年的 3917 万下降到 1813 万,减少 2104 万人,减少幅度为 53.7%;贫困发生率从 27.2% 下降到 12.4%,下降了 14.8 个百分点。

选自中华人民共和国国务院新闻办公室:《中国的减贫行动与人权进步》白皮书,《人民日报》,2016 年 10 月 18 日。

9.《发展权：中国的理念、实践与贡献》白皮书（节选）

与时俱进的发展权理念

——生存权和发展权是首要的基本人权。贫穷是实现人权的最大障碍。没有物质资料的生产和供给，人类其他一切权利的实现都是非常困难或不可能的。发展既是消除贫困的手段，也为实现其他人权提供了条件，还是人实现自身潜能的过程。发展权贯穿于其他各项人权之中，其他人权为人的发展和发展权的实现创造条件。发展权的保障，既表现在经济、文化、社会、环境权利的实现之中，又表现在公民权利与政治权利的获得之中。中国赞赏联合国《发展权利宣言》所强调的表述——发展权是一项不可剥夺的人权，由于这种权利，每个人和所有各国人民均有权参与、促进并享受经济、社会、文化和政治发展，在这种发展中，所有人权和基本自由都能获得充分实现。

——发展权的主体是人民。中国奉行人民至上的价值取向，视人民为推动发展的根本力量，努力做到发展为了人民、发展依靠人民、发展成果由人民共享。中国把增进人民福祉、促进人的全面发展作为发展的出发点和落脚点，充分调动人民的积极性、主动性、创造性，使人民成为发展的主要参与者、促进者和受益者。全面建成小康社会和实现中华民族伟大复兴的中国梦，就是让人民有更好的教育、更稳定的工作、更满意的收入、更可靠的社会保障、更高水平的医疗服务、更舒适的居住条件、更优美的环境，让每个人都能更有尊严地发展自我和奉献社会，共同享有人生出彩的机会，共同享有梦想成真的机会。

——发展权是个人人权与集体人权的统一。中国既重视个人发展权，又重视集体发展权，努力使二者相互协调、相互促进。"每个人的自由发展是一切人的自由发展的条件"，没有个人的发展，就没有集体的发展；同时，也只有在集体中，个人才能获得全面发展。发展权既是每个人的人权，又是国家、民族和全体人民共同享有的人权，个人发展权只有与集体发展权统一起来，才能实现发展权的最大化。中国赞赏联合国《发展权利宣言》的表达——发展机会均等是国家和组成国家的个人的一项特有权利，任何国家和组成国家的任何个人，都有参与发展、平等享有发展成果的权利。

日臻完备的发展权保障制度

——国家发展战略

……

为实现"两个一百年"奋斗目标，中国共产党统筹推进经济、政治、文化、社会和生态文明建设"五位一体"总体布局，协调推进全面建成小康社会、全面深化改革、全面依法治国、全面从严治党的"四个全面"战略布局，在推动经济发展的基础上，建设社会主义市场经济、民主政治、先进文化、生态文明、和谐社会，协同推进人民富裕、国家强盛、中国美丽，更加扎实有效地保障和促进发展权的实现。

——总体发展规划

按照建设社会主义现代化国家的要求和发展战略，中国政府制定国家发展规划，保障发展权的实现。从 1953 年到 2001 年，每 5 年制定一个国家发展计划，对国家经济、文化、社会等各方面发展作出安排。自 2006 年起，改计划为规划，实现了从具体、微观、指标性的发展计划向宏观的国民经济和社会发展规划的转变。到目前为止，中国已经连续制定了十三个国民经济和社会发展计划或规划。"五年规划"是连接国家发展总目标和具体实施计划的纽带，为有计划、分阶段、稳扎稳打地推进发展权的实现，确立了中长期指导思想、目标方向、基本要求和实施举措。

......

——专项行动计划

中国政府制定经济、文化、社会和环境等方面的专项行动计划,落实人民发展权。广泛实施了涉及扶贫、互联网、创新创业、科技、贸易、区域发展等行动计划,如推进农民创业创新行动计划、科技特派员农村科技创业行动、开发农业农村资源支持农民工等人员返乡创业行动计划、科技富民强县专项行动计划、科技助推西部地区转型发展行动计划和科技服务东北老工业基地振兴行动计划等。有效实施了教育发展、人口素质提升、人才奖励、文化产业等行动计划,如面向 21 世纪教育振兴行动计划、农村义务教育阶段学校教师特设岗位计划、特殊教育提升计划、救助贫困地区失学女童重返校园的"春蕾计划"和东部城市对口支持西部地区人才培训计划等。实施了有关就业、社会保障、食品与医疗、残疾预防、全民健身等方面的一系列行动计划,如关于就业的春风行动,关于社会保障的全民参保计划,消除疟疾行动计划,预防与控制医院感染行动计划,伤残儿童康复合作项目行动计划,提高出生人口素质、减少出生缺陷和残疾行动计划,残疾预防行动计划,营养改善行动计划和全民健身计划等。推出了污染防治、节能、生物多样性等方面的行动计划,如水污染防治行动计划、高风险污染物削减行动计划、煤炭清洁高效利用行动计划、煤电节能减排升级与改造行动计划、生物多样性保护战略与行动计划。

......

——司法救济制度

中国不断加强发展权的司法保护与司法救济,构建起发展权司法救济机制,防止和惩治对发展权的侵害。

有效实现经济发展

——贫困人口生存权得到有效保障。中国的减贫行动是中国人权事业进步的最显著标志。改革开放以来，中国实现了"迄今人类历史上最快速度的大规模减贫"，按照农村现行贫困标准累计减少 7 亿多贫困人口，超过美、俄、日、德四国人口总和，贫困发生率下降到 5.7%，成为世界上率先完成联合国千年发展目标的国家。截至 2015 年底，中国农村贫困人口减少到 5575 万人，其中，内蒙古、广西、西藏、宁夏、新疆 5 个自治区和少数民族分布集中的贵州、云南、青海 3 省农村贫困人口减少到 1813 万人。中国的减贫行动有力促进了贫困人口发展权的实现，为全面建成小康社会打下了坚实基础。2015 年 11 月，中共中央、国务院发布关于打赢脱贫攻坚战的决定，对未来五年脱贫攻坚工作作出全面部署。2016 年 3 月，《中华人民共和国国民经济和社会发展第十三个五年规划纲要》发布，对全力实施脱贫攻坚总体目标作出战略部署。为实现到 2020 年让农村贫困人口全部摆脱贫困的宏伟目标，中国正在全面实施精准扶贫、精准脱贫基本方略。

不断完善政治发展

——公共参与是公民直接参与发展决策的便捷渠道。国家深入推进民主立法，健全公众参与立法的途径和方式，建立委托第三方起草和由第三方居中评估的立法制度，健全法律法规规章草案公开征求意见和公众意见采纳情况反馈机制。一些地方出台了重大行政决策程序规定，把公众参与作为重要法定程序，明确了公众参与行政决策的方式方法，广泛采用公开征求意见、听证会、座谈会、问卷调查等方式。2007 年，国务院公布政府信息公开条例，重点推进行政审批、财政预决算、保障性住房、食品药品安全、征地拆迁等信息的公开，使公民及时、准确获取信息，保障知情权，进行有效监督，不断提高政府工作透明度和执法效能。公众参与司法渠道逐步拓宽。目前，全国人民陪审员总数已超过 22 万人。自 2003 年开展人民监督员制度试点工作以来，截至 2016 年 4 月，共选任人民监督员 4.8 万余人次，监督各类职务犯罪案件 4.9 万余件。截至 2015 年年底，全国共有人民调解委员会近 80 万个，人民调解员 390 余万人，近 8 年来排查化解矛盾纠纷 6700 多万件。公众信访渠道进一步丰富,政治参与途径进一步拓宽。国家信访信息系统正式开通,实现公民信访网上投诉、办理、评价,并开通手机信访、微信公众号。2015年全国网上信访141万件次,其中建议意见14万件次。

努力促进文化发展

——公共文化服务体系建设加速推进。2015年,中国发布《关于加快构建现代公共文化服务体系的意见》和《国家基本公共文化服务指导标准(2015—2020年)》,对加快构建现代公共文化服务体系,推进基本公共文化服务标准化均等化,以及保障人民群众基本文化权益作出全面部署。加快公共数字文化建设,实施国家公共文化数字支撑平台、国家数字文化网等一批重点项目。截至2015年底,文化信息资源共享工程已建成1个国家中心、33个省级分中心、2843个市县支中心、35719个乡镇(街道)基层服务点、70万个村(社区)基层服务点。完善公共文化设施网络,加强基层文化服务能力建设。截至2015年年底,全国文化系统共有艺术表演团体2037个、公共图书馆3139个、文化馆3315个、博物馆2981个,数字图书馆推广工程已在40个省级馆、479个地市级馆实施。继续推进公共文化设施免费开放,各级公共美术馆向公众免费开放,各级图书馆、文化馆(站)向公众免费提供基本公共文化服务项目。通过农村广播电视村村通、户户通工程,乡镇综合文化站工程,农村电影放映工程,农家书屋工程及农村数字文化工程等惠民工程,农村公共文化服务能力大大增强。

全面提升社会发展

——覆盖全社会的保障体系基本建成。中国在全国范围内建立统一的城乡居民基本养老保险制度,制定了劳动者特别是进城务工人员参加城镇职工和城乡居民基本养老保险的制度衔接政策,2015年全国参加基本养老保险人数为8.58亿人,城乡居民实际领取养老待遇人数为1.48亿人。中国建立了覆盖全体国民的医疗保障体系,截至2015年年底,包括城镇职工基本医疗保险、新型农村合作医疗保险和城镇居民基本医疗保险在内的基本医疗保险参保人数达 13.36 亿人，参保率保持在 95% 以上，职工基本医疗保险、城镇居民基本医疗保险、新型农村合作医疗政策范围内住院医疗费用报销比例分别达 80% 以上、70% 以上和 75% 左右，基金最高支付限额分别提高到当地职工年平均工资和当地居民年人均可支配收入的 6 倍。1994 年至2015 年，失业保险参保人数从 7967.8 万人增长到 17609.2 万人，2015 年保险基金收入达 1364.63 亿元，基金支出 736.45 亿元，每人每月平均领取失业保险金增加到 968.4 元；工伤预防、补偿、康复"三位一体"的工伤保险制度初步形成，参保人数从 1822 万人增长到 21432 万人；生育保险参保人数从 916万人增加到 17771 万人。

加快落实绿色发展

——生态经济推动绿色发展。全国建成由 2 个国家站、33 个省级站、300多个地市级站和 1700 多个县级站组成的农业环境保护工作体系。先后在太湖、巢湖、洱海和三峡库区等污染防治重点流域，建设了农业面源污染综合防治示范区，设立 106 个国家级绿色防控示范区，带动绿色防控面积达 5 亿亩以上。建设了两批国家级生态农业示范县共计 100 余个，带动省级生态农业示范县 500 多个，建成生态农业示范点 2000 多处。农业高新技术产业长效发展，农业灌溉水利用系数提高到 0.536。持续加大技术改造投资力度，积极推动新型工业发展进程。2016 年 1—9 月，全国工业完成技术改造投资达6.6 万亿元，同比增长 13.4%，占工业投资的比重达到 40%。大力发展第三产业以增加绿色国内生产总值，拓展网络经济空间，2015 年全国网上零售额达38773 亿元，比 2014 年增长 33.3%。

推动实现共同发展

——参与发展议程。中国率先响应可持续发展战略，坚定支持并全力落实《联合国千年宣言》，已经实现或基本实现了 13 项千年发展目标指标，在有效提升中国人民发展权保障水平的同时,推动了全球共同发展。中国积极促进国际社会达成并实施 2030 年可持续发展议程,发布了《落实 2030 年可持续发展议程中方立场文件》和《中国落实 2030 年可持续发展议程国别方案》,在二十国集团领导人杭州峰会上共同制定《二十国集团落实 2030 年可持续发展议程行动计划》《二十国集团支持非洲和最不发达国家工业化倡议》等,为加快各国尤其是发展中国家的整体发展进程注入了强劲动力。2015 年 9 月,中国与联合国妇女署共同举办全球妇女峰会,落实 2030 年可持续发展议程相关目标。

选自中华人民共和国国务院新闻办公室:《发展权:中国的理念、实践与贡献》白皮书,《人民日报》,2016年12月2日。

10.《新疆人权事业的发展进步》白皮书（节选）

政治权利

协商民主稳步推进。在协商民主的制度框架内,自治区各级政协积极创新协商形式、丰富协商内容、搭建协商平台,广泛吸收各族各界人士参政议政,初步形成了宽领域、多层次、常态化的协商民主格局。各级政协委员深入调研,踊跃提交提案,积极反映社情民意,主动进行民主监督。第十二届全国政协委员中,住新疆的有 31 名,其中少数民族委员 18 名,占 58.1%。第十一届新疆维吾尔自治区政协有委员 479 名, 其中少数民族委员 228 名,占 47.6%。截至 2017 年 3 月,第十一届新疆维吾尔自治区政协共提交提案 4920 件,涉及政治、经济、文化、教育、科技等领域。

少数民族参政权得到保证。作为全国唯一三级自治地方(区、州、县)俱全的自治区,新疆设有 5 个自治州、6 个自治县。自治地方的各级人民代表大会和人民政府行使管理本地区事务的权力,自治区主席、自治州州长、自治县县长均由实行区域自治的民族公民担任。1950 年,新疆少数民族干部仅有约 3000 人,1955 年增加到 4.6 万人。2016 年, 全区少数民族公务员已达 91076 人,占干部总数的 40.24%。其中,少数民族妇女干部占全区妇女干部总数的 66%以上。

公民权利

生命财产权受到尊重和保护。自 20 世纪 90 年代以来，暴力恐怖势力、民族分裂势力、宗教极端势力策划实施了一系列暴力恐怖犯罪活动，严重危害了各族人民的生命财产安全。其中，2009 年乌鲁木齐"7·5"打砸抢烧严重暴力犯罪事件，造成 197 人死亡、1700 多人受伤；2014 年昆明"3·1"火车站暴力恐怖事件，造成 31 人死亡、141 人受伤。自治区采取一系列措施，颁布实施了《新疆维吾尔自治区实施〈中华人民共和国反恐怖主义法〉办法》，依法严厉打击暴力恐怖犯罪，加强社会面防控，推进治理体系和治理能力现代化，切实维护各族人民的生命财产安全。

……

表达自由的权利得到有效保障。为落实宪法规定的公民表达自由，新疆在办好广播、电视、报纸、杂志等传统媒体的同时，大力开展互联网基础设施建设，搭建各种形式的网站（平台），使公民的表达渠道不断拓展，表达方式更加多样，表达诉求更加便捷，有效保障了公民的知情权、参与权和监督权。截至 2016 年年底，新疆网民人数由 2002 年的 44.8 万人增加到 1296 万人，增速位居全国第三；普及率达到 54.9%，位居西部第一。

经济权利

发展权利得到提升。新中国成立前，农区大部分土地被农奴主、地主所占有，牧区牛羊、水源和草场等被王公贵族、部落头领所控制，占总人口 93% 的农牧民没有基本生产生活资料。农业生产方式极其落后，主要靠坎土曼和二牛抬杠，生产水平极其低下。没有任何工业基础，钢钉、火柴等基本产品都不能生产，缺乏发展的基本条件。新中国成立后，新疆大力改善发展条件，逐步形成了现代农业生产能力，并建立起完备的工业体系，经济社会发生了翻天覆地的变化。1978 年至 2016 年，新疆地区生产总值由 39.07 亿元增长至 9617.23 亿元，人均生产总值由 313 元增长至 40427 元，分别增长 245.2 倍和

128.2 倍；城镇居民人均可支配收入从 319 元增加到 28463 元，农村居民人均可支配收入从 119 元增加到 10183 元，分别增加了 88.2 倍和 84.6 倍。

……

贫困人口生存发展条件进一步改善。坚持精准扶贫、精准脱贫，切实做到扶持对象精准、项目安排精准、资金使用精准、措施到户精准、因村派人精准、脱贫成效精准，把南疆地区作为脱贫攻坚的主战场，加大财政扶贫资金投入力度，汇聚行业、社会、援疆等扶贫资源，大力推进就业扶贫"十大专项行动"，加快基础设施和基本公共服务建设步伐，贫困群众生产生活条件得到极大改善。截至 2016 年年底，贫困发生率下降至 10%，有力保障了贫困人口生存权和发展权。

社会权利

受教育权得到全面保障。1949 年以前，新疆文化教育水平极低，普通民众基本没有受教育机会。新中国成立后，在中央支持下，新疆采取各种措施大力发展教育事业。从 1949 年到 2016 年，小学由 1335 所增加到 3526 所，中学由 9 所增加到 1416 所，中等职业学校由 11 所增加到 167 所（未含技工学校），普通高校由 1 所增加到 41 所。高校在校生由 0.04 万人增加到 42.01 万人，中等职业学校在校生由 0.20 万人增加到 23.51 万人。累计培养普通高校毕业生 102.21 万人。基本实现九年义务教育全覆盖，南疆 3 年学前教育、12 年基础教育全覆盖。各类成人教育进一步发展，多层次、多形式的职业技术培训体系基本形成。教育投入支出比例占财政总收入的 5% 以上，并随着财政收入的增长持续提高。义务教育全面纳入公共财政保障范围，统一城乡义务教育阶段学校公用经费基准定额，并不断提高寄宿制学校、规模较小学校、北方取暖地区学校、特殊教育学校和随班就读残疾学生的公用经费补助水平。2016 年拨付 29.48 亿元，为 271.43 万名农村义务教育阶段学生补助公用经费和取暖费，为 45.2 万名农村家庭经济困难寄宿生提供生活补助，为 263 万名农村义务教育阶段学生和城市部分中小学生提供免费教科书。在全区 45 个县和 26 所举办内初班学校实施了农村义务教育学生营养改善计划。举办内地新疆高中班、中职班,截至 2016 年年底,累计培养学生 9.1 万人。

文化权利

基本公共文化服务均等化水平不断提高。新中国成立前,新疆仅有 1 个图书馆。经过 60 多年的努力,新疆公共文化服务事业得到长足发展。截至 2016 年年底,共有公共图书馆 107 个、博物馆 90 个、美术馆 53 个、文化馆 119 个、乡镇(街道)文化站 1170 个,并全部向社会免费开放。广泛开展全民阅读活动,农家书屋工程覆盖全部行政村。基本建成自治区、市(地、州)、县(市、区)、乡(镇、街道)四级公共文化服务体系。有广播电台 6 座,电视台 10 座,广播电视台 93 座,农村广播和电视综合人口覆盖率分别达到 96.59% 和 96.91%。

环境权利

生态环境保护制度进一步完善。颁布实施《新疆维吾尔自治区实施〈中华人民共和国水土保持法〉办法》《乌鲁木齐市大气污染防治条例》《野生植物保护条例》《湿地保护条例》《煤炭石油天然气开发环境保护条例》等 30 余部地方性法规规章,两次修订《环境保护条例》。实施《新疆维吾尔自治区水功能区划》。加快推进《新疆环境功能区划》修编工作,为生态保护红线的划分提供基础技术依据。已形成生态保护、污染防治、辐射环境监管、危险废物及核安全监控管理体系。

宗教信仰自由权利

宗教信仰自由得到尊重保护。宪法规定:"中华人民共和国公民有宗教信仰自由。"国务院颁布的《宗教事务条例》和新疆制定的《新疆维吾尔自治区宗教事务条例》,体现了这一宪法精神。信仰或不信仰宗教,信仰这种宗教或那种宗教,完全由公民自主选择。公民不因信仰宗教或不信仰宗教而受到歧视和不公正待遇。侵犯公民宗教信仰自由要承担相应的法律责任。依法加强宗教事务管理,宗教活动场所和正常宗教活动受到保护。实行有组织、有计划的朝觐政策,加强服务保障,确保朝觐活动安全有序。

……

依法遏制宗教极端思想渗透。受国际宗教极端主义思潮影响,近些年来,宗教极端主义在新疆滋生蔓延。宗教极端势力歪曲宗教教义,蛊惑蒙骗公众,强迫他人接受宗教极端思想,大肆制造暴恐活动,残害包括宗教人士和信教公民在内的各族无辜群众。为保障公民宗教信仰自由,新疆持续开展去极端化工作,实施《新疆维吾尔自治区去极端化条例》,依法加强宗教事务管理,防范和打击宗教极端,有效遏制了宗教极端主义渗透蔓延的态势。

选自中华人民共和国国务院新闻办公室:《新疆人权事业的发展进步》白皮书,《人民日报》,2017年6月2日。

11.《中国人权法治化保障的新进展》白皮书（节选）

不断完善人权保障法律体系

完备的法律体系是实现人权法治化保障的前提和基础。中共十八大以来，中国更全面地构建起以宪法为核心，以法律为主干，包括行政法规、地方性法规等规范性文件在内的，由多个法律部门组成的中国特色社会主义法律体系，为保障人权夯实法制基础。

……

制定民法总则更加充分保障公民权益。十二届全国人大五次会议审议通过民法总则确立了保护权利的立法目的，明确了平等、自愿、公平、诚信等基本原则，彰显了意思自治和权益保护，体现出对个人全面保护、维护人的价值、保障人的发展条件的立法追求。强化了对财产权的保护，明确规定"民事主体的财产权利受法律平等保护"，将物权法中的物权平等保护扩展到所有财产权的平等保护。加大对特定主体民事权利的保护，更好地保护未成年人的利益，将老年人纳入监护制度保护范围。构建完整的民事权利体系，明确规定隐私权受法律保护，强化对个人信息、数据和网络虚拟财产等的保护。

依法行政保障公民合法权益

依法行政，建设法治政府，是人权法治化保障的重要环节。中共十八大以来，中国推进政府职权法定化，严格规范行政执法，强化对行政权力的制约和监督，全面实施《法治政府建设实施纲要（2015—2020年）》，有效维护广大人民群众合法权益。

依法明确行政权力边界。职权法定是依法行政的前提。国家加快推进行政机构、职能、权限、程序、责任法定化，禁止行政机关法外设定权力，把权力关进制度的笼子。深入推进行政审批制度改革，中共十八大以来，国务院部门累计取消行政审批事项618项，彻底清除非行政许可审批，中央指定地方实施行政许可事项目录清单取消269项，国务院行政审批中介服务清单取消320项，国务院部门设置的职业资格许可和认定事项削减比例达70%以上，3次修订政府核准的投资项目目录，中央层面核准的投资项目数量累计减少90%。实施权力清单、责任清单制度，将政府职能、法律依据、职责权限等内容以权力清单的形式向社会公开，截至2016年，全国31个省级政府部门均已公布权力清单。加强规范性文件监督管理，行政机关规范性文件不得设定行政许可、行政处罚、行政强制，各类行政法规、规章和规范性文件都已纳入备案审查范围，实现"有件必备，有备必审，有错必究"。

……

依法保障公民对行政权力的监督权。以政府信息公开条例为依据，坚持以公开为常态，不公开为例外原则，重点推进行政审批、财政预决算、保障性住房、食品药品安全、征地拆迁等领域的信息公开。创新政务公开方式，加强互联网政务信息数据服务平台和便民服务平台建设，提高政务公开信息化、集中化水平，增强公民获取信息的便捷性，126个政府单位政务网站完成了无障碍改造。建立对行政机关违法行政行为投诉举报登记制度，畅通举报邮箱、电子信箱、热线电话等监督渠道。发挥报刊、广播、电视等传统媒体监督作用，运用和规范网络监督。

有效提升人权司法保障水平

司法是人权保障的重要防线。中共十八大以来，中国坚持司法为民，将惩治犯罪与保障人权相统一，坚定不移推进司法体制改革，不断发展和完善中国特色社会主义司法制度，努力让人民群众在每一个司法案件中都感受到公平正义。

确保审判权检察权依法独立公正行使。全面落实司法责任制改革，健全司法人员分类管理制度，全面推开员额制改革……让审理者裁判，由裁判者负责，法官和检察官在职责范围内对案件质量终身负责。在严格落实司法责任制基础上，建立起符合司法人员职业特点的职业保障制度。健全司法人员依法履职保护机制，明确法官、检察官依法办理案件不受行政机关、社会团体和个人的干涉。推动省以下地方法院、检察院人财物省级统管，设立最高人民法院巡回法庭和跨行政区划法院、检察院，推进行政案件跨行政区划集中管辖。权责明晰、监管有效、保障有力的司法权运行机制不断完善。

推进以审判为中心的刑事诉讼制度改革。明确刑事诉讼各阶段的基本证据标准，做到案件事实证据经得起法律检验，确保无罪的人不受刑事追究，有罪的人受到公正惩罚……

保障人民群众诉讼权益。人民法院改立案审查制为立案登记制，切实做到有案必立、有诉必理，充分保障当事人的诉权……

坚持非法证据排除规则。严格落实刑事诉讼法关于非法证据排除规则的规定，进一步明确需要进行录音录像的案件范围、录制要求等，检察机关和公安机关在讯问职务犯罪案件，可能判处无期徒刑、死刑的案件，以及其他重大犯罪案件的嫌疑人时实行全程同步录音录像，规范侦查讯问活动……

防范和纠正冤假错案。公安部发布《关于进一步加强和改进刑事执法办案工作切实防止发生冤假错案的通知》等文件，深化错案预防机制制度建设，完善执法制度和办案标准，强化案件审核把关，规范考评奖惩，从源头上防止冤假错案的发生。司法部发布《关于进一步发挥司法鉴定制度作用防止冤假错案的意见》，全面加强司法鉴定管理，进一步规范司法鉴定活动。最高人民检察院发布《关于切实履行检察职能防止和纠正冤假错案的若干意见》，严把事实关、程序关和法律适用关，健全检察环节错案发现、纠正、防范和责任追究机制。最高人民法院发布《关于建立健全防范刑事冤假错案工作机制的意见》，规定对定罪证据不足的案件应当依法宣告被告人无罪，确保无罪的人不受刑事追究……

保障律师执业权利。律师执业权利保障水平，关系到当事人权利能否得到有效维护，关系到法律能否得到准确实施。中国制定或修改了多部法律法规和文件，律师的执业权利正在得到越来越充分的尊重和保障。发布《关于深化律师制度改革的意见》《关于依法保障律师执业权利的规定》《关于建立健全维护律师执业权利快速联动处置机制的通知》《关于进一步做好保障律师执业权利相关工作的通知》《关于开展刑事案件律师辩护全覆盖试点工作的办法》等，对律师执业权利保障规定了多层次的措施，着力解决当前律师权利保障中存在的突出问题，进一步明确了各部门对律师执业权利和人身权利的保障职责。最高人民法院开通律师服务平台，实现网上立案、网上阅卷、联系法官等功能，为律师行使执业权利提供便利条件。2013年以来，各级检察机关监督纠正有关机关及其办案人员阻碍律师依法执业的案件6542件。截至2017年3月，31个省级律师协会维权中心全部建成，大部分设区的市建立了维权中心，基本实现全覆盖。截至2017年8月，律师人数已达33万多人，律师事务所发展到2.6万多家。全国律师每年办理诉讼案件330多万件，办理非诉讼法律事务100多万件，年均承办法律援助案件50多万件，提供公益法律服务230多万件次，担任法律顾问50多万家。

保障犯罪嫌疑人、被告人、服刑人合法权利。完善对在押犯罪嫌疑人、被告人强制措施的解除和变更程序，减少羁押性强制措施适用，各级检察机关对不构成犯罪或证据不足的，依法决定不批捕或不起诉，对认为确有错误的刑事裁判依法提出抗诉……

完善法律援助制度。加强刑事法律援助工作，落实刑事诉讼法及相关配套法规制度关于法律援助范围的规定，建立法律援助参与刑事和解、死刑复核案件办理工作机制和法律援助值班律师制度，健全依申请法律援助工作机制、办案机关通知辩护工作机制及法律援助参与刑事案件速裁程序试点工作机制,依法为更多的刑事诉讼当事人提供法律援助。扩大民事、行政法律援助覆盖面,与民生紧密相关的事项逐步纳入法律援助补充事项范围。放宽经济困难标准,法律援助门槛进一步降低,惠及更多困难群众……

强化未成年人刑事司法保护。坚持对犯罪的未成年人实行教育、感化、挽救的方针,实施判处五年有期徒刑以下的未成年人犯罪记录封存等制度……

完善国家赔偿制度和司法救助制度。出台《关于办理刑事赔偿案件适用法律若干问题的解释》,发布国家赔偿指导性案例,完善赔偿案件质证程序,规范精神损害抚慰金裁量标准……

有效破解"执行难"。建立并运行覆盖全国法院的执行指挥系统和网络执行查控系统,健全联合信用惩戒体系,出台网络司法拍卖等涉执行司法解释和规范文件,案件执行质效显著提升……

大力推进司法公开。人民法院建设审判流程公开、庭审活动公开、裁判文书公开、执行信息公开四大平台……

完善人民陪审员、人民监督员制度。发布《人民陪审员制度改革试点方案》和《深化人民监督员制度改革方案》,改革选任办法,扩大陪审案件、监督案件的范围,充分发挥人民陪审员、人民监督员作用……

运用现代科技促进公正审判。适应互联网业态发展,设立互联网法院。"智慧法院"建设全面推进,运用大数据、云计算等信息网络技术对各类审判信息资源进行规范化管理和统计分析,统一裁判尺度特别是刑事证据标准,促进类案同判和量刑规范化,防范冤假错案发生,保障当事人获得公正审判。推进"互联网+诉讼服务"建设,开展网上立案、在线调解、远程庭审、电子送达、网上公开等司法便民服务措施。开通"法信——中国法律应用数字网络服务平台",为法官、律师提供法律文件检索、专业知识解决方案、类案剖析等服务,提升审判质量和效率,并向社会大众提供法律规范和裁判规则参考,进一步满足不同主体的多元司法需求。

夯实人权法治化保障的社会基础

建设法治社会,是实现人权法治化保障的社会基础。中共十八大以来,中国努力提升全民法治意识,全面推进法治社会建设,为人权法治化保障营造良好的社会环境。

强化国家工作人员的法治观念和人权保障意识。实行宪法宣誓制度,要求凡经各级人民代表大会及县级以上各级人民代表大会常务委员会选举或者决定任命的国家工作人员以及各级人民政府、人民法院、人民检察院任命的国家工作人员,在就职时应当公开进行宪法宣誓,激励和教育国家工作人员忠于宪法、遵守宪法、维护宪法,加强宪法实施。发布《党政主要负责人履行推进法治建设第一责任人职责规定》,规定县级以上地方党委和政府主要负责人是推进法治建设第一责任人,履职情况纳入政绩考核指标体系。发布《关于完善国家机关工作人员学法用法制度的意见》,把遵守法律、依法办事作为考察干部的重要依据。各地普遍建立了党委(党组)理论学习中心组学法制度,把法治纳入干部录用和晋职培训,列入各级党校和干部学院的必修课,人权知识被普遍纳入教学内容。国务院新闻办公室和国家人权教育与培训基地针对国家公职人员举办多期人权知识培训班,传播人权知识,提升人权意识。

加强党对人权法治化保障的领导

将尊重和保障人权纳入依法治国基本方略。中共十八大提出"加快建设社会主义法治国家",并将"人权得到切实尊重和保障"作为全面建成小康社会的重要目标。中共十八届三中全会提出"推进法治中国建设"并强调"完善人权司法保障制度"。中共十八届四中全会通过《关于全面推进依法治国若干重大问题的决定》,从6个领域、30个方面对科学立法、严格执法、公正司法、全民守法、法治队伍建设、加强和改进党对全面推进依法治国的领导等各方面提出190项重大举措,对加强中国特色社会主义法治体系建设,加快建设社会主义法治国家作出具体部署,明确提出"加强人权司法保障"的各项具体任务。中共十九大提出必须把党的领导贯彻落实到依法治国全过程和各方面,坚持依法治国和依规治党有机统一,成立中央全面依法治国领导小组,加强对法治中国建设的统一领导,维护国家法制统一、尊严、权威,加强人权法治保障,保证人民依法享有广泛权利和自由。

坚持依法执政和依规治党。法治是治国理政的基本方式。中国共产党坚持把依法治国基本方略同依法执政基本方式统一起来,把党总揽全局、协调各方同人大、政府、政协、审判机关、检察机关依法依章程履行职能、开展工作统一起来,把党领导人民制定和实施宪法法律同党坚持在宪法法律范围内活动统一起来。制定《中共中央关于加强党领导立法工作的意见》,要求起草政治方面以及重大经济社会方面的法律法规,应经过党中央或者同级党委(党组)讨论。强调坚持民主决策、集体领导原则,集体研究决定立法中的重大问题,使党对立法工作的领导进一步制度化、规范化、民主化。中共十八大以来,中共中央政治局先后多次组织以法治为主题的集体学习,要求党的领导干部做尊法学法守法用法的模范,各级党委要重视法治培训,完善学法制度,提升干部法治素养;要求各级领导干部提高运用法治思维和法治方式的能力,努力以法治凝聚改革共识、规范发展行为、促进矛盾化解、保障社会和谐。中共十八大以来,先后制定或修订《关于新形势下党内政治生活的若干准则》《中国共产党党内监督条例》等具有标志性、关键性、引领性的党内法规,由党章和准则、条例、规则、规定、办法、细则等构成的党内法规制度体系逐步形成。对新中国成立以来至2012年6月期间中央党内法规和规范性文件进行了全面清理,在规范党组织工作、活动和党员行为的1178件党内法规和规范性文件中,经过清理宣布失效369件,废止322件,继续有效487件。

加强对权力的监督和制约。中共十八大以来,始终坚持加强党内法规制度建设,强化权力运行制约和监督,让人民监督权力,坚持用制度管权管人管事。中共十八届六中全会通过《关于新形势下党内政治生活的若干准则》,

明确进一步完善权力运行制约和监督机制,形成有权必有责、用权必担责、滥权必追责的制度安排；规定实行权力清单制度、公开权力运行过程和结果、健全不当用权问责机制、加强对领导干部的监督等；要求党的各级组织和领导干部必须在宪法法律范围内活动,自觉按法定权限、规则、程序办事,决不能以言代法、以权压法、逐利违法、徇私枉法,保证把人民赋予的权力真正用来为人民谋利益。《中国共产党党内监督条例》明确规定,党的领导机关和领导干部特别是主要领导干部是党内监督的重点对象,构建起党中央统一领导、党委(党组)全面监督、纪律检查机关专责监督、党的工作部门职能监督、党的基层组织日常监督、党员民主监督的党内监督体系。中共十九大报告提出,健全党和国家监督体系,深化国家监察体制改革,将试点工作在全国推开,组建国家、省、市、县监察委员会,实现对所有行使公权力的公职人员监察全覆盖；制定国家监察法,依法赋予监察委员会职责权限和调查手段,用留置取代"两规"措施。

积极促进全球人权法治建设

中国始终是世界和平的建设者, 全球发展的贡献者, 国际秩序的维护者。中国政府倡导构建人类命运共同体,积极参与国际人权法治体系建构,认真履行国际人权义务,深入开展司法领域国际合作,推进全球人权事业健康发展。

倡导构建人类命运共同体。2013 年 3 月,中国国家主席习近平在莫斯科国际关系学院演讲中首次提出"命运共同体"理念。2015 年 9 月,习近平主席在联合国成立 70 周年系列峰会上全面阐述了打造人类命运共同体的主要内涵。2017 年 1 月,习近平主席在日内瓦万国宫出席"共商共筑人类命运共同体"高级别会议,并发表题为《共同构建人类命运共同体》的主旨演讲。在演讲中,习近平主席深刻、全面、系统阐述人类命运共同体理念,主张共同推进构建人类命运共同体伟大进程,坚持对话协商、共建共享、合作共赢、交流互鉴、绿色低碳,建设一个持久和平、普遍安全、共同繁荣、开放包容、清洁美丽的世界。习近平主席的重要讲话为应对当前突出全球性挑战指明了根本出路,对完善国际人权治理也具有重要启示。"构建人类命运共同体"理念被联合国大会、安全理事会、人权理事会等载入相关决议,标志着这一理念成为国际人权话语体系的重要组成部分,拓宽了国际人权保障视野,为推进全球人权治理朝着公正合理的方向发展发挥了重要作用。

选自中华人民共和国国务院新闻办公室:《中国人权法治化保障的新进展》白皮书,《人民日报》,2017年12月16日。

12.《中国保障宗教信仰自由的政策和实践》白皮书（节选）

保障宗教信仰自由的基本政策

中国实行宗教信仰自由政策，依法管理宗教事务，坚持独立自主自办原则，积极引导宗教与社会主义社会相适应，最大限度团结广大信教公民和不信教公民。

实行宗教信仰自由政策。尊重和保护宗教信仰自由是中国共产党和中国政府对待宗教的基本政策。每个公民既有信仰宗教的自由，也有不信仰宗教的自由；有信仰某一种宗教的自由，也有在同一宗教中信仰某个教派的自由；有过去不信教而现在信教的自由，也有过去信教而现在不信教的自由。信教公民同不信教公民一样，享有同等政治及经济社会文化等方面的权利，不会因信仰不同造成权利上的不平等。国家尊重公民宗教信仰自由，保护正常宗教活动；公民行使宗教信仰自由权利，不得妨碍其他公民的合法权利，不得强制他人信仰宗教，不得歧视不信教或者信仰其他宗教的公民，不得利用宗教妨害公民合法权益。行使宗教信仰自由权利必须尊重公序良俗，尊重文化传统和社会伦理道德。

依法管理宗教事务。国家对待各宗教一律平等，一视同仁，不以行政力量发展或禁止某个宗教，任何宗教都不能超越其他宗教在法律上享有特殊地位。国家依法对涉及国家利益和社会公共利益的宗教事务进行管理，但不干涉宗教内部事务。国家依法保护公民宗教信仰自由权利，保护正常宗教活动和宗教界合法权益,制止非法宗教活动,禁止利用宗教宣传极端思想和从事极端活动,抵御境外势力利用宗教进行渗透,打击利用宗教进行的违法犯罪活动。信教公民应当遵守宪法、法律、法规和规章。宗教在国家法律范围内开展活动,不得干预行政、司法、教育等国家职能的实施。不得恢复已经被废除的宗教封建特权,不得利用宗教从事危害社会稳定、民族团结和国家安全的活动。

坚持独立自主自办原则。宗教团体和宗教事务不受外国势力的支配,是中国宪法确定的原则。中国政府依照宪法和法律,支持各宗教坚持独立自主自办原则,各宗教团体、宗教教职人员和信教公民自主办理宗教事业。独立自主自办原则是中国人民在民族独立、社会进步的斗争中,基于天主教和基督教长期被殖民主义、帝国主义所控制和利用,被称作"洋教"的屈辱历史,由中国信教公民自主作出的历史性选择。这一原则,顺应了中国人民谋求民族独立、人民解放的历史潮流,顺应了实现中华民族伟大复兴的中国梦的时代要求,使中国宗教的面貌焕然一新,得到国际宗教友好人士的普遍理解、尊重和支持。坚持独立自主自办原则,不是要断绝中国宗教组织同境外宗教组织的正常联系。中国政府支持和鼓励各宗教在独立自主、平等友好、相互尊重的基础上,开展对外交流交往,建立、发展、巩固同海外宗教界的友好关系,增信释疑,展示良好形象。对境外组织和个人利用宗教从事各种违反中国宪法、法律、法规和政策的活动,控制中国宗教组织、干涉中国宗教事务,甚至企图颠覆中国政权和社会主义制度,中国政府坚决反对并将依法处置。

积极引导宗教与社会主义社会相适应。积极引导宗教与社会主义社会相适应,就是要引导信教公民热爱祖国、热爱人民,维护祖国统一,维护中华民族大团结,服从服务于国家最高利益和中华民族整体利益;就是要引导宗教界拥护中国共产党领导、拥护社会主义制度,坚持走中国特色社会主义道路,坚持宗教中国化方向,积极践行社会主义核心价值观,弘扬中华优秀传统文化,努力把宗教教义教规同中华优秀传统文化相融合,遵守国家法律法规,自觉接受国家依法管理。

宗教信仰自由权利的法律保障

中国特色社会主义法律体系不断完善，宗教信仰自由权利保障的法治化水平不断提高,政府对宗教事务的管理更加规范,对广大信教公民合法权益的保护更加全面有力。

宗教信仰自由权利受中国宪法保障。《中华人民共和国宪法》第三十六条规定:"中华人民共和国公民有宗教信仰自由。"同时规定:"国家保护正常的宗教活动。""任何国家机关、社会团体和个人不得强制公民信仰宗教或者不信仰宗教,不得歧视信仰宗教的公民和不信仰宗教的公民。""任何人不得利用宗教进行破坏社会秩序、损害公民身体健康、妨碍国家教育制度的活动。""宗教团体和宗教事务不受外国势力的支配。"这些规定为国家保障宗教信仰自由权利、依法管理宗教事务、构建积极健康的宗教关系提供了宪法依据。

宗教信仰自由权利保障体现于基本法律之中。《中华人民共和国刑法》《中华人民共和国国家安全法》《中华人民共和国反恐怖主义法》等法律均有保护公民宗教信仰自由的相关规定。《中华人民共和国全国人民代表大会和地方各级人民代表大会选举法》《中华人民共和国人民法院组织法》《中华人民共和国人民检察院组织法》《中华人民共和国城市居民委员会组织法》《中华人民共和国村民委员会组织法》《中华人民共和国刑事诉讼法》《中华人民共和国教育法》《中华人民共和国劳动法》《中华人民共和国就业促进法》《中华人民共和国工会法》等法律贯彻平等保护原则,规定公民在各级人民代表大会和基层群众性自治组织中的选举权和被选举权、法律适用上的平等权、受教育权、平等就业权和自主择业权、依法参加和组织工会的权利等不因宗教信仰而有区别,不因宗教信仰而受歧视。《中华人民共和国民族区域自治法》规定,民族自治地方的自治机关保障各民族公民有宗教信仰自由。《中华人民共和国未成年人保护法》规定,未成年人不分宗教信仰,依法平等享有生存权、发展权、受保护权、参与权、受教育权等权利。《中华人民共和国广告法》规定,广告不得含有宗教歧视的内容。《中华人民共和国刑法》规定,国家机关工作人员非法剥夺公民的宗教信仰自由,情节严重的,追究刑事责任。《中华人民共和国民法总则》规定,依法设立的宗教活动场所,具备法人条件的,可以申请法人登记,取得捐助法人资格。

宗教事务行政法规更加完善。2017 年修订公布的《宗教事务条例》,强化了对公民宗教信仰自由和宗教界合法权益的保障,依法规范政府管理宗教事务的行为,增加了维护国家安全和社会和谐的内容。条例规定了宗教团体、宗教活动场所和信教公民在设立宗教活动场所、举行宗教活动、开办宗教院校、申请法人资格、出版发行宗教书刊、接受宗教捐献、管理宗教财产、开展公益慈善和对外交流活动等方面的权利和义务。条例明确了遏制宗教商业化,增加了关于互联网宗教信息服务的内容,同时规定,各级地方人民政府应当为宗教团体、宗教院校和宗教活动场所提供公共服务;各级地方人民政府应当将宗教活动场所建设纳入土地利用总体规划和城乡规划;任何组织或者个人不得在信教公民与不信教公民之间制造矛盾与冲突;出版物、互联网不得发布歧视信教公民或不信教公民的言论。

外国人在中国境内的宗教活动依法受到保护。《中华人民共和国境内外国人宗教活动管理规定》强调,中国政府尊重在中国境内外国人的宗教信仰自由,保护外国人在宗教方面同中国宗教界的友好交往和文化学术交流活动。境内外国人可以在寺庙、宫观、清真寺、教堂等宗教活动场所参加宗教活动,经省、自治区、直辖市以上的宗教团体邀请可以在宗教活动场所讲经、讲道,可以在县级以上人民政府宗教事务部门认可的场所举行外国人参加的宗教活动,可以邀请中国宗教教职人员为其举行洗礼、婚礼、葬礼和道场法会等宗教仪式,可以携带符合规定的宗教印刷品、宗教音像制品和其他宗教用品入境。同时规定,外国人在中国境内进行宗教活动,应当遵守中国法律、法规。外国人和外国组织不得在中国境内成立宗教组织、设立宗教办事机构和宗教活动场所、开办宗教院校、擅自招收留学生,不准在中国公民中发展教徒、委任宗教教职人员或进行其他传教活动。《中华人民共和国境外非政府组织境内活动管理法》规定，境外非政府组织在中国境内不得非法从事或者资助宗教活动。

依法打击宗教极端势力和暴力恐怖活动。《中华人民共和国反恐怖主义法》规定，国家反对一切形式的以歪曲宗教教义或者其他方法煽动仇恨、煽动歧视、鼓吹暴力等极端主义，禁止任何基于地域、民族、宗教等理由的歧视性做法。《宗教事务条例》规定，不得宣扬、支持、资助宗教极端主义，不得利用宗教破坏民族团结、分裂国家和进行恐怖活动。国家采取措施遏制宗教极端主义传播、蔓延，同时特别注意防止把暴力恐怖活动、宗教极端主义与特定民族或特定宗教联系在一起。

宗教活动有序开展

中国主要有佛教、道教、伊斯兰教、天主教和基督教等宗教，信教公民近2亿，宗教教职人员38万余人。佛教和道教信徒众多，但普通信徒没有严格的入教程序，人数难以精确统计。佛教教职人员约22.2万人。道教教职人员4万余人。10个多数人信仰伊斯兰教的少数民族总人口2000多万人，伊斯兰教教职人员5.7万余人。天主教信徒约600万人，宗教教职人员约0.8万人。基督教信徒3800多万人，宗教教职人员约5.7万人。中国还存在多种民间信仰，与当地传统文化和风俗习惯结合在一起，参与民间信仰活动的群众较多。中国的宗教团体约5500个，其中全国性宗教团体7个，分别为中国佛教协会、中国道教协会、中国伊斯兰教协会、中国天主教爱国会、中国天主教主教团、中国基督教三自爱国运动委员会、中国基督教协会。

宗教活动场所条件明显改善。国家依法对信教公民开展集体宗教活动的场所进行登记，将其纳入法律保护范围，确保宗教活动规范有序进行。目前依法登记的宗教活动场所14.4万处。佛教寺院约3.35万座，其中汉传佛教2.8万余座，藏传佛教3800余座，南传佛教1700余座。道教宫观9000余座。伊斯兰教清真寺3.5万余处。天主教教区98个，教堂和活动堂点6000余处。基督教教堂和聚会点约6万处。宗教团体、宗教活动场所执行国家统一的税收制度，按照国家有关规定缴纳税收和享受税收优惠；水、电、气、暖、道路、通讯，以及广播电视、医疗卫生等公共服务延伸和覆盖到宗教活动场所。

宗教典籍文献依法出版。多语种、多版本的宗教经典以及记载、阐释、注解宗教教义、教规的印刷品、音像制品和电子读物的印制出版流通，满足了各族信教公民的多样化需求。整理出版《大藏经》《中华道藏》《老子集成》等大型宗教古籍文献。西藏寺庙的传统印经院得到保留和发展，现有布达拉宫印经院等传统印经院 60 家，年印经卷 6.3 万种。已翻译出版发行汉、维吾尔、哈萨克、柯尔克孜等多种文字版的《古兰经》等伊斯兰教经典，编辑发行《新编卧尔兹演讲集》系列等读物和杂志，总量达 176 万余册。中国已为 100 多个国家和地区累计印刷超过 100 个语种、1.6 亿多册《圣经》，其中为中国教会印刷约 8000 万册，包括汉语和 11 种少数民族文字以及盲文版。许多宗教团体和活动场所开设了网站，中国伊斯兰教协会开通中文版和维吾尔文版网站。

宗教教育体系更加完善。截至 2017 年 9 月，经国家宗教事务局批准设立的宗教院校共 91 所，其中佛教 41 所，道教 10 所，伊斯兰教 10 所，天主教 9 所，基督教 21 所。全国性宗教院校 6 所，分别为中国佛学院、中国藏语系高级佛学院、中国道教学院、中国伊斯兰教经学院、中国天主教神哲学院、金陵协和神学院。宗教院校在校学生 1 万多人，历届毕业生累计 4.7 万余人。

宗教教职人员社会保障更加有力。2010 年有关部门联合发布《关于妥善解决宗教教职人员社会保障问题的意见》，2011 年又联合发布《关于进一步解决宗教教职人员社会保障问题的通知》，将宗教教职人员纳入社会保障体系。截至 2013 年年底，宗教教职人员医疗保险参保率达到 96.5%，养老保险参保率达到 89.6%，符合条件的全部纳入低保，基本实现了社保体系全覆盖。

信教公民的宗教活动有序进行。公民在宗教活动场所内以及按照宗教习惯在自己家里进行的一切正常的宗教活动，如礼拜、封斋、拜佛、祈祷、讲经、讲道、诵经、烧香、弥撒、受洗、受戒、终傅、追思、过宗教节日等，受法律保护，任何组织和个人不得加以干涉。藏传佛教寺庙学经、辩经、受戒、灌顶、修行等传统宗教活动和寺庙学经考核晋升学位活动正常进行，每逢重大宗教节日都循例举行各种宗教活动。穆斯林在饮食、衣饰、年节、婚姻、丧葬等方面的风俗习惯得到充分尊重。中国伊斯兰教协会每年组织穆斯林赴沙特参加朝觐活动，从 2007 年起，每年人数均在 1 万人以上。

扰乱宗教领域正常秩序的行为得到纠正。自 2012 年起，有关部门依据《关于处理涉及佛教寺庙、道教宫观管理有关问题的意见》，开展联合督查，集中治理宗教活动场所"被承包""被上市"等乱象。2017 年国家宗教事务局等 12 个部门制定下发了《关于进一步治理佛教道教商业化问题的若干意见》，禁止商业资本介入宗教活动场所，防止借教敛财等行为扰乱宗教活动正常秩序。有关部门加大对互联网宗教事务的管理，及时处理涉及宗教的违法信息，保护宗教界的合法权益。

宗教关系积极健康

中国妥善处理党和政府与宗教、社会与宗教、国内不同宗教、中国宗教与外国宗教、信教公民与不信教公民等多种关系，形成了积极健康的宗教关系。

党和政府与宗教界的关系和谐融洽。中国共产党坚持以"政治上团结合作、信仰上互相尊重"的原则处理同宗教界的关系，同宗教界的爱国统一战线不断巩固。目前，中国约有 2 万名宗教界人士担任了各级人民代表大会和政治协商会议的代表、委员，积极参政议政，实施民主监督。从 1991 年开始，党和国家领导人每年与全国性宗教团体负责人迎春座谈，听取他们的意见建议。全国各地普遍建立了党政领导干部与宗教界人士联谊交友机制，加深了解，增进友谊。

社会对宗教持包容态度。两千多年来，佛教、伊斯兰教、天主教、基督教等先后传入中国，很少出现以宗教为背景的冲突和对抗，国家与社会对各种宗教和多样的民间信仰持开放态度，宗教信仰自由和民间信仰多样性获得尊重。各宗教继承和发扬长期以来中国化、本土化的传统，主动适应社会，发扬爱国爱教、团结进步、服务社会、和谐包容的优良传统，自觉维护国家利益、社会公共利益和公序良俗，履行社会责任。2016 年，全国宗教界在各地开展了纪念抗日战争暨世界反法西斯战争胜利 71 周年和平祈祷活动，呼吁维护民族团结、国家稳定和世界和平。

各宗教积极开展交流对话。历史上，各种宗教在中国交融共生、彼此借鉴，成为中国优秀传统文化的有机组成部分。在当代，不同宗教相互尊重、相互学习，开展对话交流，开创了"五教同光，共致和谐"的新境界。全国性和一些地方性宗教团体建立了联席会议机制，对涉及宗教关系的问题进行协商沟通，创造了具有中国特色的宗教对话模式，增进了相互之间的理解和友谊。

宗教领域国际交流广泛开展。在独立自主、平等友好、相互尊重的基础上，中国宗教界已经与超过 80 个国家的宗教组织建立了友好关系，积极参加涉及不同文明、信仰与宗教的国际性会议，广泛参与世界基督教教会联合会、世界佛教徒联谊会、伊斯兰世界联盟、世界宗教者和平会议等国际性组织的活动，参加联合国人权理事会会议，参与多个双边和多边人权对话。积极响应"一带一路"倡议，促进民心相通，文化交融。佛教界举办了 4 届世界佛教论坛，道教界举办了 4 届国际道教论坛，这两个论坛已成为海内外佛教、道教重要的国际交流平台。中国伊斯兰教协会分别于 2012 年、2014 年赴土耳其、马来西亚举办伊斯兰文化展演活动。中美基督教会 2013 年在上海举办第二届中美基督教领袖论坛，2017 年在美国举办"中国教会事工"交流会。2016 年，中国伊斯兰教协会、中国基督教协会和中国天主教一会一团共同与德国新教联盟在德国联合举办"中德宗教对话——和平与共享"跨宗教对话。改革开放以来，各宗教团体选派出国留学人员超过千人。

信教和不信教公民和睦相处。不信教公民尊重信教公民的宗教信仰，不歧视和排斥信教公民；信教公民尊重不信教公民的信仰选择。在多数公民不信教的地方，少数信教公民的合法权利得到尊重和保护；在多数公民信教的地方，少数不信教公民的权利同样得到尊重和保护。

　　选自中华人民共和国国务院新闻办公室:《中国保障宗教信仰自由的政策和实践》白皮书,《人民日报》,2018年4月4日。

三

国家现行宪法法律的规定

1.《中华人民共和国宪法》(节选)

......

第一条　中华人民共和国是工人阶级领导的、以工农联盟为基础的人民民主专政的社会主义国家。

社会主义制度是中华人民共和国的根本制度。中国共产党领导是中国特色社会主义最本质的特征。禁止任何组织或者个人破坏社会主义制度。

第二条　中华人民共和国的一切权力属于人民。

人民行使国家权力的机关是全国人民代表大会和地方各级人民代表大会。

人民依照法律规定,通过各种途径和形式,管理国家事务,管理经济和文化事业,管理社会事务。

第三条　中华人民共和国的国家机构实行民主集中制的原则。

全国人民代表大会和地方各级人民代表大会都由民主选举产生,对人民负责,受人民监督。

国家行政机关、监察机关、审判机关、检察机关都由人民代表大会产生,对它负责,受它监督。

中央和地方的国家机构职权的划分,遵循在中央的统一领导下,充分发挥地方的主动性、积极性的原则。

第四条　中华人民共和国各民族一律平等。国家保障各少数民族的合法的权利和利益,维护和发展各民族的平等团结互助和谐关系。禁止对任何民族的歧视和压迫,禁止破坏民族团结和制造民族分裂的行为。

国家根据各少数民族的特点和需要，帮助各少数民族地区加速经济和文化的发展。

各少数民族聚居的地方实行区域自治，设立自治机关，行使自治权。各民族自治地方都是中华人民共和国不可分离的部分。

各民族都有使用和发展自己的语言文字的自由，都有保持或者改革自己的风俗习惯的自由。

第五条　中华人民共和国实行依法治国，建设社会主义法治国家。

国家维护社会主义法制的统一和尊严。

一切法律、行政法规和地方性法规都不得同宪法相抵触。

一切国家机关和武装力量、各政党和各社会团体、各企业事业组织都必须遵守宪法和法律。一切违反宪法和法律的行为，必须予以追究。

任何组织或者个人都不得有超越宪法和法律的特权。

第六条　中华人民共和国的社会主义经济制度的基础是生产资料的社会主义公有制，即全民所有制和劳动群众集体所有制。社会主义公有制消灭人剥削人的制度，实行各尽所能、按劳分配的原则。

国家在社会主义初级阶段，坚持公有制为主体、多种所有制经济共同发展的基本经济制度，坚持按劳分配为主体、多种分配方式并存的分配制度。

第七条　国有经济，即社会主义全民所有制经济，是国民经济中的主导力量。国家保障国有经济的巩固和发展。

第八条　农村集体经济组织实行家庭承包经营为基础、统分结合的双层经营体制。农村中的生产、供销、信用、消费等各种形式的合作经济，是社会主义劳动群众集体所有制经济。参加农村集体经济组织的劳动者，有权在法律规定的范围内经营自留地、自留山、家庭副业和饲养自留畜。

城镇中的手工业、工业、建筑业、运输业、商业、服务业等行业的各种形式的合作经济，都是社会主义劳动群众集体所有制经济。

国家保护城乡集体经济组织的合法的权利和利益，鼓励、指导和帮助集体经济的发展。

第九条　矿藏、水流、森林、山岭、草原、荒地、滩涂等自然资源，都属于国家所有，即全民所有；由法律规定属于集体所有的森林和山岭、草原、荒地、滩涂除外。

国家保障自然资源的合理利用，保护珍贵的动物和植物。禁止任何组织或者个人用任何手段侵占或者破坏自然资源。

第十条　城市的土地属于国家所有。

农村和城市郊区的土地，除由法律规定属于国家所有的以外，属于集体所有；宅基地和自留地、自留山，也属于集体所有。

国家为了公共利益的需要，可以依照法律规定对土地实行征收或者征用并给予补偿。

任何组织或者个人不得侵占、买卖或者以其他形式非法转让土地。土地的使用权可以依照法律的规定转让。

一切使用土地的组织和个人必须合理地利用土地。

第十一条　在法律规定范围内的个体经济、私营经济等非公有制经济，是社会主义市场经济的重要组成部分。

国家保护个体经济、私营经济等非公有制经济的合法的权利和利益。国家鼓励、支持和引导非公有制经济的发展，并对非公有制经济依法实行监督和管理。

第十二条　社会主义的公共财产神圣不可侵犯。

国家保护社会主义的公共财产。禁止任何组织或者个人用任何手段侵占或者破坏国家的和集体的财产。

第十三条　公民的合法的私有财产不受侵犯。

国家依照法律规定保护公民的私有财产权和继承权。

国家为了公共利益的需要，可以依照法律规定对公民的私有财产实行征收或者征用并给予补偿。

……

第三十三条　凡具有中华人民共和国国籍的人都是中华人民共和国公民。

中华人民共和国公民在法律面前一律平等。

国家尊重和保障人权。

任何公民享有宪法和法律规定的权利，同时必须履行宪法和法律规定的义务。

第三十四条　中华人民共和国年满十八周岁的公民，不分民族、种族、性别、职业、家庭出身、宗教信仰、教育程度、财产状况、居住期限，都有选举权和被选举权；但是依照法律被剥夺政治权利的人除外。

第三十五条　中华人民共和国公民有言论、出版、集会、结社、游行、示威的自由。

第三十六条　中华人民共和国公民有宗教信仰自由。

任何国家机关、社会团体和个人不得强制公民信仰宗教或者不信仰宗教，不得歧视信仰宗教的公民和不信仰宗教的公民。

国家保护正常的宗教活动。任何人不得利用宗教进行破坏社会秩序、损害公民身体健康、妨碍国家教育制度的活动。

宗教团体和宗教事务不受外国势力的支配。

第三十七条　中华人民共和国公民的人身自由不受侵犯。

任何公民，非经人民检察院批准或者决定或者人民法院决定，并由公安机关执行，不受逮捕。

禁止非法拘禁和以其他方法非法剥夺或者限制公民的人身自由，禁止非法搜查公民的身体。

第三十八条　中华人民共和国公民的人格尊严不受侵犯。禁止用任何方法对公民进行侮辱、诽谤和诬告陷害。

第三十九条　中华人民共和国公民的住宅不受侵犯。禁止非法搜查或者非法侵入公民的住宅。

第四十条　中华人民共和国公民的通信自由和通信秘密受法律的保护。除因国家安全或者追查刑事犯罪的需要，由公安机关或者检察机关依照法律规定的程序对通信进行检查外，任何组织或者个人不得以任何理由侵犯公民的通信自由和通信秘密。

第四十一条　中华人民共和国公民对于任何国家机关和国家工作人员,有提出批评和建议的权利;对于任何国家机关和国家工作人员的违法失职行为,有向有关国家机关提出申诉、控告或者检举的权利,但是不得捏造或者歪曲事实进行诬告陷害。

对于公民的申诉、控告或者检举,有关国家机关必须查清事实,负责处理。任何人不得压制和打击报复。

由于国家机关和国家工作人员侵犯公民权利而受到损失的人,有依照法律规定取得赔偿的权利。

第四十二条　中华人民共和国公民有劳动的权利和义务。

国家通过各种途径,创造劳动就业条件,加强劳动保护,改善劳动条件,并在发展生产的基础上,提高劳动报酬和福利待遇。

劳动是一切有劳动能力的公民的光荣职责。国有企业和城乡集体经济组织的劳动者都应当以国家主人翁的态度对待自己的劳动。国家提倡社会主义劳动竞赛,奖励劳动模范和先进工作者。国家提倡公民从事义务劳动。

国家对就业前的公民进行必要的劳动就业训练。

第四十三条　中华人民共和国劳动者有休息的权利。

国家发展劳动者休息和休养的设施,规定职工的工作时间和休假制度。

第四十四条　国家依照法律规定实行企业事业组织的职工和国家机关工作人员的退休制度。退休人员的生活受到国家和社会的保障。

第四十五条　中华人民共和国公民在年老、疾病或者丧失劳动能力的情况下,有从国家和社会获得物质帮助的权利。国家发展为公民享受这些权利所需要的社会保险、社会救济和医疗卫生事业。

国家和社会保障残废军人的生活,抚恤烈士家属,优待军人家属。

国家和社会帮助安排盲、聋、哑和其他有残疾的公民的劳动、生活和教育。

第四十六条　中华人民共和国公民有受教育的权利和义务。

国家培养青年、少年、儿童在品德、智力、体质等方面全面发展。

第四十七条　中华人民共和国公民有进行科学研究、文学艺术创作和其他文化活动的自由。国家对于从事教育、科学、技术、文学、艺术和其他文化事业的公民的有益于人民的创造性工作,给以鼓励和帮助。

第四十八条　中华人民共和国妇女在政治的、经济的、文化的、社会的和家庭的生活等各方面享有同男子平等的权利。

国家保护妇女的权利和利益,实行男女同工同酬,培养和选拔妇女干部。

第四十九条　婚姻、家庭、母亲和儿童受国家的保护。

夫妻双方有实行计划生育的义务。

父母有抚养教育未成年子女的义务,成年子女有赡养扶助父母的义务。

禁止破坏婚姻自由,禁止虐待老人、妇女和儿童。

第五十条　中华人民共和国保护华侨的正当的权利和利益,保护归侨和侨眷的合法的权利和利益。

第五十一条　中华人民共和国公民在行使自由和权利的时候,不得损害国家的、社会的、集体的利益和其他公民的合法的自由和权利。

第五十二条　中华人民共和国公民有维护国家统一和全国各民族团结的义务。

第五十三条　中华人民共和国公民必须遵守宪法和法律,保守国家秘密,爱护公共财产,遵守劳动纪律,遵守公共秩序,尊重社会公德。

第五十四条　中华人民共和国公民有维护祖国的安全、荣誉和利益的义务,不得有危害祖国的安全、荣誉和利益的行为。

第五十五条　保卫祖国、抵抗侵略是中华人民共和国每一个公民的神圣职责。

依照法律服兵役和参加民兵组织是中华人民共和国公民的光荣义务。

第五十六条　中华人民共和国公民有依照法律纳税的义务。

……

选自《中华人民共和国宪法》(2018年修订),《人民日报》,2018年3月22日。

2. 一般法律

《中华人民共和国民法典》（节选）

……

第三条　民事主体的人身权利、财产权利以及其他合法权益受法律保护,任何组织或者个人不得侵犯。

第四条　民事主体在民事活动中的法律地位一律平等。

……

第九百九十条　人格权是民事主体享有的生命权、身体权、健康权、姓名权、名称权、肖像权、名誉权、荣誉权、隐私权等权利。

除前款规定的人格权外,自然人享有基于人身自由、人格尊严产生的其他人格权益。

第九百九十一条　民事主体的人格权受法律保护,任何组织或者个人不得侵害。

第九百九十二条　人格权不得放弃、转让或者继承。

第九百九十三条　民事主体可以将自己的姓名、名称、肖像等许可他人使用,但是依照法律规定或者根据其性质不得许可的除外。

第九百九十四条　死者的姓名、肖像、名誉、荣誉、隐私、遗体等受到侵害的,其配偶、子女、父母有权依法请求行为人承担民事责任;死者没有配偶、子女且父母已经死亡的,其他近亲属有权依法请求行为人承担民事责任。

第九百九十五条　人格权受到侵害的,受害人有权依照本法和其他法律的规定请求行为人承担民事责任。受害人的停止侵害、排除妨碍、消除危险、消除影响、恢复名誉、赔礼道歉请求权，不适用诉讼时效的规定。

第九百九十六条 因当事人一方的违约行为，损害对方人格权并造成严重精神损害，受损害方选择请求其承担违约责任的，不影响受损害方请求精神损害赔偿。

第九百九十七条 民事主体有证据证明行为人正在实施或者即将实施侵害其人格权的违法行为，不及时制止将使其合法权益受到难以弥补的损害的，有权依法向人民法院申请采取责令行为人停止有关行为的措施。

选自《中华人民共和国民法典》，人民出版社，2020年，第8页、184~185页。

《中华人民共和国民事诉讼法》（节选）

第九条 人民法院审理民事案件，应当根据自愿和合法的原则进行调解；调解不成的，应当及时判决。

第十条 人民法院审理民事案件，依照法律规定实行合议、回避、公开审判和两审终审制度。

第十一条 各民族公民都有用本民族语言、文字进行民事诉讼的权利。

在少数民族聚居或者多民族共同居住的地区，人民法院应当用当地民族通用的语言、文字进行审理和发布法律文书。

人民法院应当对不通晓当地民族通用的语言、文字的诉讼参与人提供翻译。

第十二条 人民法院审理民事案件时，当事人有权进行辩论。

第十三条 民事诉讼应当遵循诚实信用原则。

当事人有权在法律规定的范围内处分自己的民事权利和诉讼权利。

第十四条 人民检察院有权对民事诉讼实行法律监督。

第十五条 机关、社会团体、企业事业单位对损害国家、集体或者个人民事权益的行为，可以支持受损害的单位或者个人向人民法院起诉。

……

第四十五条　当事人提出回避申请,应当说明理由,在案件开始审理时提出;回避事由在案件开始审理后知道的,也可以在法庭辩论终结前提出。

被申请回避的人员在人民法院作出是否回避的决定前,应当暂停参与本案的工作,但案件需要采取紧急措施的除外。

第四十六条　院长担任审判长时的回避,由审判委员会决定;审判人员的回避,由院长决定;其他人员的回避,由审判长决定。

第四十七条　人民法院对当事人提出的回避申请,应当在申请提出的三日内,以口头或者书面形式作出决定。申请人对决定不服的,可以在接到决定时申请复议一次。复议期间,被申请回避的人员,不停止参与本案的工作。人民法院对复议申请,应当在三日内作出复议决定,并通知复议申请人。

……

第九十二条　受送达人下落不明,或者用本节规定的其他方式无法送达的,公告送达。自发出公告之日起,经过六十日,即视为送达。

公告送达,应当在案卷中记明原因和经过。

第九十三条　人民法院审理民事案件,根据当事人自愿的原则,在事实清楚的基础上,分清是非,进行调解。

……

第一百零七条　人民法院裁定先予执行的,应当符合下列条件:

(一)当事人之间权利义务关系明确,不先予执行将严重影响申请人的生活或者生产经营的;

(二)被申请人有履行能力。

人民法院可以责令申请人提供担保,申请人不提供担保的,驳回申请。申请人败诉的,应当赔偿被申请人因先予执行遭受的财产损失。

第一百零八条　当事人对保全或者先予执行的裁定不服的,可以申请复议一次。复议期间不停止裁定的执行。

……

第一百一十七条　采取对妨害民事诉讼的强制措施必须由人民法院决

定。任何单位和个人采取非法拘禁他人或者非法私自扣押他人财产追索债务的,应当依法追究刑事责任,或者予以拘留、罚款。

……

第一百二十五条　人民法院应当在立案之日起五日内将起诉状副本发送被告,被告应当在收到之日起十五日内提出答辩状。答辩状应当记明被告的姓名、性别、年龄、民族、职业、工作单位、住所、联系方式;法人或者其他组织的名称、住所和法定代表人或者主要负责人的姓名、职务、联系方式。人民法院应当在收到答辩状之日起五日内将答辩状副本发送原告。

被告不提出答辩状的,不影响人民法院审理。

……

第一百三十一条　人民法院在必要时可以委托外地人民法院调查。

委托调查,必须提出明确的项目和要求。受委托人民法院可以主动补充调查。

受委托人民法院收到委托书后,应当在三十日内完成调查。因故不能完成的,应当在上述期限内函告委托人民法院。

……

第一百六十六条　上诉状应当通过原审人民法院提出,并按照对方当事人或者代表人的人数提出副本。

当事人直接向第二审人民法院上诉的,第二审人民法院应当在五日内将上诉状移交原审人民法院。

第一百六十七条　原审人民法院收到上诉状,应当在五日内将上诉状副本送达对方当事人,对方当事人在收到之日起十五日内提出答辩状。人民法院应当在收到答辩状之日起五日内将副本送达上诉人。对方当事人不提出答辩状的,不影响人民法院审理。

原审人民法院收到上诉状、答辩状,应当在五日内连同全部案卷和证据,报送第二审人民法院。

第一百六十八条　第二审人民法院应当对上诉请求的有关事实和适用

法律进行审查。

……

第一百八十二条　人民法院受理选民资格案件后,必须在选举日前审结。审理时,起诉人、选举委员会的代表和有关公民必须参加。

人民法院的判决书,应当在选举日前送达选举委员会和起诉人,并通知有关公民。

第一百八十三条　公民下落不明满二年,利害关系人申请宣告其失踪的,向下落不明人住所地基层人民法院提出。

申请书应当写明失踪的事实、时间和请求,并附有公安机关或者其他有关机关关于该公民下落不明的书面证明。

选自国务院法制办公室:《法律法规全书》,中国法制出版社,2017年,第7编,第23页、25~29页。

《中华人民共和国刑法》(节选)

第一条　【立法目的】为了惩罚犯罪,保护人民,根据宪法,结合我国同犯罪作斗争的具体经验及实际情况,制定本法。

第二条　【任务】中华人民共和国刑法的任务,是用刑罚同一切犯罪行为作斗争,以保卫国家安全,保卫人民民主专政的政权和社会主义制度,保护国有财产和劳动群众集体所有的财产,保护公民私人所有的财产,保护公民的人身权利、民主权利和其他权利,维护社会秩序、经济秩序,保障社会主义建设事业的顺利进行。

第三条　【罪刑法定】法律明文规定为犯罪行为的,依照法律定罪处刑;法律没有明文规定为犯罪行为的,不得定罪处刑。

第四条　【法律面前人人平等】对任何人犯罪,在适用法律上一律平等。不允许任何人有超越法律的特权。

第五条　【罪责刑相适应】刑罚的轻重,应当与犯罪分子所犯罪行和承担的刑事责任相适应。

……

第十五条 【过失犯罪】应当预见自己的行为可能发生危害社会的结果,因为疏忽大意而没有预见,或者已经预见而轻信能够避免,以致发生这种结果的,是过失犯罪。

过失犯罪,法律有规定的才负刑事责任。

第十六条 【不可抗力和意外事件】行为在客观上虽然造成了损害结果,但是不是出于故意或者过失,而是由于不能抗拒或者不能预见的原因所引起的,不是犯罪。

第十七条 【刑事责任年龄】已满十六周岁的人犯罪,应当负刑事责任。

已满十四周岁不满十六周岁的人,犯故意杀人、故意伤害致人重伤或者死亡、强奸、抢劫、贩卖毒品、放火、爆炸、投放危险物质罪的,应当负刑事责任。

已满十二周岁不满十四周岁的人,犯故意杀人、故意伤害罪,致人死亡或者以特别残忍手段致人重伤造成严重残疾,情节恶劣,经最高人民检察院核准追诉的,应当负刑事责任。

对依照前三款规定追究刑事责任的不满十八周岁的人,应当从轻或者减轻处罚。

因不满十六周岁不予刑事处罚的,责令其父母或者其他监护人加以管教;在必要的时候,依法进行专门矫治教育。

第十七条之一 已满七十五周岁的人故意犯罪的,可以从轻或者减轻处罚;过失犯罪的,应当从轻或者减轻处罚。

第十八条 【特殊人员的刑事责任能力】精神病人在不能辨认或者不能控制自己行为的时候造成危害结果,经法定程序鉴定确认的,不负刑事责任,但是应当责令他的家属或者监护人严加看管和医疗;在必要的时候,由政府强制医疗。

间歇性的精神病人在精神正常的时候犯罪,应当负刑事责任。

尚未完全丧失辨认或者控制自己行为能力的精神病人犯罪的，应当负刑事责任，但是可以从轻或者减轻处罚。

醉酒的人犯罪，应当负刑事责任。

第十九条 【又聋又哑的人或盲人犯罪的刑事责任】又聋又哑的人或者盲人犯罪，可以从轻、减轻或者免除处罚。

第二十条 【正当防卫】为了使国家、公共利益、本人或者他人的人身、财产和其他权利免受正在进行的不法侵害，而采取的制止不法侵害的行为，对不法侵害人造成损害的，属于正当防卫，不负刑事责任。

正当防卫明显超过必要限度造成重大损害的，应当负刑事责任，但是应当减轻或者免除处罚。

对正在进行行凶、杀人、抢劫、强奸、绑架以及其他严重危及人身安全的暴力犯罪，采取防卫行为，造成不法侵害人伤亡的，不属于防卫过当，不负刑事责任。

第二十一条 【紧急避险】为了使国家、公共利益、本人或者他人的人身、财产和其他权利免受正在发生的危险，不得已采取的紧急避险行为，造成损害的，不负刑事责任。

紧急避险超过必要限度造成不应有的损害的，应当负刑事责任，但是应当减轻或者免除处罚。

第一款中关于避免本人危险的规定，不适用于职务上、业务上负有特定责任的人。

第二十二条 【犯罪预备】为了犯罪，准备工具、制造条件的，是犯罪预备。

对于预备犯，可以比照既遂犯从轻、减轻处罚或者免除处罚。

第二十三条 【犯罪未遂】已经着手实行犯罪，由于犯罪分子意志以外的原因而未得逞的，是犯罪未遂。

对于未遂犯，可以比照既遂犯从轻或者减轻处罚。

第二十四条 【犯罪中止】在犯罪过程中，自动放弃犯罪或者自动有效地防止犯罪结果发生的,是犯罪中止。

对于中止犯,没有造成损害的,应当免除处罚;造成损害的,应当减轻处罚。

......

第二十七条　【从犯】在共同犯罪中起次要或者辅助作用的,是从犯。

对于从犯,应当从轻、减轻处罚或者免除处罚。

第二十八条　【胁从犯】对于被胁迫参加犯罪的,应当按照他的犯罪情节减轻处罚或者免除处罚。

第二十九条　【教唆犯】教唆他人犯罪的,应当按照他在共同犯罪中所起的作用处罚。教唆不满十八周岁的人犯罪的,应当从重处罚。

如果被教唆的人没有犯被教唆的罪,对于教唆犯,可以从轻或者减轻处罚。

......

第六十七条　【自首】犯罪以后自动投案,如实供述自己的罪行的,是自首。对于自首的犯罪分子,可以从轻或者减轻处罚。其中,犯罪较轻的,可以免除处罚。

被采取强制措施的犯罪嫌疑人、被告人和正在服刑的罪犯,如实供述司法机关还未掌握的本人其他罪行的,以自首论。

犯罪嫌疑人虽不具有前两款规定的自首情节,但是如实供述自己罪行的,可以从轻处罚;因其如实供述自己罪行,避免特别严重后果发生的,可以减轻处罚。

第六十八条　【立功】犯罪分子有揭发他人犯罪行为,查证属实的,或者提供重要线索,从而得以侦破其他案件等立功表现的,可以从轻或者减轻处罚;有重大立功表现的,可以减轻或者免除处罚。

......

第七十二条　【适用条件】对于被判处拘役、三年以下有期徒刑的犯罪分子,同时符合下列条件的,可以宣告缓刑,对其中不满十八周岁的人、怀孕

的妇女和已满七十五周岁的人,应当宣告缓刑:

(一)犯罪情节较轻;

(二)有悔罪表现;

(三)没有再犯罪的危险;

(四)宣告缓刑对所居住社区没有重大不良影响。

宣告缓刑,可以根据犯罪情况,同时禁止犯罪分子在缓刑考验期限内从事特定活动,进入特定区域、场所,接触特定的人。

被宣告缓刑的犯罪分子,如果被判处附加刑,附加刑仍须执行。

……

第七十八条 【适用条件与限度】被判处管制、拘役、有期徒刑、无期徒刑的犯罪分子,在执行期间,如果认真遵守监规,接受教育改造,确有悔改表现的,或者有立功表现的,可以减刑;有下列重大立功表现之一的,应当减刑:

(一)阻止他人重大犯罪活动的;

(二)检举监狱内外重大犯罪活动,经查证属实的;

(三)有发明创造或者重大技术革新的;

(四)在日常生产、生活中舍己救人的;

(五)在抗御自然灾害或者排除重大事故中,有突出表现的;

(六)对国家和社会有其他重大贡献的。

减刑以后实际执行的刑期不能少于下列期限:

(一)判处管制、拘役、有期徒刑的,不能少于原判刑期的二分之一;

(二)判处无期徒刑的,不能少于十三年;

(三)人民法院依照本法第五十条第二款规定限制减刑的死刑缓期执行的犯罪分子,缓期执行期满后依法减为无期徒刑的,不能少于二十五年,缓期执行期满后依法减为二十五年有期徒刑的,不能少于二十年。

……

第八十一条 【适用条件】被判处有期徒刑的犯罪分子,执行原判刑期二分之一以上，被判处无期徒刑的犯罪分子，实际执行十三年以上，如果认真遵守监规，接受教育改造，确有悔改表现，没有再犯罪的危险的，可以假释。如果有特殊情况，经最高人民法院核准，可以不受上述执行刑期的限制。

对累犯以及因故意杀人、强奸、抢劫、绑架、放火、爆炸、投放危险物质或者有组织的暴力性犯罪被判处十年以上有期徒刑、无期徒刑的犯罪分子，不得假释。

对犯罪分子决定假释时，应当考虑其假释后对所居住社区的影响。

……

选自《中华人民共和国刑法》，法律出版社，2021年，第4~5页、6~9页、9~10页、18页、20页、22页、23页。

《中华人民共和国刑事诉讼法》（节选）

第二条　中华人民共和国刑事诉讼法的任务，是保证准确、及时地查明犯罪事实，正确应用法律，惩罚犯罪分子，保障无罪的人不受刑事追究，教育公民自觉遵守法律，积极同犯罪行为作斗争，维护社会主义法制，尊重和保障人权，保护公民的人身权利、财产权利、民主权利和其他权利，保障社会主义建设事业的顺利进行。

……

第三十四条　犯罪嫌疑人自被侦查机关第一次讯问或者采取强制措施之日起，有权委托辩护人；在侦查期间，只能委托律师作为辩护人。被告人有权随时委托辩护人。

侦查机关在第一次讯问犯罪嫌疑人或者对犯罪嫌疑人采取强制措施的时候，应当告知犯罪嫌疑人有权委托辩护人。人民检察院自收到移送审查起诉的案件材料之日起三日以内，应当告知犯罪嫌疑人有权委托辩护人。人民法院自受理案件之日起三日以内，应当告知被告人有权委托辩护人。犯罪嫌疑人、被告人在押期间要求委托辩护人的，人民法院、人民检察院和公安机关应当及时转达其要求。

犯罪嫌疑人、被告人在押的,也可以由其监护人、近亲属代为委托辩护人。

辩护人接受犯罪嫌疑人、被告人委托后,应当及时告知办理案件的机关。

第三十五条　犯罪嫌疑人、被告人因经济困难或者其他原因没有委托辩护人的,本人及其近亲属可以向法律援助机构提出申请。对符合法律援助条件的,法律援助机构应当指派律师为其提供辩护。

第三十六条　法律援助机构可以在人民法院、看守所等场所派驻值班律师。犯罪嫌疑人、被告人没有委托辩护人,法律援助机构没有指派律师为其提供辩护的,由值班律师为犯罪嫌疑人、被告人提供法律咨询、程序选择建议、申请变更强制措施、对案件处理提出意见等法律帮助。

人民法院、人民检察院、看守所应当告知犯罪嫌疑人、被告人有权约见值班律师,并为犯罪嫌疑人、被告人约见值班律师提供便利。

第三十七条　辩护人的责任是根据事实和法律,提出犯罪嫌疑人、被告人无罪、罪轻或者减轻、免除其刑事责任的材料和意见,维护犯罪嫌疑人、被告人的诉讼权利和其他合法权益。

第三十八条　辩护律师在侦查期间可以为犯罪嫌疑人提供法律帮助;代理申诉、控告;申请变更强制措施;向侦查机关了解犯罪嫌疑人涉嫌的罪名和案件有关情况,提出意见。

第三十九条　辩护律师可以同在押的犯罪嫌疑人、被告人会见和通信。其他辩护人经人民法院、人民检察院许可,也可以同在押的犯罪嫌疑人、被告人会见和通信。

辩护律师持律师执业证书、律师事务所证明和委托书或者法律援助公函要求会见在押的犯罪嫌疑人、被告人的,看守所应当及时安排会见,至迟不得超过四十八小时。

危害国家安全犯罪、恐怖活动犯罪案件,在侦查期间辩护律师会见在押的犯罪嫌疑人,应当经侦查机关许可。上述案件,侦查机关应当事先通知看守所。

辩护律师会见在押的犯罪嫌疑人、被告人,可以了解案件有关情况,提供法律咨询等;自案件移送审查起诉之日起,可以向犯罪嫌疑人、被告人核实有关证据。辩护律师会见犯罪嫌疑人、被告人时不被监听。

辩护律师同被监视居住的犯罪嫌疑人、被告人会见、通信,适用第一款、第三款、第四款的规定。

第四十条　辩护律师自人民检察院对案件审查起诉之日起,可以查阅、摘抄、复制本案的案卷材料。其他辩护人经人民法院、人民检察院许可,也可以查阅、摘抄、复制上述材料。

　　……

第四十四条　辩护人或者其他任何人,不得帮助犯罪嫌疑人、被告人隐匿、毁灭、伪造证据或者串供,不得威胁、引诱证人作伪证以及进行其他干扰司法机关诉讼活动的行为。

违反前款规定的,应当依法追究法律责任,辩护人涉嫌犯罪的,应当由办理辩护人所承办案件的侦查机关以外的侦查机关办理。辩护人是律师的,应当及时通知其所在的律师事务所或者所属的律师协会。

第四十五条　在审判过程中,被告人可以拒绝辩护人继续为他辩护,也可以另行委托辩护人辩护。

　　……

第五十六条　采用刑讯逼供等非法方法收集的犯罪嫌疑人、被告人供述和采用暴力、威胁等非法方法收集的证人证言、被害人陈述,应当予以排除。收集物证、书证不符合法定程序,可能严重影响司法公正的,应当予以补正或者作出合理解释;不能补正或者作出合理解释的,对该证据应当予以排除。

在侦查、审查起诉、审判时发现有应当排除的证据的,应当依法予以排除,不得作为起诉意见、起诉决定和判决的依据。

第五十七条 人民检察院接到报案、控告、举报或者发现侦查人员以非法方法收集证据的,应当进行调查核实。对于确有以非法方法收集证据情形的,应当提出纠正意见;构成犯罪的,依法追究刑事责任。

第五十八条 法庭审理过程中,审判人员认为可能存在本法第五十六条规定的以非法方法收集证据情形的,应当对证据收集的合法性进行法庭调查。

当事人及其辩护人、诉讼代理人有权申请人民法院对以非法方法收集的证据依法予以排除。申请排除以非法方法收集的证据的,应当提供相关线索或者材料。

第五十九条 在对证据收集的合法性进行法庭调查的过程中,人民检察院应当对证据收集的合法性加以证明。

现有证据材料不能证明证据收集的合法性的,人民检察院可以提请人民法院通知有关侦查人员或者其他人员出庭说明情况;人民法院可以通知有关侦查人员或者其他人员出庭说明情况。有关侦查人员或者其他人员也可以要求出庭说明情况。经人民法院通知,有关人员应当出庭。

第六十条 对于经过法庭审理,确认或者不能排除存在本法第五十六条规定的以非法方法收集证据情形的,对有关证据应当予以排除。

……

第六十六条 人民法院、人民检察院和公安机关根据案件情况,对犯罪嫌疑人、被告人可以拘传、取保候审或者监视居住。

第六十七条 人民法院、人民检察院和公安机关对有下列情形之一的犯罪嫌疑人、被告人,可以取保候审:

(一)可能判处管制、拘役或者独立适用附加刑的;

(二)可能判处有期徒刑以上刑罚,采取取保候审不致发生社会危险性的;

(三)患有严重疾病、生活不能自理,怀孕或者正在哺乳自己婴儿的妇女,采取取保候审不致发生社会危险性的;

（四）羁押期限届满，案件尚未办结，需要采取取保候审的。

取保候审由公安机关执行。

第六十八条　人民法院、人民检察院和公安机关决定对犯罪嫌疑人、被告人取保候审，应当责令犯罪嫌疑人、被告人提出保证人或者交纳保证金。

……

第七十四条　人民法院、人民检察院和公安机关对符合逮捕条件，有下列情形之一的犯罪嫌疑人、被告人，可以监视居住：

（一）患有严重疾病、生活不能自理的；

（二）怀孕或者正在哺乳自己婴儿的妇女；

（三）系生活不能自理的人的唯一扶养人；

（四）因为案件的特殊情况或者办理案件的需要，采取监视居住措施更为适宜的；

（五）羁押期限届满，案件尚未办结，需要采取监视居住措施的。

对符合取保候审条件，但犯罪嫌疑人、被告人不能提出保证人，也不交纳保证金的，可以监视居住。

监视居住由公安机关执行。

……

第八十五条　公安机关拘留人的时候，必须出示拘留证。

拘留后，应当立即将被拘留人送看守所羁押，至迟不得超过二十四小时。除无法通知或者涉嫌危害国家安全犯罪、恐怖活动犯罪通知可能有碍侦查的情形以外，应当在拘留后二十四小时以内，通知被拘留人的家属。有碍侦查的情形消失以后，应当立即通知被拘留人的家属。

……

第九十三条　公安机关逮捕人的时候，必须出示逮捕证。

逮捕后，应当立即将被逮捕人送看守所羁押。除无法通知的以外，应当在逮捕后二十四小时以内，通知被逮捕人的家属。

第九十四条　人民法院、人民检察院对于各自决定逮捕的人，公安机关对于经人民检察院批准逮捕的人，都必须在逮捕后的二十四小时以内进行讯问。在发现不应当逮捕的时候，必须立即释放，发给释放证明。

第九十五条　犯罪嫌疑人、被告人被逮捕后，人民检察院仍应当对羁押的必要性进行审查。对不需要继续羁押的，应当建议予以释放或者变更强制措施。有关机关应当在十日以内将处理情况通知人民检察院。

第九十六条　人民法院、人民检察院和公安机关如果发现对犯罪嫌疑人、被告人采取强制措施不当的，应当及时撤销或者变更。公安机关释放被逮捕的人或者变更逮捕措施的，应当通知原批准的人民检察院。

选自《中华人民共和国刑事诉讼法》，法律出版社，2018年，第15~16页、21~23页、24页、27~28页、29~30页、32页、35页、37~38页。

《中华人民共和国行政处罚法》（节选）

……

第五条　行政处罚遵循公正、公开的原则。

设定和实施行政处罚必须以事实为依据，与违法行为的事实、性质、情节以及社会危害程度相当。

对违法行为给予行政处罚的规定必须公布；未经公布的，不得作为行政处罚的依据。

第六条　实施行政处罚，纠正违法行为，应当坚持处罚与教育相结合，教育公民、法人或者其他组织自觉守法。

……

第三十一条　精神病人、智力残疾人在不能辨认或者不能控制自己行为时有违法行为的，不予行政处罚，但应当责令其监护人严加看管和治疗。间歇性精神病人在精神正常时有违法行为的，应当给予行政处罚。尚未完全丧失辨认或者控制自己行为能力的精神病人、智力残疾人有违法行为的，可以从轻或者减轻行政处罚。

第三十二条　当事人有下列情形之一，应当从轻或者减轻行政处罚：

（一）主动消除或者减轻违法行为危害后果的；

（二）受他人胁迫或者诱骗实施违法行为的；

（三）主动供述行政机关尚未掌握的违法行为的；

（四）配合行政机关查处违法行为有立功表现的；

（五）法律、法规、规章规定其他应当从轻或者减轻行政处罚的。

……

第五十二条　执法人员当场作出行政处罚决定的，应当向当事人出示执法证件，填写预定格式、编有号码的行政处罚决定书，并当场交付当事人。当事人拒绝签收的，应当在行政处罚决定书上注明。

前款规定的行政处罚决定书应当载明当事人的违法行为，行政处罚的种类和依据、罚款数额、时间、地点，申请行政复议、提起行政诉讼的途径和期限以及行政机关名称，并由执法人员签名或者盖章。

执法人员当场作出的行政处罚决定，应当报所属行政机关备案。

……

第五十五条　执法人员在调查或者进行检查时，应当主动向当事人或者有关人员出示执法证件。当事人或者有关人员有权要求执法人员出示执法证件。执法人员不出示执法证件的，当事人或者有关人员有权拒绝接受调查或者检查。

当事人或者有关人员应当如实回答询问，并协助调查或者检查，不得拒绝或者阻挠。询问或者检查应当制作笔录。

选自《法治日报》，2021年1月27日，第8版。

《中华人民共和国行政强制法》（节选）

第四条　行政强制的设定和实施，应当依照法定的权限、范围、条件和程序。

第五条　行政强制的设定和实施，应当适当。采用非强制手段可以达到行政管理目的的,不得设定和实施行政强制。

第六条　实施行政强制,应当坚持教育与强制相结合。

第七条　行政机关及其工作人员不得利用行政强制权为单位或者个人谋取利益。

第八条　公民、法人或者其他组织对行政机关实施行政强制,享有陈述权、申辩权;有权依法申请行政复议或者提起行政诉讼;因行政机关违法实施行政强制受到损害的,有权依法要求赔偿。

公民、法人或者其他组织因人民法院在强制执行中有违法行为或者扩大强制执行范围受到损害的,有权依法要求赔偿。

第九条　行政强制措施的种类:

(一)限制公民人身自由;

(二)查封场所、设施或者财物;

(三)扣押财物;

(四)冻结存款、汇款;

(五)其他行政强制措施。

……

第十一条　法律对行政强制措施的对象、条件、种类作了规定的,行政法规、地方性法规不得作出扩大规定。

法律中未设定行政强制措施的,行政法规、地方性法规不得设定行政强制措施。但是,法律规定特定事项由行政法规规定具体管理措施的,行政法规可以设定除本法第九条第一项、第四项和应当由法律规定的行政强制措施以外的其他行政强制措施。

……

第二十二条　查封、扣押应当由法律、法规规定的行政机关实施,其他任何行政机关或者组织不得实施。

……

第二十九条　冻结存款、汇款应当由法律规定的行政机关实施,不得委托给其他行政机关或者组织;其他任何行政机关或者组织不得冻结存款、汇款。

冻结存款、汇款的数额应当与违法行为涉及的金额相当;已被其他国家机关依法冻结的,不得重复冻结。

……

第四十四条 对违法的建筑物、构筑物、设施等需要强制拆除的,应当由行政机关予以公告,限期当事人自行拆除。当事人在法定期限内不申请行政复议或者提起行政诉讼,又不拆除的,行政机关可以依法强制拆除。

选自国务院法制办公室:《法律法规全书》,中国法制出版社,2017年,第3编,第18~20页。

《中华人民共和国行政诉讼法》(节选)

第一条 为保证人民法院公正、及时审理行政案件,解决行政争议,保护公民、法人和其他组织的合法权益,监督行政机关依法行使职权,根据宪法,制定本法。

第二条 公民、法人或者其他组织认为行政机关和行政机关工作人员的行政行为侵犯其合法权益,有权依照本法向人民法院提起诉讼。

前款所称行政行为,包括法律、法规、规章授权的组织作出的行政行为。

第三条 人民法院应当保障公民、法人和其他组织的起诉权利,对应当受理的行政案件依法受理。

行政机关及其工作人员不得干预、阻碍人民法院受理行政案件。

被诉行政机关负责人应当出庭应诉。不能出庭的,应当委托行政机关相应的工作人员出庭。

……

第十二条 人民法院受理公民、法人或者其他组织提起的下列诉讼:

(一)对行政拘留、暂扣或者吊销许可证和执照、责令停产停业、没收违法所得、没收非法财物、罚款、警告等行政处罚不服的；

（二）对限制人身自由或者对财产的查封、扣押、冻结等行政强制措施和行政强制执行不服的；

（三）申请行政许可，行政机关拒绝或者在法定期限内不予答复，或者对行政机关作出的有关行政许可的其他决定不服的；

（四）对行政机关作出的关于确认土地、矿藏、水流、森林、山岭、草原、荒地、滩涂、海域等自然资源的所有权或者使用权的决定不服的；

（五）对征收、征用决定及其补偿决定不服的；

（六）申请行政机关履行保护人身权、财产权等合法权益的法定职责，行政机关拒绝履行或者不予答复的；

（七）认为行政机关侵犯其经营自主权或者农村土地承包经营权、农村土地经营权的；

（八）认为行政机关滥用行政权力排除或者限制竞争的；

（九）认为行政机关违法集资、摊派费用或者违法要求履行其他义务的；

（十）认为行政机关没有依法支付抚恤金、最低生活保障待遇或者社会保险待遇的；

（十一）认为行政机关不依法履行、未按照约定履行或者违法变更、解除政府特许经营协议、土地房屋征收补偿协议等协议的；

（十二）认为行政机关侵犯其他人身权、财产权等合法权益的。

除前款规定外，人民法院受理法律、法规规定可以提起诉讼的其他行政案件。

……

第二十六条　公民、法人或者其他组织直接向人民法院提起诉讼的，作出行政行为的行政机关是被告。

经复议的案件，复议机关决定维持原行政行为的，作出原行政行为的行政机关和复议机关是共同被告；复议机关改变原行政行为的，复议机关是被告。

复议机关在法定期限内未作出复议决定,公民、法人或者其他组织起诉原行政行为的,作出原行政行为的行政机关是被告;起诉复议机关不作为的,复议机关是被告。

两个以上行政机关作出同一行政行为的,共同作出行政行为的行政机关是共同被告。

行政机关委托的组织所作的行政行为,委托的行政机关是被告。

行政机关被撤销或者职权变更的,继续行使其职权的行政机关是被告。

……

第五十一条　人民法院在接到起诉状时对符合本法规定的起诉条件的,应当登记立案。

对当场不能判定是否符合本法规定的起诉条件的,应当接收起诉状,出具注明收到日期的书面凭证,并在七日内决定是否立案。不符合起诉条件的,作出不予立案的裁定。裁定书应当载明不予立案的理由。原告对裁定不服的,可以提起上诉。

起诉状内容欠缺或者有其他错误的,应当给予指导和释明,并一次性告知当事人需要补正的内容。不得未经指导和释明即以起诉不符合条件为由不接收起诉状。

对于不接收起诉状、接收起诉状后不出具书面凭证,以及不一次性告知当事人需要补正的起诉状内容的,当事人可以向上级人民法院投诉,上级人民法院应当责令改正,并对直接负责的主管人员和其他直接责任人员依法给予处分。

第五十二条　人民法院既不立案,又不作出不予立案裁定的,当事人可以向上一级人民法院起诉。上一级人民法院认为符合起诉条件的,应当立案、审理,也可以指定其他下级人民法院立案、审理。

……

第六十一条　在涉及行政许可、登记、征收、征用和行政机关对民事争议所作的裁决的行政诉讼中,当事人申请一并解决相关民事争议的,人民法院可以一并审理。

在行政诉讼中，人民法院认为行政案件的审理需以民事诉讼的裁判为依据的，可以裁定中止行政诉讼。

……

第九十一条　当事人的申请符合下列情形之一的，人民法院应当再审：

（1）不予立案或者驳回起诉确有错误的；

（2）有新的证据，足以推翻原判决、裁定的；

（3）原判决、裁定认定事实的主要证据不足、未经质证或者系伪造的；

（4）原判决、裁定适用法律、法规确有错误的；

（5）违反法律规定的诉讼程序，可能影响公正审判的；

（6）原判决、裁定遗漏诉讼请求的；

（7）据以作出原判决、裁定的法律文书被撤销或者变更的；

（8）审判人员在审理该案件时有贪污受贿、徇私舞弊、枉法裁判行为的。

选自国务院法制办公室：《法律法规全书》，中国法制出版社，2017年，第7编，第48~49页。

四

人权国际文件

1.《世界人权宣言》(1948年)

序言

鉴于对人类家庭所有成员的固有尊严及其平等的和不移的权利的承认,乃是世界自由、正义与和平的基础,

鉴于对人权的无视和侮蔑已发展为野蛮暴行,这些暴行玷污了人类的良心,而一个人人享有言论和信仰自由并免予恐惧和匮乏的世界的来临,已被宣布为普通人民的最高愿望,

鉴于为使人类不致迫不得已铤而走险对暴政和压迫进行反叛,有必要使人权受法治的保护,

鉴于有必要促进各国间友好关系的发展,

鉴于各联合国国家的人民已在联合国宪章中重申他们对基本人权、人格尊严和价值以及男女平等权利的信念,并决心促成较大自由中的社会进步和生活水平的改善,

鉴于各会员国业已誓愿同联合国合作以促进对人权和基本自由的普遍尊重和遵行,

鉴于对这些权利和自由的普遍了解对于这个誓愿的充分实现具有很大的重要性,

因此现在,

大会,

发布这一世界人权宣言,作为所有人民和所有国家努力实现的共同标准,以期每一个人和社会机构经常铭念本宣言,努力通过教诲和教育促进对权利和自由的尊重,并通过国家的和国际的渐进措施,使这些权利和自由在各会员国本身人民及在其管辖下领土的人民中得到普遍和有效的承认和遵行;

第一条

人人生而自由,在尊严和权利上一律平等。他们赋有理性和良心,并应以兄弟关系的精神相对待。

第二条

人人有资格享有本宣言所载的一切权利和自由,不分种族、肤色、性别、语言、宗教、政治或其他见解、国籍或社会出身、财产、出生或其他身分等任何区别。并且不得因一人所属的国家或领土的政治的、行政的或者国际的地位之不同而有所区别,无论该领土是独立领土、托管领土、非自治领土或者处于其他任何主权受限制的情况之下。

第三条

人人有权享有生命、自由和人身安全。

第四条

任何人不得使为奴隶或奴役;一切形式的奴隶制度和奴隶买卖,均应予以禁止。

第五条

任何人不得加以酷刑,或施以残忍的、不人道的或侮辱性的待遇或刑罚。

第六条

人人在任何地方有权被承认在法律前的人格。

第七条

法律之前人人平等,并有权享受法律的平等保护,不受任何歧视。人人有权享受平等保护,以免受违反本宣言的任何歧视行为以及煽动这种歧视的任何行为之害。

第八条

任何人当宪法或法律所赋予他的基本权利遭受侵害时，有权由合格的国家法庭对这种侵害行为作有效的补救。

第九条

任何人不得加以任意逮捕、拘禁或放逐。

第十条

人人完全平等地有权由一个独立而无偏倚的法庭进行公正的和公开的审讯，以确定他的权利和义务并判定对他提出的任何刑事指控。

第十一条

（一）凡受刑事控告者，在未经获得辩护上所需的一切保证的公开审判而依法证实有罪以前，有权被视为无罪。

（二）任何人的任何行为或不行为，在其发生时依国家法或国际法均不构成刑事罪者，不得被判为犯有刑事罪。刑罚不得重于犯罪时适用的法律规定。

第十二条

任何人的私生活、家庭、住宅和通信不得任意干涉，他的荣誉和名誉不得加以攻击。人人有权享受法律保护，以免受这种干涉或攻击。

第十三条

（一）人人在各国境内有权自由迁徙和居住。

（二）人人有权离开任何国家，包括其本国在内，并有权返回他的国家。

第十四条

（一）人人有权在其他国家寻求和享受庇护以避免迫害。

（二）在真正由于非政治性的罪行或违背联合国的宗旨和原则的行为而被起诉的情况下，不得援用此种权利。

第十五条

（一）人人有权享有国籍。

（二）任何人的国籍不得任意剥夺，亦不得否认其改变国籍的权利。

第十六条

（一）成年男女，不受种族、国籍或宗教的任何限制有权婚嫁和成立家庭。他们在婚姻方面，在结婚期间和在解除婚约时，应有平等的权利。

（二）只有经男女双方的自由和完全的同意，才能缔婚。

（三）家庭是天然的和基本的社会单元，并应受社会和国家的保护。

第十七条

（一）人人得有单独的财产所有权以及同他人合有的所有权。

（二）任何人的财产不得任意剥夺。

第十八条

人人有思想、良心和宗教自由的权利；此项权利包括改变他的宗教或信仰的自由，以及单独或集体、公开或秘密地以教义、实践、礼拜和戒律表示他的宗教或信仰的自由。

第十九条

人人有权享有主张和发表意见的自由；此项权利包括持有主张而不受干涉的自由，和通过任何媒介和不论国界寻求、接受和传递消息和思想的自由。

第二十条

（一）人人有权享有和平集会和结社的自由。

（二）任何人不得迫使隶属于某一团体。

第二十一条

（一）人人有直接或通过自由选择的代表参与治理本国的权利。

（二）人人有平等机会参加本国公务的权利。

（三）人民的意志是政府权力的基础；这一意志应以定期的和真正的选举予以表现，而选举应依据普遍和平等的投票权，并以不记名投票或相当的自由投票程序进行。

第二十二条

每个人，作为社会的一员，有权享受社会保障，并有权享受他的个人尊严和人格的自由发展所必需的经济、社会和文化方面各种权利的实现,这种实现是通过国家努力和国际合作并依照各国的组织和资源情况。

第二十三条

(一)人人有权工作、自由选择职业、享受公正和合适的工作条件并享受免于失业的保障。

(二)人人有同工同酬的权利,不受任何歧视。

(三)每一个工作的人,有权享受公正和合适的报酬,保证使他本人和家属有一个符合人的尊严的生活条件,必要时并辅以其他方式的社会保障。

(四)人人有为维护其利益而组织和参加工会的权利。

第二十四条

人人有享有休息和闲暇的权利,包括工作时间有合理限制和定期给薪休假的权利。

第二十五条

(一)人人有权享受为维持他本人和家属的健康和福利所需的生活水准,包括食物、衣着、住房、医疗和必要的社会服务;在遭到失业、疾病、残废、守寡、衰老或在其他不能控制的情况下丧失谋生能力时,有权享受保障。

(二)母亲和儿童有权享受特别照顾和协助。一切儿童,无论婚生或非婚生,都应享受同样的社会保护。

第二十六条

(一)人人都有受教育的权利,教育应当免费,至少在初级和基本阶段应如此。初级教育应属义务性质。技术和职业教育应普遍设立。高等教育应根据成绩而对一切人平等开放。

(二)教育的目的在于充分发展人的个性并加强对人权和基本自由的尊重。教育应促进各国、各种族或各宗教集团间的了解、容忍和友谊,并应促进联合国维护和平的各项活动。

(三)父母对其子女所应受的教育的种类,有优先选择的权利。

第二十七条

（一）人人有权自由参加社会的文化生活，享受艺术，并分享科学进步及其产生的福利。

（二）人人对由于他所创作的任何科学、文学或美术作品而产生的精神的和物质的利益，有享受保护的权利。

第二十八条

人人有权要求一种社会的和国际的秩序，在这种秩序中，本宣言所载的权利和自由能获得充分实现。

第二十九条

（一）人人对社会负有义务，因为只有在社会中他的个性才可能得到自由和充分的发展。

（二）人人在行使他的权利和自由时，只受法律所确定的限制，确定此种限制的唯一目的在于保证对旁人的权利和自由给予应有的承认和尊重，并在一个民主的社会中适应道德、公共秩序和普遍福利的正当需要。

（三）这些权利和自由的行使，无论在任何情形下均不得违背联合国的宗旨和原则。

第三十条

本宣言的任何条文，不得解释为默许任何国家、集团或个人有权进行任何旨在破坏本宣言所载的任何权利和自由的活动或行为。

选自北京大学法学院人权研究中心：《国际人权文件选编》，北京大学出版社，2002年，第1~6页。

2.《经济、社会和文化权利国际公约》(1966年通过,1976年生效)

序言

本公约缔约各国,

考虑到,按照联合国宪章所宣布的原则,对人类家庭所有成员的固有尊严及其平等的和不移的权利的承认,乃是世界自由、正义与和平的基础,

确认这些权利是源于人身的固有尊严,

确认,按照世界人权宣言,只有在创造了使人可以享有其经济、社会及文化权利,正如享有其公民和政治权利一样的条件的情况下,才能实现自由人类享有免于恐惧和匮乏的自由的理想,

考虑到各国根据联合国宪章负有义务促进对人的权利和自由的普遍尊重和遵行,

认识到个人对其他个人和对他所属的社会负有义务,应为促进和遵行本公约所承认的权利而努力,

兹同意下述各条:

第一部分

第一条

一、所有人民都有自决权。他们凭这种权利自由决定他们的政治地位,并自由谋求他们的经济、社会和文化的发展。

二、所有人民得为他们自己的目的自由处置他们的天然财富和资源,而不损害根据基于互利原则的国际经济合作和国际法而产生的任何义务。在任何情况下不得剥夺一个人民自己的生存手段。

三、本公约缔约各国,包括那些负责管理非自治领土和托管领土的国家,应在符合联合国宪章规定的条件下,促进自决权的实现,并尊重这种权利。

第二部分

第二条

一、每一缔约国家承担尽最大能力个别采取步骤或经由国际援助和合作,特别是经济和技术方面的援助和合作,采取步骤,以便用一切适当方法,尤其包括用立法方法,逐渐达到本公约中所承认的权利的充分实现。

二、本公约缔约各国承担保证,本公约所宣布的权利应予普遍行使,而不得有例如种族、肤色、性别、语言、宗教、政治或其他见解、国籍或社会出身、财产、出生或其他身份等任何区分。

三、发展中国家,在适当顾到人权及它们的民族经济的情况下,得决定它们对非本国国民的享受本公约中所承认的经济权利,给予什么程度的保证。

第三条

本公约缔约各国承担保证男子和妇女在本公约所载一切经济、社会及文化权利方面有平等的权利。

第四条

本公约缔约各国承认,在对各国依据本公约而规定的这些权利的享有方面,国家对此等权利只能加以限制同这些权利的性质不相违背而且只是为了促进民主社会中的总的福利的目的的法律所确定的限制。

第五条

一、本公约中任何部分不得解释为隐示任何国家、团体或个人有权利从事于任何旨在破坏本公约所承认的任何权利或自由或对它们加以较本公约所规定的范围更广的限制的活动或行为。

二、对于任何国家中依据法律、惯例、条例或习惯而被承认或存在的任何基本人权，不得借口本公约未予承认或只在较小范围上予以承认而予以限制或克减。

第三部分

第六条

一、本公约缔约各国承认工作权，包括人人应有机会凭其自由选择和接受的工作来谋生的权利，并将采取适当步骤来保障这一权利。

二、本公约缔约各国为充分实现这一权利而采取的步骤应包括技术的和职业的指导和训练，以及在保障个人基本政治和经济自由的条件下达到稳定的经济、社会和文化的发展和充分的生产就业的计划、政策和技术。

第七条

本公约缔约各国承认人人有权享受公正和良好的工作条件，特别要保证：

(甲)最低限度给予所有工人以下列报酬：

(1)公平的工资和同值工作同酬而没有任何歧视，特别是保证妇女享受不差于男子所享受的工作条件，并享受同工同酬；

(2)保证他们自己和他们的家庭得有符合本公约规定的过得去的生活；

(乙)安全和卫生的工作条件；

(丙)人人在其行业中有适当的提级的同等机会，除资历和能力的考虑外，不受其他考虑的限制；

(丁)休息、闲暇和工作时间的合理限制，定期给薪休假以及公共假日报酬。

第八条

一、本公约缔约各国承担保证：

（甲）人人有权组织工会和参加他所选择的工会，以促进和保护他的经济和社会利益；这个权利只受有关工会的规章的限制。对这一权利的行使，不得加以除法律所规定及在民主社会中为了国家安全或公共秩序的利益或为保护他人的权利和自由所需要的限制以外的任何限制；

（乙）工会有权建立全国性的协会或联合会，有权组织或参加国际工会组织；

（丙）工会有权自由地进行工作，不受除法律所规定及在民主社会中为了国家安全或公共秩序的利益或为保护他人的利益和自由所需要的限制以外的任何限制；

（丁）有权罢工，但应按照各个国家的法律行使此项权利。

二、本条不应禁止对军队或警察或国家行政机关成员的行使这些权利，加以合法的限制。

三、本条并不授权参加一九四八年关于结社自由及保护组织权国际劳工公约的缔约国采取足以损害该公约中所规定的保证的立法措施，或在应用法律时损害这种保证。

第九条

本公约缔约各国承认人人有权享受社会保障，包括社会保险。

第十条

本公约缔约各国承认：

一、对作为社会的自然和基本的单元的家庭，特别是对于它的建立和当它负责照顾和教育未独立的儿童时，应给以尽可能广泛的保护和协助。缔婚必须经男女双方自由同意。

二、对母亲，在产前和产后的合理期间，应给以特别保护。在此期间，对有工作的母亲应给以给薪休假或有适当社会保障福利金的休假。

三、应为一切儿童和少年采取特殊的保护和协助措施，不得因出身或其他条件而有任何歧视。儿童和少年应予保护免受经济和社会的剥削。雇用他们做对他们的道德或健康有害或对生命有危险的工作或做足以妨害他们正常发育的工作,依法应受惩罚。各国亦应规定限定的年龄,凡雇用这个年龄以下的童工,应予禁止和依法应受惩罚。

第十一条

一、本公约缔约各国承认人人有权为他自己和家庭获得相当的生活水准,包括足够的食物、衣着和住房,并能不断改进生活条件。各缔约国将采取适当的步骤保证实现这一权利,并承认为此而实行基于自愿同意的国际合作的重要性。

二、本公约缔约各国既确认人人享有免于饥饿的基本权利,应为下列目的,个别采取必要的措施或经由国际合作采取必要的措施,包括具体的计划在内:

(甲)用充分利用科技知识、传播营养原则的知识、和发展或改革土地制度以使天然资源得到最有效的开发和利用等方法,改进粮食的生产、保存及分配方法;

(乙)在顾到粮食入口国家和粮食出口国家的问题的情况下,保证世界粮食供应,会按照需要,公平分配。

第十二条

一、本公约缔约各国承认人人有权享有能达到的最高的体质和心理健康的标准。

二、本公约缔约各国为充分实现这一权利而采取的步骤应包括为达到下列目标所需的步骤:

(甲)减低死胎率和婴儿死亡率,和使儿童得到健康的发育;

(乙)改善环境卫生和工业卫生的各个方面;

(丙)预防、治疗和控制传染病、风土病、职业病以及其他的疾病;

(丁)创造保证人人在患病时能得到医疗照顾的条件。

第十三条

一、本公约缔约各国承认,人人有受教育的权利。它们同意,教育应鼓励人的个性和尊严的充分发展,加强对人权和基本自由的尊重,并应使所有的人能有效地参加自由社会,促进各民族之间和各种族、人种或宗教团体之间的了解、容忍和友谊,和促进联合国维护和平的各项活动。

二、本公约缔约各国认为,为了充分实现这一权利起见:

(甲)初等教育应属义务性质并一律免费;

(乙)各种形式的中等教育,包括中等技术和职业教育,应以一切适当方法,普遍设立,并对一切人开放,特别要逐渐做到免费;

(丙)高等教育应根据成绩,以一切适当方法,对一切人平等开放,特别要逐渐做到免费;

(丁)对那些未受到或未完成初等教育的人的基础教育,应尽可能加以鼓励或推进;

(戊)各级学校的制度,应积极加以发展;适当的奖学金制度,应予设置;教员的物质条件,应不断加以改善。

三、本公约缔约各国承担,尊重父母和(如适用时)法定监护人的下列自由:为他们的孩子选择非公立的但系符合于国家所可能规定或批准的最低教育标准的学校,并保证他们的孩子能按照他们自己的信仰接受宗教和道德教育。

四、本条的任何部分不得解释为干涉个人或团体设立及管理教育机构的自由,但以遵守本条第一款所述各项原则及此等机构实施的教育必须符合于国家所可能规定的最低标准为限。

第十四条

本公约任何缔约国在参加本公约时尚未能在其宗主领土或其他在其管辖下的领土实施免费的、义务性的初等教育者,承担在两年之内制定和采取一个逐步实行的详细的行动计划,其中规定在合理的年限内实现一切人均得受免费的义务性教育的原则。

第十五条

一、本公约缔约各国承认人人有权:

(甲)参加文化生活;

（乙）享受科学进步及其应用所产生的利益；

（丙）对其本人的任何科学、文学或艺术作品所产生的精神上和物质上的利益，享受被保护之利。

二、本公约缔约各国为充分实现这一权利而采取的步骤应包括为保存、发展和传播科学和文化所必需的步骤。

三、本公约缔约各国承担尊重进行科学研究和创造性活动所不可缺少的自由。

四、本公约缔约各国认识到鼓励和发展科学与文化方面的国际接触和合作的好处。

第四部分

第十六条

一、本公约缔约各国承担依照本公约这一部分提出关于在遵行本公约所承认的权利方面所采取的措施和所取得的进展的报告。

二、（甲）所有的报告应提交给联合国秘书长；联合国秘书长应将报告副本转交经济及社会理事会按照本公约的规定审议；

（乙）本公约任何缔约国，同时是一个专门机构的成员国者，其所提交的报告或其中某部分，倘若与按照该专门机构的组织法规定属于该机构职司范围的事项有关，联合国秘书长应同时将报告副本或其中的有关部分转交该专门机构。

第十七条

一、本公约缔约各国应按照经济及社会理事会在同本公约缔约各国和有关的专门机构进行咨商后，于本公约生效后一年内，所制定的计划，分期提供报告。

二、报告得指出影响履行本公约义务的程度的因素和困难。

三、凡有关的材料业经本公约任一缔约国提供给联合国或某一专门机构时，即不需要复制该项材料，而只需确切指明所提供材料的所在地即可。

第十八条

经济及社会理事会按照其根据联合国宪章在人权方面的责任,得和专门机构就专门机构向理事会报告在使本公约中属于各专门机构活动范围的规定获得遵行方面的进展作出安排。这些报告得包括它们的主管机构所采取的关于此等履行措施的决定和建议的细节。

第十九条

经济及社会理事会得将各国按照第十六条和第十七条规定提出的关于人权的报告和各专门机构按照第十八条规定提出的关于人权的报告转交人权委员会以供研究和提出一般建议或在适当时候参考。

第二十条

本公约缔约各国以及有关的专门机构得就第十九条中规定的任何一般建议或就人权委员会的任何报告中的此种一般建议或其中所提及的任何文件,向经济及社会理事会提出意见。

第二十一条

经济及社会理事会得随时和其本身的报告一起向大会提出一般性的建议以及从本公约各缔约国和各专门机构收到的关于在普遍遵行本公约所承认的权利方面所采取的措施和所取得的进展的材料的摘要。

第二十二条

经济及社会理事会得提请从事技术援助的其他联合国机构和它们的辅助机构以及有关的专门机构对本公约这一部分所提到的各种报告所引起的任何事项予以注意,这些事项可能帮助这些机构在它们各自的权限内决定是否需要采取有助于促进本公约的逐步切实履行的国际措施。

第二十三条

本公约缔约各国同意为实现本公约所承认的权利而采取的国际行动应包括签订公约、提出建议、进行技术援助、以及为磋商和研究的目的同有关政府共同召开区域会议和技术会议等方法。

第二十四条

本公约的任何部分不得解释为有损联合国宪章和各专门机构组织法中确定联合国各机构和各专门机构在本公约所涉及事项方面的责任的规定。

第二十五条

本公约中任何部分不得解释为有损所有人民充分地和自由地享受和利用他们的天然财富与资源的固有权利。

第五部分

第二十六条

一、本公约开放给联合国任何会员国或其专门机构的任何会员国、国际法院规约的任何当事国、和经联合国大会邀请为本公约缔约国的任何其他国家签字。

二、本公约须经批准。批准书应交存联合国秘书长。

三、本公约应开放给本条第一款所述的任何国家加入。

四、加入应向联合国秘书长交存加入书。

五、联合国秘书长应将每一批准书或加入书的交存通知已经签字或加入本公约的所有国家。

第二十七条

一、本公约应自第三十五件批准书或加入书交存联合国秘书长之日起三个月后生效。

二、对于在第三十五件批准书或加入书交存后批准或加入本公约的国家,本公约应自该国交存其批准书或加入书之日起三个月后生效。

第二十八条

本公约的规定应扩及联邦国家的所有部分,没有任何限制和例外。

第二十九条

一、本公约的任何缔约国均得提出对本公约的修正案,并将其提交联合国秘书长。秘书长应立即将提出的修正案转知本公约各缔约国,同时请它们通知秘书长是否赞成召开缔约国家会议以审议这个提案并对它进行表决。在至少有三分之一缔约国赞成召开这一会议的情况下，秘书长应在联合国主持下召开此会议。为会议上出席并投票的多数缔约国所通过的任何修正案，应提交联合国大会批准。

二、此等修正案由联合国大会批准并为本公约缔约国的三分之二多数按照它们各自的宪法程序加以接受后，即行生效。

三、此等修正案生效时，对已加接受的各缔约国有拘束力，其他缔约国仍受本公约的条款和它们已接受的任何以前的修正案的拘束。

第三十条

除按照第二十六条第五款作出的通知外，联合国秘书长应将下列事项通知同条第一款所述的所有国家：

(甲)按照第二十六条规定所作的签字、批准和加入；

(乙)本公约按照第二十七条规定生效的日期，以及对本公约的任何修正案按照第二十九条规定生效的日期。

第三十一条

一、本公约应交存联合国档库，其中文、英文、法文、俄文、西班牙文各本同一作准。

二、联合国秘书长应将本公约的正式副本分送第二十六条所指的所有国家。

选自北京大学法学院人权研究中心：《国际人权文件选编》，北京大学出版社，2002年，第7~15页。

3.《公民权利和政治权利国际公约》(1966年通过,1976年生效)

序言

本公约缔约各国,

考虑到,按照联合国宪章所宣布的原则,对人类家庭所有成员的固有尊严及其平等的和不移的权利的承认,乃是世界自由、正义与和平的基础,

确认这些权利是源于人身的固有尊严,

确认,按照世界人权宣言,只有在创造了使人人可以享有其公民和政治权利,正如享有其经济、社会、文化权利一样的条件的情况下,才能实现自由人类享有公民及政治自由和免于恐惧和匮乏的自由的理想,

考虑到各国根据联合国宪章负有义务促进对人的权利和自由的普遍尊重和遵行,

认识到个人对其他个人和对他所属的社会负有义务,应为促进和遵行本公约所承认的权利而努力,

兹同意下述各条:

第一部分

第一条

一、所有人民都有自决权。他们凭这种权利自由决定他们的政治地位,并自由谋求他们的经济、社会和文化的发展。

二、所有人民得为他们自己的目的自由处置他们的天然财富和资源,而不损害根据基于互利原则的国际经济合作和国际法而产生的任何义务。在任何情况下不得剥夺一个人民自己的生存手段。

三、本公约缔约各国,包括那些负责管理非自治领土和托管领土的国家,应在符合联合国宪章规定的条件下,促进自决权的实现,并尊重这种权利。

第二部分

第二条

一、本公约每一缔约国承担尊重和保证在其领土内和受其管辖的一切个人享有本公约所承认的权利,不分种族、肤色、性别、语言、宗教、政治或其他见解、国籍或社会出身、财产、出生或其他身分等任何区别。

二、凡未经现行立法或其他措施予以规定者,本公约每一缔约国承担按照其宪法程序和本公约的规定采取必要的步骤,以采纳为实施本公约所承认的权利所需的立法或其他措施。

三、本公约每一缔约国承担:

(甲)保证任何一个被侵犯了本公约所承认的权利或自由的人,能得到有效的补救,尽管此种侵犯是以官方资格行事的人所为;

(乙)保证任何要求此种补救的人能由合格的司法、行政或立法当局或由国家法律制度规定的任何其他合格当局断定其在这方面的权利;并发展司法补救的可能性;

(丙)保证合格当局在准予此等补救时,确能付诸实施。

第三条

本公约缔约各国承担保证男子和妇女在享有本公约所载一切公民和政治权利方面有平等的权利。

第四条

一、在社会紧急状态威胁到国家的生命并经正式宣布时,本公约缔约国得采取措施克减其在本公约下所承担的义务,但克减的程度以紧急情势所严格需要者为限，此等措施并不得与它根据国际法所负有的其他义务相矛盾，且不得包含纯粹基于种族、肤色、性别、语言、宗教或社会出身的理由的歧视。

二、不得根据本规定而克减第六条、第七条、第八条（第一款和第二款）、第十一条、第十五条、第十六条和第十八条。

三、任何援用克减权的本公约缔约国应立即经由联合国秘书长将它已克减的各项规定、实行克减的理由和终止这种克减的日期通知本公约的其他缔约国家。

第五条

一、本公约中任何部分不得解释为隐示任何国家、团体或个人有权利从事于任何旨在破坏本公约所承认的任何权利和自由或对它们加以较本公约所规定的范围更广的限制的活动或行为。

二、对于本公约的任何缔约国中依据法律、惯例、条例或习惯而被承认或存在的任何基本人权，不得借口本公约未予承认或只在较小范围上予以承认而加以限制或克减。

第三部分

第六条

一、人人有固有的生命权。这个权利应受法律保护。不得任意剥夺任何人的生命。

二、在未废除死刑的国家，判处死刑只能是作为对最严重的罪行的惩罚，判处应按照犯罪时有效并且不违反本公约规定和防止及惩治灭绝种族罪公约的法律。这种刑罚，非经合格法庭最后判决，不得执行。

三、兹了解：在剥夺生命构成灭种罪时，本条中任何部分并不准许本公约的任何缔约国以任何方式克减它在防止及惩治灭绝种族罪公约的规定下所承担的任何义务。

四、任何被判处死刑的人应有权要求赦免或减刑。对一切判处死刑的案件均得给予大赦、特赦或减刑。

五、对十八岁以下的人所犯的罪，不得判处死刑；对孕妇不得执行死刑。

六、本公约的任何缔约国不得援引本条的任何部分来推迟或阻止死刑的废除。

第七条

任何人均不得加以酷刑或施以残忍的、不人道的或侮辱性的待遇或刑罚。特别是对任何人均不得未经其自由同意而施以医药或科学试验。

第八条

一、任何人不得使为奴隶；一切形式的奴隶制度和奴隶买卖均应予以禁止。

二、任何人不应被强迫役使。

三、(甲)任何人不应被要求从事强迫或强制劳动；

(乙)在把苦役监禁作为一种对犯罪的惩罚的国家中，第三款(甲)项的规定不应认为排除按照由合格的法庭关于此项刑罚的判决而执行的苦役；

(丙)为了本款之用，"强迫或强制劳动"一辞不应包括：

(1)通常对一个依照法庭的合法命令而被拘禁的人或在此种拘禁假释期间的人所要求的任何工作或服务，非属(乙)项所述者；

(2)任何军事性质的服务，以及在承认良心拒绝兵役的国家中，良心拒绝兵役者依法被要求的任何国家服务；

(3)在威胁社会生命或幸福的紧急状态或灾难的情况下受强制的任何服务；

(4)属于正常的公民义务的一部分的任何工作或服务。

第九条

一、人人有权享有人身自由和安全。任何人不得加以任意逮捕或拘禁。除非依照法律所确定的根据和程序，任何人不得被剥夺自由。

二、任何被逮捕的人，在被逮捕时应被告知逮捕他的理由，并应被迅速告知对他提出的任何指控。

三、任何因刑事指控被逮捕或拘禁的人,应被迅速带见审判官或其他经法律授权行使司法权力的官员,并有权在合理的时间内受审判或被释放。等候审判的人受监禁不应作为一般规则,但可规定释放时应保证在司法程序的任何其他阶段出席审判,并在必要时报到听候执行判决。

四、任何因逮捕或拘禁被剥夺自由的人,有资格向法庭提起诉讼,以便法庭能不拖延地决定拘禁他是否合法以及如果拘禁不合法时命令予以释放。

五、任何遭受非法逮捕或拘禁的受害者,有得到赠偿的权利。

第十条

一、所有被剥夺自由的人应给予人道及尊重其固有的人格尊严的待遇。

二、(甲)除特殊情况外,被控告的人应与被判罪的人隔离开,并应给予适合于未判罪者身分的分别待遇;

(乙)被控告的少年应与成年人分隔开,并应尽速予以判决。

三、监狱制度应包括以争取囚犯改造和社会复员为基本目的的待遇。少年罪犯应与成年人隔离开,并应给予适合其年龄及法律地位的待遇。

第十一条

任何人不得仅仅由于无力履行约定义务而被监禁。

第十二条

一、合法处在一国领土内的每一个人在该领土内有权享受迁徙自由和选择住所的自由。

二、人人有自由离开任何国家,包括其本国在内。

三、上述权利,除法律所规定并为保护国家安全、公共秩序、公共卫生或道德、或他人的权利和自由所必需且与本公约所承认的其他权利不抵触的限制外,应不受任何其他限制。

四、任何人进入其本国权利,不得任意加以剥夺。

第十三条

合法处在本公约缔约国领土内的外侨, 只有按照依法作出的决定才可以被驱逐出境,并且,除非在国家安全的紧迫原因另有要求的情况下,应准予提出反对驱逐出境的理由和使他的案件得到合格当局或由合格当局特别指定的一人或数人的复审,并为此目的而请人作代表。

第十四条

一、所有的人在法庭和裁判所前一律平等。在判定对任何人提出的任何刑事指控或确定他在一件诉讼案中的权利和义务时,人人有资格由一个依法设立的合格的、独立的和无偏倚的法庭进行公正的和公开的审讯。由于民主社会中的道德的、公共秩序的或国家安全的理由,或当诉讼当事人的私生活的利益有此需要时,或在特殊情况下法庭认为公开审判会损害司法利益因而严格需要的限度下,可不使记者和公众出席全部或部分审判;但对刑事案件或法律诉讼的任何判刑决应公开宣布,除非少年的利益另有要求或者诉讼系有关儿童监护权的婚姻争端。

二、凡受刑事控告者,在未依法证实有罪之前,应有权被视为无罪。

三、在判定对他提出的任何刑事指控时,人人完全平等地有资格享受以下的最低限度的保证:

(甲)迅速以一种他懂得的语言详细地告知对他提出的指控的性质和原因;

(乙)有相当时间和便利准备他的辩护并与他自己选择的律师联络。

(丙)受审时间不被无故拖延;

(丁)出席受审并亲自替自己辩护或经由他自己所选择所法律援助进行辩护;如果他没有法律援助,要通知他享有这种权利;在司法利益有此需要的案件中,为他指定法律援助,而在他没有足够能力偿付法律援助的案件中,不要他自己付费;

(戊)讯问或业已讯问对他不利的证人,并使对他有利的证人在与对他不利的证人相同的条件下出庭和受讯问;

(己)如他不懂或不会说法庭上所用的语言,能免费获得译员的援助;

(庚)不被强迫作不利于他自己的证言或强迫承认犯罪。

四、对少年的案件,在程序上应考虑到他们的年龄和帮助他们重新做人的需要。

五、凡被判定有罪者,应有权由一个较高级法庭对其定罪及刑罚依法进行复审。

六、在一人按照最后决定已被判定犯刑事罪而其后根据新的或新发现的事实确实表明发生误审,他的定罪被推翻或被赦免的情况下,因这种定罪而受刑罚的人应依法得到赔偿,除非经证明当时不知道的事实的未被及时揭露完全是或部分是由于他自己的缘故。

七、任何人已依一国的法律及刑事程序被最后定罪或宣告无罪者,不得就同一罪名再予审判或惩罚。

第十五条

一、任何人的任何行为或不行为,在其发生时依照国家法或国际法均不构成刑事罪者,不得据以认为犯有刑事罪。所加的刑罚也不得重于犯罪时适用的规定。如果在犯罪之后依法规定了应处以较轻的刑罚,犯罪者应予减刑。

二、任何人的行为或不行为,在其发生时依照各国公认的一般法律原则为犯罪者,本条规定并不妨碍因该行为或不行为而对任何人进行的审判和对他施加的刑罚。

第十六条

人人在任何地方有权被承认在法律前的人格。

第十七条

一、任何人的私生活、家庭、住宅或通信不得加以任意或非法干涉,他的荣誉和名誉不得加以非法攻击。

二、人人有权享受法律保护,以免受这种干涉或攻击。

第十八条

一、人人有权享受思想、良心和宗教自由。此项权利包括维持或改变他的宗教或信仰的自由,以及单独或集体、公开或秘密地以礼拜、戒律、实践和教义来表明他的宗教或信仰的自由。

二、任何人不得遭受足以损害他维持或改变他的宗教或信仰自由的强迫。

三、表示自己的宗教或信仰的自由,仅只受法律所规定的以及为保障公共安全、秩序、卫生或道德、或他人的基本权利和自由所必需的限制。

四、本公约缔约各国承担,尊重父母和(如适用时)法定监护人保证他们的孩子能按照他们自己的信仰接受宗教和道德教育的自由。

第十九条

一、人人有权持有主张,不受干涉。

二、人人有自由发表意见的权利;此项权利包括寻求、接受和传递各种消息和思想的自由,而不论国界,也不论口头的、书写的、印刷的、采取艺术形式的、或通过他所选择的任何其他媒介。

三、本条第二款所规定的权利的行使带有特殊的义务和责任,因此得受某些限制,但这些限制只应由法律规定并为下列条件所必需:

(甲)尊重他人的权利或名誉;

(乙)保障国家安全或公共秩序,或公共卫生或道德。

第二十条

一、任何鼓吹战争的宣传,应以法律加以禁止。

二、任何鼓吹民族、种族或宗教仇恨的主张,构成煽动歧视、敌视或强暴者,应以法律加以禁止。

第二十一条

和平集会的权利应被承认。对此项权利的行使不得加以限制,除去按照法律以及在民主社会中为维护国家安全或公共安全、公共秩序,保护公共卫生或道德或他人的权利和自由的需要而加的限制。

第二十二条

一、人人有权享受与他人结社的自由,包括组织和参加工会以保护他的利益的权利。

二、对此项权利的行使不得加以限制。除去法律所规定的限制以及在民主社会中为维护国家安全或公共安全、公共秩序，保护公共卫生或道德，或他人的权利和自由所必需的限制。本条不应禁止对军队或警察成员的行使此项权利加以合法的限制。

三、本条并不授权参加一九四八年关于结社自由及保护组织权国际劳工组织公约的缔约国采取足以损害该公约中所规定的保证的立法措施，或在应用法律时损害这种保证。

第二十三条

一、家庭是天然的和基本的社会单元，并应受社会和国家的保护。

二、已达结婚年龄的男女缔婚和成立家庭的权利应被承认。

三、只有经男女双方的自由的和完全的同意，才能缔婚。

四、本公约缔约各国应采取适当步骤以保证缔婚双方在缔婚、结婚期间和解除婚约时的权利和责任平等。在解除婚约的情况下，应为儿童规定必要的保护办法。

第二十四条

一、每一儿童应有权享受家庭、社会和国家为其未成年地位给予的必要保护措施，不因种族、肤色、性别、语言、宗教、国籍或社会出身、财产或出生而受任何歧视。

二、每一儿童出生后就立即加以登记，并应有一个名字。

三、每一儿童有权取得一个国籍。

第二十五条

每个公民应有下列权利和机会，不受第二条所述的区分和不受不合理的限制：

（甲）直接或通过自由选择的代表参与公共事务；

（乙）在真正的定期的选举中选举和被选举，这种选举应是普遍的和平等的并以无记名投票方式进行，以保证选举人的意志的自由表达；

（丙）在一般的平等的条件下，参加本国公务。

第二十六条

所有的人在法律前平等,并有权受法律的平等保护,无所歧视。在这方面,法律应禁止任何歧视并保证所有的人得到平等的和有效的保护,以免受基于种族、肤色、性别、语言、宗教、政治或其他见解、国籍或社会出身、财产、出生或其他身分等任何理由的歧视。

第二十七条

在那些存在着人种的、宗教的或语言的少数人的国家中,不得否认这种少数人同他们的集团中的其他成员共同享有自己的文化、信奉和实行自己的宗教或使用自己的语言的权利。

第四部分

第二十八条

一、设立人权事务委员会(在本公约里以下简称"委员会")。它应由十八名委员组成,执行下面所规定的任务。

二、委员应由本公约缔约国国民组成,他们应具有崇高道义地位和在人权方面有公认的专长,并且还应考虑使若干具有法律经验的人参加委员会是有用的。

三、委员会委员以其个人身份选出和进行工作。

第二十九条

一、委员会委员由具有第二十八条所规定的资格的人的名单中以无记名投票方式选出,这些人由本公约缔约国为此目的而提名。

二、本公约每一缔约国至多得提名二人,这些人应为提名国的国民。

三、任何人可以被再次提名。

第三十条

一、第一次选举至迟应于本公约生效之日起六个月内举行。

二、除按第三十四条进行补缺选举而外,联合国秘书长应在委员会每次选举前至少四个月书面通知本公约各缔约国,请它们在三个月内提出委员会委员的提名。

三、联合国秘书长应按姓名字母次序编造这样提出的被提名人名单，注明提名他们的缔约国，并应在每次选举前至少一个月将这个名单送交本公约各缔约国。

四、委员会委员的选举应在由联合国秘书长在联合国总部召开的本公约缔约国家会议举行。在这个会议里，本公约缔约国的三分之二应构成法定人数；凡获得最多票数以及出席并投票的缔约国代表的绝对多数票的那些被提名人当选为委员会委员。

第三十一条

一、委员会不得有一个以上的委员同为一个国家的国民。

二、委员会的选举应考虑到成员的公匀地域分配和各种类型文化及各主要法系的代表性。

第三十二条

一、委员会的委员任期四年。他们如被再次提名可以再次当选。然而，第一次选出的委员中有九名的任期在两年后即届满；这九人的姓名应由第三十条第四款所述会议的主席在第一次选举完毕后立即抽签决定。

二、任期届满后的选举应按公约本部分的上述各条进行。

第三十三条

一、如果委员会其他委员一致认为某一委员由于除暂时缺席以外的其他任何原因而已停止执行其任务时，委员会主席应通知联合国秘书长，秘书长应即宣布该委员的席位出缺。

二、倘遇委员会委员死亡或辞职时，主席应立即通知联合国秘书长，秘书长应宣布该席位自死亡日期或辞职生效日期起出缺。

第三十四条

一、按照第三十三条宣布席位出缺时，如果被接替的委员的任期从宣布席位出缺时起不在六个月内届满者，联合国秘书长应通知本公约各个缔约国，各缔约国可在两个月内按照第二十九条的规定，为填补空缺的目的提出提名。

　　二、联合国秘书长应按姓名字母次序编造这样提出来的被提名人名单，提交本公约各缔约国。然后按照公约本部分的有关规定进行被缺选举。

　　三、为填补按第三十三条宣布出缺的席位而当选的委员会委员的任期为按同条规定出缺的委员会委员的剩余任期。

第三十五条

委员会委员在获得联合国大会的同意时，可以按照大会鉴于委员会责任的重要性而决定的条件从联合国经费中领取薪俸。

第三十六条

联合国秘书长应为委员会提供必要的工作人员和便利，使能有效执行本公约所规定的职务。

第三十七条

　　一、联合国秘书长应在联合国总部召开委员会的首次会议。

　　二、首次会议以后，委员会应按其议事规则所规定的时间开会。

　　三、委员会会议通常应在联合国总部或联合国驻日内瓦办事处举行。

第三十八条

委员会每个委员就职以前，应在委员会的公开会议上郑重声明他将一秉良心公正无偏地行使其职权。

第三十九条

　　一、委员会应选举自己的职员，任期二年。他们可以连选连任。

　　二、委员会应制定自己的议事规则，但在这些规则中应当规定：

（甲）十二名委员构成法定人数；

（乙）委员会的决定由出席委员的多数票作出。

第四十条

　　一、本公约各缔约国承担在（甲）本公约对有关缔约国生效后的一年内及（乙）此后每逢委员会要求这样做的时候，提出关于它们已经采取而使本公约所承认的各项权利得以实施的措施和关于在享受这些权利方面所作出的进展的报告。

二、所有的报告应送交联合国秘书长转交委员会审议。报告中应指出影响实现本公约的因素和困难,如果存在着这种因素和困难的话。

三、联合国秘书长在同委员会磋商之后,可以把报告中属于专门机构职司范围的部分的副本转交有关的专门机构。

四、委员会应研究本公约各缔约国提出的报告,并应把它自己的报告以及它可能认为适当的一般建议送交各缔约国。委员会也可以把这些意见同它从本公约各缔约国收到的报告的副本一起转交经济及社会理事会。

五、本公约各缔约国得就按照本条第四款所可能作出的意见,向委员会提出意见。

第四十一条

一、本公约缔约国得按照本条规定,随时声明它承认委员会有权接受和审议一缔约国指控另一缔约国不履行它在本公约下的义务的通知。按照本条规定所作的通知,必须是由曾经声明其本身承认委员会有权的缔约国提出的,才能加以接受和审议。任何通知如果是关于尚未作出这种声明的缔约国的,委员会不得加以接受。按照本条规定所接受的通知,应按下列程序处理:

(甲)如本公约某缔约国认为另一缔约国未执行公约的规定,它可以用书面通知提请该国注意此事项。收到通知的国家应在收到后三个月内对发出通知的国家提供一项有关澄清此事项的书面解释或任何其他的书面声明,其中应可能地和恰当地引证在此事上已经采取的、或即将采取的、或现有适用的国内办法和补救措施。

(乙)如果此事项在收受国接到第一次通知后六个月内尚未处理得使双方满意,两国中任何一国有权用通知委员会和对方的方式将此事项提交委员会。

(丙)委员会对于提交给它的事项,应只有在它认定在这一事项上已按照普遍公认的国际法原则求助于和用尽了所有现有适用的国内补救措施之后，才加以处理。在补救措施的采取被无理拖延的情况下，此项通知则不适用。

(丁)委员会审议按本条规定所作的通知时，应以秘密会议进行。

(戊)在服从分款(丙)的规定的情况下，委员会应对有关缔约国提供斡旋，以便在尊重本公约所承认的人权和基本自由的基础上求得此事项的友好解决。

(己)在提交委员会的任何事项上，委员会得要求分款(乙)内所述的有关缔约国提供任何有关情报。

(庚)在委员会审议此事项时，分款(乙)内所述的有关缔约国应有权派代表出席并提出口头和/或书面说明。

(辛)委员会应在收到按分款(乙)提出的通知之日起十二个月内提出一项报告：

(1)如果案件在分款(戊)所规定的条件下获得了解决，委员会在其报告中应限于对事实经过和所获解决作一简短陈述；

(2)如果案件不能在分款(戊)所规定的条件下获得解决，委员会在其报告中应限于对事实经过作一简短陈述；案件有关双方提出的书面说明和口头说明的记录，也应附在报告上。在每一事项上，应将报告送交各有关缔约国。

二、本条的规定应于有十个本公约缔约国已经作出本条第一款所述的声明时生效。各缔约国的这种声明应交存联合国秘书长；秘书长应将声明副本转交其他缔约国。缔约国得随时通知秘书长撤回声明。此种撤回不得影响对曾经按照本条规定作出通知而要求处理的任何事项的审议；在秘书长收到缔约国撤回声明的通知后，对该缔约国以后所作的通知，不得再予接受，除非该国另外作出了新的声明。

第四十二条

一、(甲)如按第四十一条规定提交委员会处理的事项未能获得使各有关缔约国满意的解决，委员会得经各有关缔约国事先同意，指派一个专设和

解委员会(以下简称"和委会")。和委会应对有关缔约国提供斡旋,以便在尊重本公约的基础上求得此事项的友好解决;

(乙)和委会由各有关缔约国接受的委员五人组成。如各有关缔约国于三个月内对和委员会组成的全部或一部分未能达成协议,未得协议和委员会委员应由委员会用无记名投票方式以三分之二多数自其本身委员中选出。

二、和委会委员以其个人身分进行工作。委员不得为有关缔约国的国民,或为非本公约缔约国的国民,或未按第四十一条规定作出声明的缔约国的国民。

三、和委会应选举自己的主席及制定自己的议事规则。

四、和委会会议通常应在联合国总部或联合国驻日内瓦办事处举行,但亦得在和委会同联合国秘书长及各有关缔约国磋商后决定的其他方便地点举行。

五、按第三十六条设置的秘书处应亦为按本条指派的和委会服务。

六、委员会所收集整理的情报,应提供给和委会,和委会亦得请有关缔约国提供任何其他有关情报。

七、和委会于详尽审议此事项后,无论如何应于受理该事项后十二个月内,向委员会主席提出报告,转送各有关缔约国:

(甲)如果和委会未能在十二个月内完成对案件的审议,和委会在其报告中应限于对其审议案件的情况作一简短的陈述;

(乙)如果案件不能在尊重本公约所承认的人权的基础上求得友好解决,和委会在其报告中应限于对事实经过和所获解决作一简短陈述;

(丙)如果案件不能在分款(乙)规定的条件下获得解决,和委会在其报告中应说明对于各有关缔约国间争执事件的一切有关事实问题的结论,以及对于就该事件寻求友好解决的各种可能性的意见。此项报告中亦应载有各有关缔约国提出的书面说明和口头说明的记录;

(丁)和委会的报告如系按分款(丙)的规定提出,各有关缔约国应于收到报告后三个月内通知委员会主席是否接受和委员的报告的内容。

八、本条规定不影响委员会在第四十一条下所负的责任。

九、各有关缔约国应依照联合国秘书长所提概算，平均负担和委会委员的一切费用。

十、联合国秘书长应被授权于必要时在各有关缔约国依本条第九款偿还用款之前，支付和委员会委员的费用。

第四十三条

委员会委员，以及依第四十二条可能指派的专设和解委员会委员，应有权享受联合国特权及豁免公约内有关各款为因联合国公务出差的专家所规定的各种便利、特权与豁免。

第四十四条

有关实施本公约的规定，其适用不得妨碍联合国及各专门机构的组织法及公约在人权方面所订的程序，或根据此等组织法及公约所订的程序，亦不得阻止本公约各缔约国依照彼此间现行的一般或特别国际协定，采用其他程序解决争端。

第四十五条

委员会应经由经济及社会理事会向联合国大会提出关于它的工作的年度报告。

第五部分

第四十六条

本公约的任何部分不得解释为有损联合国宪章和各专门机构组织法中确定联合国各机构和各专门机构在本公约所涉及事项方面的责任的规定。

第四十七条

本公约的任何部分不得解释为有损所有人民充分地和自由地享受和利用它们的天然财富与资源的固有的权利。

第六部分

第四十八条

一、本公约开放给联合国任何会员国或其专门机构的任何会员国、国际法院规约的任何当事国、和经联合国大会邀请为本公约缔约国的任何其他国家签字。

二、本公约须经批准。批准书应交存联合国秘书长。

三、本公约应开放给本条第一款所述的任何国家加入。

四、加入应向联合国秘书长交存加入书。

五、联合国秘书长应将每一批准书或加入书的交存通知已经签字或加入本公约的所有国家。

第四十九条

一、本公约应自第三十五件批准书或加入书交存联合国秘书长之日起三个月生效。

二、对于在第三十五件批准书或加入书交存后批准或加入本公约的国家，本公约应自该国交存批准书或加入书之日起三个月生效。

第五十条

本公约的规定应扩及联邦国家的所有部分，没有任何限制和例外。

第五十一条

一、本公约的任何缔约国均得提出对本公约的修正案，并将其提交联合国秘书长。秘书长应立即将提出的修正案转知本公约各缔约国，同时请它们通知秘书长是否赞成召开缔约国家会议以审议这个提案并对它进行表决。在至少有三分之一缔约国家赞成召开这一会议的情况下，秘书长应在联合国主持下召开此会议。为会议上出席投票的多数缔约国家所通过的任何修正案，应提交联合国大会批准。

二、此等修正案由联合国大会批准并为本公约缔约国的三分之二多数按照它们各自的宪法程序加以接受后，即行生效。

三、此等修正案生效时,对已加接受的各缔约国有拘束力,其他缔约国仍受本公约的条款和它们已接受的任何以前的修正案的拘束。

第五十二条

除按照第四十八条第五款作出的通知外,联合国秘书长应将下列事项通知同条第一款所述的所有国家:

(甲)按照第四十八条规定所作的签字、批准和加入;

(乙)本公约按照第四十九条规定生效的日期,以及对本公约的任何修正案按照第五十一条规定生效的日期。

第五十三条

一、本公约应交存联合国档库,其中文、英文、法文、俄文、西班牙文各本同一作准。

二、联合国秘书长应将本公约的正式副本送第四十八条所指的所有国家。

选自北京大学法学院人权研究中心:《国际人权文件选编》,北京大学出版社,2002年,第16~31页。

4.《发展权利宣言》(1986年)

大会，

铭记《联合国宪章》中有关促成国际合作以解决属于经济、社会、文化或人道主义性质的国际问题，且不分种族、性别、语言或宗教，增进并激励对全体人类人权和基本自由的尊重的宗旨和原则，

承认发展是经济、社会、文化和政治的全面进程，其目的是在全体人民和所有个人积极、自由和有意义地参与发展及其带来的利益的公平分配的基础上，不断改善全体人民和所有个人的福利，

认为根据《世界人权宣言》的规定，人人有权要求一种社会的和国际的秩序，在这种秩序中，本宣言所载的权利和自由可得到充分实现，

忆及《经济、社会、文化权利国际公约》和《公民权利和政治权利国际公约》的规定，

还忆及联合国及其各专门机构关于个人的全面发展和各国人民的经济及社会进步和发展的有关协议、公约、决议、建议及其他文书，包括关于非殖民化、防止歧视、尊重和遵守人权和基本自由、根据《宪章》维护国际和平与安全并进一步促进各国间友好关系与合作的文书，

忆及各国人民的自决权利，由于这种自决权利，各国人民有权自由决定他们的政治地位和谋求他们经济、社会和文化的发展，

还忆及各国人民有权在关于人权的两项国际公约有关规定的限制下对他们的所有自然资源和财富行使充分和完全的主权，

念及各国按照《宪章》的规定有义务促进对全体人类人权和基本自由的普遍尊重和遵守,而不分种族、肤色、性别、语言、宗教、政治或其他见解、民族本源或社会出身、财产、出生或其他身分等任何区别,

认为消除大规模公然侵犯受到下列情况影响的各国人民和个人人权的现象,将有助于创造有利条件,以利人类大多数的发展,这些情况是由于新老殖民主义、种族隔离、一切形式的种族主义和种族歧视、外国统治和占领、侵略、对国家主权、国家统一和领土完整的威胁以及战争的威胁等所造成的,

关注继续存在着阻碍发展和彻底实现所有个人和各国人民愿望的严重障碍,这是除其他事项外由于剥夺了公民、政治、经济、社会和文化等权利所造成的,认为所有人权和基本自由都是不可分割和相互依存的,为了促进发展,应当一视同仁地重视和紧急考虑实施、增进和保护公民、政治、经济、社会和文化等权利,因而增进、尊重和享受某些人权和基本自由不能成为剥夺其他人权和基本自由的理由,

认为国际和平与安全是实现发展权利的必不可少的因素,

重申裁军与发展之间关系密切,裁军领域的进展将大大促进发展领域的进展,裁军措施腾出的资源应用于各国人民的经济及社会发展和福利,特别是发展中国家的这些发展和福利,

承认人是发展进程的主体,因此,发展政策应使人成为发展的主要参与者和受益者,

承认创造有利于各国人民和个人发展的条件是国家的主要责任,

认识到除了在国际一级努力增进和保护人权外,同时还必须努力建立一个新的国际经济秩序,

确认发展权利是一项不可剥夺的人权,发展机会均等是国家和组成国家的个人一项特有权利,

兹宣布《发展权利宣言》如下:

第一条

一、发展权利是一项不可剥夺的人权,由于这种权利,每个人和所有各国

人民均有权参与、促进并享受经济、社会、文化和政治发展,在这种发展中,所有人权和基本自由都能获得充分实现。

二、人的发展权利这意味着充分实现民族自决权,包括在关于人权的两项国际公约有关规定的限制下对他们的所有自然资源和财富行使不可剥夺的完全主权。

第二条

一、人是发展的主体,因此,人应成为发展权利的积极参与者和受益者。

二、鉴于有必要充分尊重所有人的人权和基本自由以及他们对社会的义务,因此,所有的人单独地和集体地都对发展负有责任,这种责任本身就可确保人的愿望得到自由和充分的实现, 他们因而还应增进和保护一个适当的政治、社会和经济秩序以利发展。

三、国家有权利和义务制定适当的国家发展政策,其目的是在全体人民和所有个人积极、自由和有意义地参与发展及其带来的利益的公平分配的基础上,不断改善全体人民和所有个人的福利。

第三条

一、各国对创造有利于实现发展权利的国家和国际条件负有主要责任。

二、实现发展权利需要充分尊重有关各国依照《联合国宪章》建立友好关系与合作的国际法原则。

三、各国有义务在确保发展和消除发展的障碍方面相互合作。各国在实现其权利和履行其义务时应着眼于促进基于主权平等、相互依赖、各国互利与合作的新的国际经济秩序,并激励遵守和实现人权。

第四条

一、各国有义务单独地和集体地采取步骤,制订国际发展政策,以期促成充分实现发展权利。

二、为促进发展中国家更迅速的发展,需采取持久的行动。作为发展中国家努力的一种补充, 在向这些国家提供促进全面发展的适当手段和便利时,进行有效的国际合作是至关紧要的。

第五条

各国应采取坚决步骤，消除大规模公然侵犯受到下列情况影响的各国人民和个人人权的现象，这些情况是由于种族隔离、一切形式的种族主义和种族歧视、殖民主义、外国统治和占领、侵略、外国干涉和对国家主权、国家统一和领土完整的威胁、战争的威胁及拒绝承认民族自决的基本权利等造成的。

第六条

一、所有国家应合作以促进、鼓励并加强普遍尊重和遵守全体人类的所有人权和基本自由，而不分种族、性别、语言或宗教等任何区别。

二、所有人权和基本自由都是不可分割和相互依存的；对实施、增进和保护公民、政治、经济、社会和文化权利应予以同等重视和紧急考虑。

三、各国应采取步骤以扫除由于不遵守公民和政治权利以及经济、社会和文化权利而产生的阻碍发展的障碍。

第七条

所有国家应促进建立、维护并加强国际和平与安全，并应为此目的竭尽全力实现在有效国际监督下的全面彻底裁军，并确保将有效的裁军措施腾出的资源用于发展，特别是发展中国家的发展。

第八条

一、各国应在国家一级采取一切必要措施实现发展权利，并确保除其他事项外所有人在获得基本资源、教育、保健服务、粮食、住房、就业、收入公平分配等方面机会均等。应采取有效措施确保妇女在发展过程中发挥积极作用。应进行适当的经济和社会改革以根除所有的社会不公正现象。

二、各国应鼓励民众在各个领域的参与，这是发展和充分实现所有人权的重要因素。

第九条

一、本宣言规定的发展权利的所有各方面都是不可分割和相互依存的，各方面均应从整体上加以解释。

二、本宣言的任何部分,不得作违背联合国宗旨和原则的解释,也不得暗示任何国家、集体或个人有权从事旨在侵犯《世界人权宣言》和有关人权的两项国际公约中所规定的权利的任何活动或任何行为。

第十条

应采取步骤以确保充分行使和逐步增进发展权利,包括拟订、通过和实施国家一级和国际一级的政策、立法、行政及其他措施。

选自北京大学法学院人权研究中心:《国际人权文件选编》,北京大学出版社,2002年,第304~307页。

5.《维也纳宣言和行动纲领》（1993年）

序一

世界人权大会于一九九三年六月二十五日在维也纳宣布

世界人权会议，

考虑到促进和保护人权是国际社会的一件优先事项，而这会议又是一独特的机会，由此可全面分析国际人权体系和人权保护机制，争取以公正、均衡的方式增强并促成更充分地遵守这些权利，

承认并肯定一切人权都源于人与生俱来的尊严和价值，人是人权和基本自由的中心主体，因而应是这些权利和自由的主要受益者，应积极参与这些权利和自由的实现，

重申坚决维护《联合国宪章》和《世界人权宣言》所载的宗旨和原则，

重申《联合国宪章》第五十六条中的承诺，愿意采取共同和个别行动，适当地注重发展有效的国际合作，以达成第五十五条所载之宗旨，包括普遍尊重和遵守所有人的人权和基本自由，

强调各国按照《联合国宪章》有责任促进和鼓励尊重所有人的人权和基本自由，不分种族、性别、语言、宗教，

回顾《联合国宪章》的序言部分，特别是决心重申对基本人权、人的尊严与价值、男女的权利平等、大国小国的权利平等之信念，

又回顾《联合国宪章》序言部分表示决心欲免后世再遭战祸,创造适当环境,俾克维持正义,尊重由条约与国际法其他渊源而起之义务,久而弗懈,促成大自由中之社会进步及较善之民生,力行容恕,彼此以善邻之道,和睦相处,运用国际机构,以促成全球人民经济及社会之进展,

强调《世界人权宣言》是各国人民和所有国家所争取实现的共同标准,是启迪的源泉,是联合国据之以推进现有国际人权文书、特别是《公民权利和政治权利国际盟约》和《经济、社会、文化权利国际盟约》所载标准的制订工作的基础,

考虑到国际舞台上正发生着重大变化,各国人民渴望建立国际秩序,以《联合国宪章》所载原则为基础,包括促进和鼓励尊重所有人的人权和基本自由,尊重平等权利和人民自决原则,实现和平、民主、正义、平等、法治、多元化、发展,提高生活水平,同舟共济,

深切关注妇女在世界上继续面对着多种形式的歧视和暴力,

承认联合国人权领域的活动需要合理化,加以扩充,以便增强联合国在人权领域的机制,促进普遍尊重遵守国际人权标准的目标,

考虑到在突尼斯、圣何塞和曼谷召开的三个区域会议通过的宣言以及各国政府提出的意见,并考虑到政府间组织和非政府组织所作的建议以及独立专家在世界人权会议筹备过程中编写的研究报告,

喜见 1993 年被定为世界土著人民国际年,国际社会以此重申有决心确保土著人民能享受一切人权和基本自由, 尊重他们的文化和特性的价值和多姿多彩,

还承认国际社会应当设法克服眼前的障碍, 迎接对充分实现一切人权的挑战,制止由此在世界上继续发生的侵犯人权事件,

宣告我们时代的精神和现实, 要求世界人民和联合国全体会员国再接再厉,献身于促进和保护一切人权和基本自由的全球任务,以确保这些权利能被充分和普遍地享受,

决心为国际社会的承诺迈出新的一步,更努力、持续地从事国际合作和

团结,使人权事业能取得实际的进展,

庄严通过《维也纳宣言和行动纲领》。

第一部分

1. 世界人权会议重申,所有国家庄严承诺依照《联合国宪章》、有关人权的其他国际文书和国际法履行其促进普遍尊重、遵守和保护所有人的一切人权和基本自由的义务。这些权利和自由的普遍性质不容置疑。

在这一框架内,加强人权领域的国际合作对于充分实现联合国的宗旨至关重要。

人权和基本自由是全人类与生俱来的权利;保护和促进人权和基本自由是各国政府的首要责任。

2. 所有民族均拥有自决的权利。出于这种权利,他们自由地决定自己的政治地位,自由地追求自己的经济、社会和文化发展。

考虑到受殖民统治或其他形式外来统治或外国占领的人民的特殊情况,世界人权会议承认各民族有权依照《联合国宪章》采取合法行动,实现他们不可让与的自决权利。世界人权会议认为拒绝自决权是违反了人权,强调有效实现自决权的重要性。

根据《各国依联合国宪章建立友好合作关系的国际法原则宣言》,这不得被解释为授权或鼓励采取任何行动去全面或局部地解散或侵犯主权和独立国家的领土完整或政治一统,只要这些主权和独立国家是遵从平等权利和民族自决的原则行事,因而拥有一个代表无区分地属于领土内的全体人民的政府。

3. 对处于外来占领下的人民应采取有效国际措施,保障并监测人权标准的执行,并应依据人权准则和国际法,特别是依据 1949 年 8 月 14 日《关于战时保护平民的日内瓦公约》以及其他适用的人道主义法标准。

4. 促进和保护所有的人权和基本自由必须按照联合国的宗旨和原则,特别是国际合作的宗旨,视为联合国的一项首要目标。在这些宗旨和原则的框架内,促进和保护所有的人权是国际社会合法的关注。因此,凡是与人权有关的各机体和专门机构应在一贯和客观地执行人权文书的基础上进一步加强协调其活动。

5. 一切人权均为普遍、不可分割、相互依存、相互联系。国际社会必须站在同样地位上、用同样重视的眼光、以公平、平等的态度全面看待人权。固然,民族特性和地域特征的意义、以及不同的历史、文化和宗教背景都必须要考虑,但是各个国家,不论其政治、经济和文化体系如何,都有义务促进和保护一切人权和基本自由。

6. 联合国系统争取所有人的人权和基本自由得到普遍尊重和遵守的努力,能依据《联合国宪章》促进在国与国间发展和平友好关系所需的稳定和福利,有助于改进和平与安全以及社会和经济发展的条件。

7. 促进和保护人权的进程应当按照《联合国宪章》的宗旨和原则以及国际法推动。

8. 民主、发展和尊重人权和基本自由是相互依存、相辅相成的。民主的基础是人民自由表达决定自己政治、经济、社会和文化制度的意愿,充分参与生活的一切方面。在上述条件下,在国家级和国际级促进和保护人权和基本自由应当普遍,在执行过程中不得附加条件。国际社会应当支持在全世界加强和促进民主,发展及尊重人权和基本自由。

9. 世界人权会议重申,国际社会应支持决心实行民主化和经济改革的最不发达国家,其中许多是非洲的最不发达国家,使它们能够成功地过渡到民主和经济发展。

10. 世界人权会议重申,《发展权利宣言》所阐明的发展权利是一项普遍的、不可分割的权利,也是基本人权的一个组成部分。

正如《发展权利宣言》所声明,人是发展的中心主体。

虽然发展能促进人权的享受,但缺乏发展并不得被援引作为剥夺国际公认的人权的理由。

各国应互相合作,确保发展和消除发展障碍。国际社会应促进有效的国际合作,实现发展权利,消除发展障碍。

为了在执行发展权利方面取得持久的进展,需要国家一级实行有效的发展政策,以及在国际一级创造公平的经济关系和一个有利的经济环境。

11. 发展权应得到履行,俾以平等地满足今后世代的发展和环境需要。世界人权会议承认,非法倾弃毒性和危险物质和废料有可能对每个人享受生命和健康的人权构成一种严重的威胁。

因此,世界人权会议呼吁所有国家通过并大力执行有关倾弃毒性有危险产品和废料的现有各公约,并进行合作,防止非法倾倒。

人人有权享受科学进步及其实用的利益。世界人权会议注意到某些进展,特别是在生物医学和生命科学以及信息技术领域,有可能对个人的完整尊严和人权起到潜在的不良后果,呼吁进行国际合作,以确保人权和尊严在此普遍受关注领域得到充分的尊重。

12. 世界人权会议呼吁国际社会作出一切努力,减轻发展中国家的债务负担,以便补足这些国家政府的努力,争取全面实现这些国家人民的经济、社会和文化权利。

13. 各国和各国际组织有必要同非政府组织合作,为了在国家、区域和国际各级确保充分和有效地享受人权创造有利的条件。各国必须消除所有侵犯人权的现象及其原因,消除享受这些权利所面临的障碍。

14. 极端贫穷的广泛存在妨碍到人权的充分和有效享受;立即减轻和最终消除贫穷仍然必须是国际社会的高度优先事项。

15. 无任何区分地尊重人权和基本自由是国际人权法律的一项基本规则。迅速和全面消除一切形式的种族主义和种族歧视、仇外情绪以及与之相关的不容忍,这是国际社会的优先任务之一。各国政府应采取有效措施加以防止,与之斗争。促请各团体、机构、政府间组织和非政府组织以及个人加紧努力,合作和协调开展抵制这类邪恶的活动。

16. 世界人权会议欢迎在废除种族隔离方面取得的进展,呼吁国际社会和联合国系统协助这一进程。

世界人权会议痛惜企图破坏寻求以和平方式废除种族隔离的努力的暴力行为仍不断在发生。

17. 恐怖主义行为、手段和做法的一切形式和表现，以及在某些国家与贩毒的联系，是旨在摧毁人权、基本自由和民主的活动，威胁到领土的完整和国家的安全，破坏合法政府的稳定。国际社会应采取必要步骤，加强合作，防范和打击恐怖主义。

18. 妇女和女童的人权是普遍性人权当中不可剥夺和不可分割的一个整体部分。使妇女能在国家、区域和国际各级充分、平等地参与政治、公民、经济和文化生活，消除基于性别的一切形式歧视，这是国际社会的首要目标。

基于性别的暴力和一切形式的性骚扰和剥削，包括产生于文化偏见和国际贩卖的此类活动，都不符合人身尊严和价值，必须铲除。这一目标可通过法律措施、借力于经济和社会发展、教育、安全娩育和保健、以及社会支助等领域的国家行动和国际合作来付诸实现。

妇女的人权应成为联合国人权活动、包括促进有关妇女的所有人权文书的工作的一个组成部分。

世界人权会议促请各国政府、机构、政府间和非政府组织加强努力，保护和促进妇女和女童的人权。

19. 考虑到促进和保护属于少数群体的人的权利之极为重要，有助于这些人所居住的国家的政治和社会安定。

世界人权会议重申，各国有义务依照《在民族、种族、宗教和语言上属于少数人的权利宣言》，确保属于少数群体的人可不受歧视、在法律面前完全平等地充分和有效行使一切人权和基本自由。

属于少数群体的人有权自由地、不受干预、不受任何形式歧视地享有自己的文化，信仰和奉行自己的宗教，私下或公开使用自己的语言。

20. 世界人权会议确认土著人民固有其尊严，对社会发展和多元化能作出独特贡献，坚决重申国际社会致力于土著人民的经济、社会和文化福利，让他们享受可持续发展的成果。各国应确保土著人民充分和自由参与社会的各个方面，特别是与其有关的事务。考虑到促进和保护土著人民权利之重要，还考虑到促进和保护其权利有助于这些人民所居住国家的政治和社会稳定，各国应依照国际法协调采取积极步骤，确保在平等和不歧视的基础上尊重土著人民的一切人权和基本自由，承认其独有特性、文化和社会组织的价值和多元化。

21. 世界人权会议欣悉许多国家早日批准了《儿童权利公约》，注意到世界儿童问题首脑会议通过的《儿童生存、保护和发展世界宣言》和《行动计划》确认了儿童的人权，促请各国在 1995 年之前普遍批准这项公约，并通过一切必要的法律、行政和其他措施，为此尽量调拨可用资源，有效地实施公约。在有关儿童的所有行动中应首先考虑非歧视和儿童的最佳利益，适当注意儿童的意见。应加强国家和国际机制和方案保卫和保护儿童，特别是保护女童、被弃儿童、街童、受到包括以儿童色情、儿童卖淫或贩卖人体器官进行的经济和性剥削的儿童、受到包括艾滋病在内疾病之害的儿童、难民和流离失所的儿童、受拘留的儿童、武装冲突中的儿童、以及受饥荒、旱灾和其他紧急局势之害的儿童。应促进国际合作与团结，支持执行公约，使儿童权利在联合国全系统的人权行动中占有优先地位。

世界人权会议还强调，为了儿童身心品质的充分和协调发展，应让他们在家庭环境中成长，因此家庭应得到更多的保护。

22. 需要特别注意确保残疾人不受歧视、平等地享有一切人权和基本自由，包括积极参与社会的各个方面。

23. 世界人权会议重申，每一个人无任何区别地有权在其他国家寻求并获得躲避迫害的庇护，并有权返回自己的国家。在这方面，会议强调下列文书的重要性：《世界人权宣言》、1951 年《关于难民地位的公约》、该公约的 1967 年《议定书》、以及各区域文书。会议赞赏有些国家继续在其领土内接纳和收容大量难民，并赞赏联合国难民事务高级专员办事处全力以赴执行其任务。会议还对联合国近东巴勒斯坦难民救济和工程处表示赞赏。

世界人权会议确认包括武装冲突在内的严重侵犯人权行为是导致人民流离失所的多重复杂因素之一。

世界人权会议确认,鉴于全球难民危机十分复杂,国际社会必须依据《联合国宪章》、有关国际文书和国际团结的要求,本着负担分摊的精神,在顾及难民署职权的前提下与有关国家和有关组织协调合作采取综合办法。这其中应包括制订战略处理难民和其他流离失所者迁移的根源和影响,加强应急准备和反应机制,提供有效的保护和援助,同时要考虑到妇女和儿童的特殊需要,设法达成持久的解决,最好争取尊严和安全的自愿遣返,包括各国际难民会议采纳的办法等。世界人权会议强调国家的责任,特别是有关原籍国的责任。

按照这种综合方针,世界人权会议强调,必须通过政府间组织和人道主义组织等渠道,特别注意与国内流离失所者有关的各种问题,包括他们的自愿和安全遣返和康复,找出持久的解决办法。

根据《联合国宪章》和人道主义法原则,世界人权会议进而强调向所有自然和人为灾难的受害者提供人道主义援助的重要性和必要性。

24. 必须高度重视促进和保护属于被置于脆弱地位群体的人、包括移徙工人的人权,消除对他们的一切形式的歧视,加强和更有效地执行现有的人权文书。各国有义务制订和保持国家级的适当措施,特别是教育、保健和社会支助领域的措施,以争取促进和保护属其人口脆弱层次者的权利,确保其中关心解决自己问题的人能够参与其事。

25. 世界人权会议申明,绝对贫困和被排除在社会之外是对人的尊严的侵犯,必须采取紧急措施,加强对绝对贫困现象及其成因的了解,包括与发展问题有关的原因,以便促进最贫困者的人权,解决极端贫困和被社会排斥问题,让他们享有社会进步的成果。各国必须扶助最贫困者参与他们所生活的社区的决策进程,促进人权和努力扫除绝对贫困现象。

26. 世界人权会议对在编纂人权文书方面取得的进展表示欢迎,认为这是一个具有活力的演进进程,敦促所有国家普遍批准人权条约,鼓励所有国家加入这些国际文书,鼓励所有国家尽可能避免做出保留。

27. 每个国家均应提供一个有效的补救框架,解决人权方面的冤屈或人权遭受侵犯的问题。司法工作,包括执法和检察机关、特别是独立的司法和法律专业部门,完全符合国际人权文书所载的适用标准,是充分和不歧视地实现人权的关键,也是民主和可持久的发展进程所不可或缺。在这方面,从事司法工作的机构应得到适当的资金,国际社会应增加技术和资金的援助。联合国有责任优先安排利用咨询服务特别方案,实现有力的和独立的司法行政。

28. 世界人权会议对于大规模的侵犯人权表示震撼,特别是以种族灭绝、"种族净化"和战时有组织地强奸妇女等形式出现,造成了大批难民外逃和人民的流离失所。世界人权会议强烈谴责这些骇人听闻的行为,再次呼吁惩治罪犯,立即停止此类暴行。

29. 世界人权会议对于世界各地继续发生无视国际人权文书所载标准、无视国际人道主义法的侵犯人权的事件,而且受害人得不到充分、有效的补救,表示严重关切。

世界人权会议对于武装冲突中平民、特别是妇女、儿童、老人和残疾者的人权受到侵犯,深感关注。因此,会议呼吁各国和武装冲突的所有当事方严格遵守 1949 年《日内瓦四公约》所列之国际人道主义法及国际法的其他规则和原则、严格遵守各项国际公约所规定保护人权的最起码标准。

世界人权会议重申,1949 年《日内瓦四公约》和国际人道主义法的其他有关文书都曾列明受害者有得到人道主义组织援助的权利,呼吁保障此类援助的安全和及时送达及接受。

30. 世界人权会议还对严重阻碍充分享受所有人权的严重和蓄意侵犯事件和情况在世界各地继续发生表示震撼和谴责。此类侵犯事件和障碍还包括酷刑和残忍、不人道和有辱人格的待遇或处罚、即决和任意处决、失踪、任意拘留、所有形式的种族主义、种族歧视和种族隔离、外国占领和外来统治、仇外情绪、贫困、饥饿和其他剥夺经济、社会和文化权利的形式、宗教不容忍、恐怖主义、对妇女的歧视和缺少法治。

31. 世界人权会议呼吁各国避免采取不符合国际法和《联合国宪章》,为各国间贸易制造障碍,妨碍充分实现《世界人权宣言》和国际人权文书所列人权, 特别是人人享有对其健康和福利包括粮食和医疗保健及必要社会服务而言适足的生活水平的权利的单方面措施。世界会议申明:粮食不应被用来作为施加政治压力的工具。

32. 世界会议重申,审议人权问题必须确保普遍性、客观性和非选择性。

33. 世界人权会议重申,依照《世界人权宣言》和《经济、社会、文化权利国际盟约》以及其他国际人权文书,各国有义务确保教育的目的是加强对人权和基本自由的尊重。世界人权会议强调有必要在教育方案中加进人权主题,要求各国都采取这样的做法。教育应增进各民族、所有种族或宗教群体之间的谅解、容忍和友谊,能鼓励联合国为实现这些目标开展活动。所以,从理论和实践上开展人权教育,传播适合的资料,对于促进和尊重不分种族、性别、语言或宗教的所有个人的人权,可以发挥重要作用,应成为国家和国际一级教育政策的组成部分。世界人权会议注意到,资源紧张、体制不健全,都可能成为迅速实现这些目标的障碍。

34. 应当更加努力,根据要求援助各国,以创造条件,使每一个人都能享受普遍的人权和基本自由。促请各国政府、联合国系统和其他多边组织大量增加拨付给有关方案的资源,这些方案旨在建立和加强国家立法、国家机构和有关基础设施,通过培训、讲授和教育、大众参与和公民社会等方式坚持法治和民主、协助选举和提高人权意识。

人权中心的咨询服务和技术合作方案应予加强,使之更加有效,透明度更高,从而为提高对人权的尊重作出重大贡献。请各国敦促联合国经常预算拨出更多资金,同时提供自愿捐助,增加对这些方案的捐助。

35. 要充分、有效地执行联合国促进和保护人权的活动,必须响应《联合国宪章》对人权的高度重视,体现会员国提出的对联合国人权活动的各种要求。为此,联合国的人权活动应获得更多的资源。

36. 世界人权会议重申国家机构在促进和保护人权方面的重要和建设性作用,特别是向主管当局提供咨询意见的作用,以及它们在纠正侵犯人权行为、传播人权信息和进行人权教育的作用。

世界人权会议考虑到《关于国家机构地位的原则》,确认每个国家有权选择最适于自己国家级特殊需要的框架,鼓励设立和加强国家机构。

37. 区域安排在促进和保护人权方面起着根本性作用。它们应加强载于各项国际人权文书的普遍性人权标准和保护。世界人权会议赞同正在进行的加强这些安排与提高其效力的努力,同时强调与联合国人权活动合作的重要性。

世界人权会议重申,需要探讨在尚无促进和保护人权区域和分区域安排的地方设立这类安排的可能性。

38. 世界人权会议承认非政府组织在国家、区域和国际各级促进人权和人道主义活动中的重要作用。世界人权会议赞赏非政府组织对提高公众对人权问题的认识、对开展这一领域的教育、培训和研究及对促进和保护人权和基本自由而作的贡献。在承认制订标准的主要责任在于国家的同时,会议还赞赏非政府组织对这一进程的贡献。

在这方面,世界人权会议强调政府和非政府组织继续对话和合作的重要性。真正从事人权领域工作的非政府组织及其成员应当享有世界人权宣言承认的权利和自由,并受到国内法的保护。这些权利和自由的行使不得有违于联合国的宗旨和原则。非政府组织应可在国家法律和《世界人权宣言》的框架内不受干涉地自由进行其人权活动。

39. 世界人权会议强调有必要客观、负责和公正地宣传人权和人道主义问题,鼓励大众媒介更多参与,让大众媒介的自由和保护在国家法律的框架内得到保证。

第二部分

A. 增强联合国系统内人权方面的工作的协调

1. 世界人权会议建议增强联合国系统内支持人权和基本自由工作的协调。为此,世界人权会议促请所有联合国负责人权活动的机关、机构和专门机构进行合作,在考虑到避免不必要重复的同时,加强、精简其活动,并使之合理化。世界人权会议还建议秘书长请联合国有关机构和专门机构的高级官员在其年度会议上,除了协调其活动外,也评估其战略和政策对享有所有人权的影响。

2. 此外, 世界人权会议吁请区域性组织和主要的国际和区域金融和发展机构也评估其政策和方案对享有人权的影响。

3. 世界人权会议确认联合国系统负责人权活动的专门机构、机构和机关在拟订、促进和执行人权标准方面可按其各自的职权范围发挥关键性作用;它们应按各自职责充分合作携手执行世界会议的成果。

4. 世界人权会议强烈建议作出协调一致的努力,鼓励和便利批准和加入或继承在联合国系统框架内通过的国际人权条约和议定书,以期争取它们得到普遍的接受。秘书长应与各条约机构协商,考虑同未加入这些人权文书的国家展开对话,以便认明障碍,寻求克服障碍的办法。

5. 世界人权会议鼓励各国考虑限制它们对人权文书所作出的任何保留的程度,尽可能精确和小幅度地拟出保留,确保任何保留不会与有关条约的目标和宗旨相抵触,并定期予以审查,以期撤消保留。

6. 世界人权会议确认需要保持现有国际标准的高质量, 重申大会第41/120 号决议中关于拟订新国际文书的指导原则, 要求联合国人权机构在考虑拟订新的国际标准时铭记这些指导原则, 就起草新标准的必要性与人权机构协商,并请秘书处对建议的新文书进行技术审查。

7. 世界人权会议建议在必要情况下向本组织的区域办事处派驻人权官员,目的是传播人权领域的情况、进行人权方面的培训和提供其他有关的技术援助。被指派负责人权方面的工作的国际公务员应受到有组织的人权培训。

8. 世界人权会议欢迎人权委员会召开紧急会议，认为这是一项积极的主动行动，并希望考虑联合国有关机构也用其他方法对付残暴侵犯人权的行为。

资源

9. 世界人权会议对于人权事务中心的任务同执行任务可加利用的人力、财力和其他资源的不平衡感到关注，铭记联合国其他重要方案需要的资源，请秘书长和大会大幅度提高联合国现有和将来经常性预算中用于人权方案的资金，并采取紧急措施设法增加预算外资金。

10. 在这一框架内，应提高经常预算中直接划拨给人权事务中心的比例，以支付其费用及由人权事务中心承付的其他费用，包括同联合国各人权机构有关的费用。该中心技术合作活动的自愿筹资方法应加强这一提高的预算；会议吁请对现有信托基金提供慷慨捐助。

11. 世界人权会议请秘书长和大会向人权事务中心提供充分的人力、财力和其他资源，使其有能力有效、高效率和迅速开展活动。

12. 世界人权会议注意到有必要确保提供人力和财力资源，以开展政府间机构责成的人权活动，促请秘书长和各会员国按照《联合国宪章》第一百零一条采用协调方针，确保配合秘书处更繁重任务，增拨资源。世界人权会议请秘书长考虑调整方案预算周期程序对于及时、有效地执行会员国所托付的人权活动是否必要，是否有帮助。

人权事务中心

13. 世界人权会议强调有必要加强联合国人权事务中心。

14. 人权事务中心应在协调全系统对人权的注意方面发挥重要作用。该中心要能与联合国其他机构和机关充分合作才能最好地发挥其枢纽作用。人权事务中心的协调作用还意味着人权事务中心纽约办事处应予加强。

15. 人权事务中心应确保有充分的手段，供专题和国别报告员、专家、工作组和条约机构体系之用。贯彻建议应成为人权委员会考虑的优先事项。

16. 人权事务中心应在促进人权方面发挥更大的作用。要体现这一作用,应同会员国合作,加强咨询服务和技术援助方案。现有的自愿基金必须有一定程度的扩大,以更有效、更协调的方法管理。所有活动都应按照严格和透明的项目管理规则进行,并应定期对项目评价。为此,应定期提供此种评价活动的结果和其他有关资料。特别是,中心至少应每年举办一次情况介绍会,对所有会员国和直接进行这些项目和方案的组织开放。

调整和加强联合国人权机制,包括关于设立联合国人权高级专员的问题

17. 世界人权会议确认,必须不断调整联合国的人权机制,使其能如本宣言所体现,在所有人均衡和可持续发展的框架内迎合促进和保护人权的当前和未来需要。特别是联合国的人权机关应改进其协调,提高其效率和效力。

18. 世界人权会议建议大会在其第四十八届会议上审查本会议报告时优先着手审议为促进和保护一切人权而设立人权事务高级专员的问题。

B. 平等、尊严和容忍

第一、种族主义、种族歧视、仇外和其他形式的不容忍

19. 世界人权会议认为,消除种族主义和种族歧视,特别是消除其制度化形式,诸如种族隔离或由种族优越或种族排斥理论而产生的形式或种族主义的当代形式和表现,这是国际社会人权领域世界范围促进方案的首要目标之一。联合国各机关和各机构应加强努力,执行与种族主义和种族歧视进行战斗的第三个十年有关的一项行动纲领以及由此而来的争取同一目标的职权。世界会议强烈呼吁国际社会为与种族主义和种族歧视进行战斗的十年方案信托基金提供慷慨捐助。

20. 世界人权会议促请各国政府立即采取措施和制订得力的政策,防止和打击一切形式的种族主义、仇外或与之相联的不容忍及其表现,必要时应颁布适当的立法,包括刑法措施,并建立打击这些现象的国家机构。

21. 世界人权会议欢迎人权委员会决定任命一位当代形式种族主义、

种族歧视、仇外及与之相联的不容忍问题特别报告员。世界人权会议还呼吁《消除一切形式种族歧视国际公约》的所有缔约国考虑作出公约第十四条之下的声明。

22. 世界人权会议促请各国政府,根据其国际义务,适当地考虑到各自的法律制度,采取一切适当措施,抵制基于宗教或信仰的不容忍和有关的暴力,包括歧视妇女的做法,也包括对宗教场所的亵渎,要确认每一个人都有权享受思想、良心、表达和宗教自由。会议还请所有国家执行《消除基于宗教或信仰原因的一切形式不容忍和歧视宣言》的规定。

23. 世界人权会议强调,所有犯下或批准种族净化罪行的人均须为这种侵犯人权的行为承担一切个人责任并受到追究,同时国际社会应尽一切努力将依法应负责的人绳之以法。

24. 世界人权会议呼吁各国政府采取立即措施,个别和集体地抵制种族净化的做法,并迅速加以制止。种族净化这种恶行的受害者有权利用适当有效的补救措施。

第二、在民族、种族、宗教和语言上属于少数群体的人

25. 世界人权会议要求人权委员会审查一些方式和方法,以有效促进和保护联合国关于《在民族、种族、宗教和语言上属于少数人的权利宣言》所阐述的属于少数群体的人的权利。在这方面,世界人权会议呼吁人权事务中心在有关政府要求下并作为其咨询服务和技术援助的一部分,提供关于少数群体问题的人权以及关于预防和解决争端方面的高质量的专门知识,帮助解决涉及少数人的现有和潜在的各种情况。

26. 世界人权会议促请各国和国际社会根据联合国《在民族、种族、宗教和语言上属于少数人的权利宣言》,促进和保护在民族、种族、宗教和语言上属于少数群体的人的权利。

27. 采取的措施也应酌情便利他们充分参与政治、经济、社会、宗教和文化等各方面的社会生活,充分参与国家的经济进步和发展。

土著人民

28. 世界人权会议呼吁防止歧视及保护少数小组委员会的土著居民问题工作组在其第十一届会议上完成土著人民权利宣言的起草工作。

29. 世界人权会议建议人权委员会在土著人民权利宣言完成起草之后,延续和更新土著居民问题工作组的职权。

30. 世界人权会议还建议联合国系统内的咨询服务和技术援助方案积极响应各国提出的能直接为土著人民造福的援助请求。世界人权会议进一步建议,在本文件所设想加强人权事务中心活动的总框架内,向中心提供充分的人力和财政资源。

31. 世界人权会议促请各国保证土著人民能充分和自由地参与社会所有方面的工作,特别是参与同他们有关的事务。

32. 世界人权会议建议大会宣布一个世界土著人民国际十年,从 1994年 1 月开始,包括各种有待同土著人民合作决定的面向行动的方案。为此目的应建立一个适当的自愿信托基金。在这样一个十年的框架内,应考虑在联合国系统内为土著人民建立一个常设论坛。

移徙工人

33. 世界人权会议促请所有国家作出保证,保护所有移徙工人及其家属的人权。

34. 世界人权会议认为特别有必要创造条件,在移徙工人同他们居住国社会的其他群体之间促成更大的和谐与容忍。

35. 世界人权会议请各国考虑可否尽早签署和批准《关于所有移徙工人及其家属权利的国际公约》。

第三、妇女的平等地位和人权

36. 世界人权会议促请使妇女充分和平等地享受所有的人权,将此列为各国政府和联合国的优先事项。世界人权会议还强调,妇女极有必要作为参加者和受益者充分参与发展进程,与之结合,重申联合国环境和发展会议(1992 年 6 月 3-14 日,巴西里约热内卢)通过的《关于环境与发展的里约宣言》和《21 世纪议程》第二十四章中提出的妇女争取可持久和平等发展全球行动的有关目标。

37. 妇女的平等地位和妇女人权应纳入联合国全系统活动的主流。联合国的有关机构和机制都应定期地、有系统地处理这些问题。尤其应采取措施,加强妇女地位委员会、人权委员会、消除对妇女一切形式歧视委员会、联合国妇女发展基金、联合国开发计划署以及联合国其他机构相互之间的合作,鼓励它们进一步结合它们的目标。在这方面,应加强人权事务中心和提高妇女地位司之间的合作和协调。

38. 世界人权会议尤其强调有必要努力消除公共和私人生活中对妇女施加的暴力,消除一切形式的性骚扰、性剥削和贩卖妇女的行为,在司法中消除性别偏见,根除妇女权利同某些传统或习俗、文化偏见和宗教极端主义的有害影响所可能产生的任何冲突。世界人权会议吁请联合国大会通过关于妇女所受暴力的宣言草案,促请各国依照该宣言的规定,同对妇女施暴行为作斗争。在武装冲突中一切侵害妇女人权的行为都是违反国际人权和人道主义法律的基本原则。对所有的此类侵害,特别是杀害和有系统的强奸、性奴役和强制致孕,需要作出特别有效的反应。

39. 世界人权会议促请根除对妇女的一切形式的隐含和公开的歧视。联合国应鼓励争取所有国家到 2000 年时普遍批准《消除对妇女一切形式歧视公约》。应鼓励以各种方式和方法处理对该《公约》提出的特别多的保留意见。除其他外,消除对妇女一切形式歧视委员会应当继续审查对《公约》的保留。促请各国撤消与《公约》的目的和宗旨有抵触、或与国际条约法不相符合的保留。

40. 条约监测机构应散发必要资料,使妇女能更有效地利用现有的执行程序,追求充分、平等地享受人权而不受歧视。还应采纳新程序,以加强履行对妇女平等和妇女人权的承诺。妇女地位委员会和消除对妇女一切形式歧视委员会应迅速拟订《消除对妇女一切形式歧视公约》的任择议定书,研究采纳请愿权的可能性。世界人权会议欢迎人权委员会决定在其第五十届会议上考虑任命一名对妇女暴力问题特别报告员。

41. 世界人权会议认识到妇女终生享受最高标准的身心健康的重要性。针对世界妇女会议、《消除对妇女一切形式歧视公约》和《1968 年德黑兰宣言》，世界人权会议依据男女平等原则，重申妇女有权享受充分的、易于获得的医疗保健，享受最广泛的计划生育服务，平等接受各级的教育。

42. 条约监测机构应利用按性别分列的资料，将妇女地位和妇女人权纳入它们的审议工作和调查结论。应鼓励各国在提交条约监测机构的报告中提供关于妇女在法律和事实上的情况。世界人权会议满意地注意到人权委员会第四十九届会议 1993 年 3 月 8 日通过了第 1993/46 号决议，认为也应鼓励人权领域的报告员和工作组这样做。提高妇女地位司还应与联合国其他机构、特别是联合国人权事务中心合作，采取步骤保证联合国的人权活动经常处理侵犯妇女人权的情况，包括针对性别的侵权。应鼓励培训联合国人权和人道主义救济工作人员，帮助他们认识并处理侵犯人权、特别是侵犯妇女人权的行为，在工作中避免性别偏向。

43. 世界人权会议促请各国政府、区域和国际组织便利妇女取得决策职位，更多地参与决策过程。它鼓励在联合国秘书处内采取进一步措施，根据《联合国宪章》任命和提拔妇女工作人员，并鼓励联合国其他主要机构和附属机构保证妇女能在平等条件下参与。

44. 世界人权会议欢迎 1995 年在北京举行世界妇女会议，并促请按照世界妇女会议的平等、发展、和平的优先议题，使妇女人权在其审议中占重要地位。

序二

第四、儿童权利

45. 世界人权会议重申"一切以儿童为重"的原则，在这方面强调有必要在各国和国际上为促进尊重儿童生存权、保护权、发展权和参与权作出重大努力，特别是强调联合国儿童基金会的努力。

46. 应采取措施争取使《儿童权利公约》在 1995 年之前得到普遍批准，争取世界儿童问题首脑会议通过的《儿童生存、保护和发展世界宣言》和《行动计划》，能得到普遍签署和有效执行。世界人权会议促请各国撤回对《儿童权利公约》所作的与公约目标和宗旨相抵触、或与国际条约法相抵触的保留。

47. 世界人权会议促请所有国家在可用资源的最大限度内，靠国际合作的支持，采取措施，争取实现《世界首脑会议行动计划》的目标。会议吁请各国在本国行动计划中结合《儿童权利公约》的规定。通过这些国家行动计划和国际努力，应特别优先设法降低婴儿死亡率和产妇死亡率，减少营养不良，减少文盲，让人们能享用安全的饮水和基础教育。必要时，国家行动计划应订有措施，以对付自然灾害和武装冲突造成的紧急困难以及同样严重的极度贫穷儿童的问题。

48. 世界人权会议促请所有国家在国际合作的支持下处理极端贫困儿童的尖锐问题。应与剥削和虐待儿童行为展开积极的斗争，正视其根源。需要采取有效措施制止杀害女婴、有害的童工雇用、贩卖儿童和器官、儿童卖淫、儿童色情以及其他形式的性虐待。

49. 世界人权会议支持联合国及其专门机构为确保有效保护和促进女孩人权而采取的一切措施。世界人权会议促请各国废止歧视和伤害女孩的现有法律和规章，消除这类习俗和做法。

50. 世界人权会议大力赞成建议请秘书长着手研究改进武装冲突中儿童保护办法。应执行人道主义准则，采取措施，保护战区的儿童，便利为他们提供援助。措施应包括提供保护，防范滥用一切战争武器，特别是杀伤地雷。必须立即正视受战争创伤儿童调养康复的需要。会议吁请儿童权利委员会研究提高武装部队最低征兵年龄的问题。

51. 世界人权会议建议联合国系统的所有有关机体和机制以及专门机构的监督单位根据各自职权定期审查和监测与儿童的人权和处境有关的事项。

52. 世界人权会议确认非政府组织在有效执行一切人权文书、特别是

《儿童权利公约》方面发挥的重要作用。

53. 尤其考虑到前所未有的许多国家已批准公约,随后需要提交国别报告,世界人权会议建议设法让儿童权利委员会能在人权事务中心协助下迅速有效地履行职权。

第五、免受酷刑

54. 世界人权会议欢迎许多会员国批准《禁止酷刑和其他残忍、不人道或有辱人格的待遇或处罚公约》,鼓励所有其他会员国也迅速批准该公约。

55. 世界人权会议强调,酷刑是一种最为残暴侵犯人的尊严的行为,其结果摧残受害者的尊严,损害他们继续生活和活动的能力。

56. 世界人权会议重申,根据人权法和人道主义法,免受酷刑是一项在所有情况下,包括国内或国际上发生动乱或武装冲突之时,都必须予以保护的权利。

57. 世界人权会议因此敦请所有国家立即停止使用酷刑,通过全面执行《世界人权宣言》和有关公约,以及必要时加强现行机制,来彻底根除这一罪恶。世界会议呼吁所有国家在酷刑问题特别报告员履行职责时与他充分合作。

58. 应特别注意确保联合国大会通过的《关于医疗人员,特别是医生在保护被监禁和被拘留的人不受酷刑和其他残忍、不人道或有辱人格待遇处罚方面的任务的医疗道德原则》得到普遍遵守和有效执行。

59. 世界人权会议强调,必须在联合国框架内进一步采取具体行动,以便向酷刑受害者提供援助,并确保采取更为有效的补救措施,促进受害者的身心和社会康复。应当优先考虑为此目的提供必要资源,包括向支援酷刑受害者自愿基金提供更多的捐款。

60. 各国应废除关于严重侵犯人权如施加酷刑者不受惩罚的法律,对这种侵犯人权行为进行起诉,从而建立扎实的法治基础。

61. 世界人权会议重申,铲除酷刑的努力首先应当集中在预防工作上,因此呼吁早日通过《禁止酷刑和其他残忍、不人道或有辱人格的待遇或处罚公约》的任择议定书，该议定书的目的是建立定期查访拘留地的预防制度。

被迫失踪

62. 世界人权会议喜见大会通过《保护人人不致被迫失踪宣言》，呼吁所有国家采取有效的立法、行政、司法或其他措施，防止、制止和惩治迫使人失踪的行为。世界人权会议重申，所有国家都有责任在无论何种情况下凡有理由认为在其管辖领土内发生被迫失踪事件即开展调查，如指控属实，即查办肇事者。

第六、残疾人的权利

63. 世界人权会议重申所有人权和基本自由都具有普遍性，因而毫无保留地适用于残疾人。人人生而平等，享有同样的生命权和得到福利、教育和工作的权利、独立生活的权利，以及在各方面积极参与社会的权利。因此，对残疾人的任何直接歧视或其他对之不利的差别待遇均属侵犯其权利。世界人权会议呼吁各国政府在必要时通过或调整法律，保证残疾人获得这些权利和其他权利。

64. 残疾人到处都有。残疾人的平等机会应当得到保证，为此要消除一切排除或限制他们充分参与社会、由社会情况决定的障碍，无论这些是身体、财政、社会障碍抑或心理上的障碍。

65. 忆及大会第三十七届会议通过的《关于残疾人的世界行动纲领》，世界人权会议呼吁大会和经济及社会理事会在它们 1993 年的会议上通过为残疾人提供平等机会的标准规则草案。

C.合作、发展和加强人权

66. 世界人权会议建议优先采取促进民主、发展和人权的国家和国际行动。

67. 应特别强调有助于加强和建设人权机构的措施、有助于加强多元化法治社会和保护陷入脆弱境况群体的措施。在这方面，尤有必要应各国政府要求为举行自由公正的选举提供援助，包括在选举的人权工作和宣传工作方面的援助。提供援助，加强法治，促进言论自由和司法工作，帮助人民真正和有效地参与决策过程,也属同样重要。

68. 世界人权会议强调必须落实加强人权事务中心的咨询服务和技术援助活动。中心应根据各国的请求,就具体的人权问题提供援助,包括编写各项人权条约下的报告和实施协调和全面的增进和保护人权的行动计划。加强人权和民主体制、用法律保护人权,对官员和其他人进行培训,从事广泛教育和宣传工作以促进对人权的尊重,均应成为这些方案的组成部分。

69. 世界人权会议积极建议在联合国内制订一个综合性方案,以帮助各国建立和加强能直接促进全面遵守人权、维护法治的适当国家机构。该方案应由人权事务中心进行协调,根据有关政府的请求,向国家项目提供技术和财政援助,改革刑法和教养机构,对律师、法官和治安部队进行人权教育和培训,支助其他一切与法治良好运作有关的活动领域。该方案将向各国提供援助,执行促进和保护人权的行动计划。

70. 世界人权会议请联合国秘书长向联合国大会提出建议,同时也提出拟议方案的设立、结构、活动方式和筹资的备选办法。

71. 世界人权会议建议每个会员国考虑是否可以拟订国家行动计划,认明该国为促进和保护人权所应采取的步骤。

72. 世界人权会议重申,《发展权利宣言》所确认的普遍和不可剥夺的发展权利必须获得执行和实现。在这方面,世界人权会议欢迎人权委员会设立关于发展权的专题工作组,并促请该工作组与联合国其他部门和机构协商与合作,为消除执行和实现《发展权利宣言》的障碍立即拟订全面和有效的措施,并提出各国实现发展权的方式方法,以便联合国大会能早日审议。

73. 世界人权会议建议让从事发展和(或)人权领域工作的非政府组织和其他基层组织在国家、国际一级发挥重要作用,积极参加与发展权利有关的辩论、活动和执行,在发展合作的所有有关方面与政府配合行动。

74. 世界人权会议呼吁各国政府、各主管机关的机构大量增加提供资源,用于建立能够保护人权、有效运行的法律制度和这个领域的国家机构。发展合作领域的参与者应铭记发展、民主和人权之间的相辅相成关系。合作应立足于对话和透明度。世界会议还呼吁制订全面方案,包括建立资料库,配备具有加强法治和民主体制的专门知识的人员。

75. 世界人权会议鼓励人权委员会同经济、社会和文化权利委员会合作,继续审查《经济、社会和文化权利国际公约》任择议定书。

76. 世界人权会议建议提供更多资源在人权中心的咨询服务和技术援助方案下加强或建立促进和保护人权的区域安排,它也鼓励会员国申请援助,以便按照国际人权文书规定的普遍人权标准加强区域安排,举办区域和分区域讲习班、讨论会和情报交流会等等,促进和保护人权。

77. 世界人权会议支持联合国及其有关专门机构按照《经济、社会、文化权利国际盟约》和其他有关国际文书的规定为确保有效促进和保护人权而采取的一切措施。会议呼吁所有国家充分遵守国际文书在这方面所订的义务。

D. 人权教育

78. 世界人权会议认为,必须开展人权教育、培训和宣传,以便促进和实现社区与社区之间的稳定和谐关系,促成相互了解、容忍与和平。

79. 各国应努力消除文盲,使教育目标针对充分发展人格,加强对人权和基本自由的尊重。世界人权会议呼吁所有国家和机构将人权、人道主义法、民主和法治作为学科纳入所有正式和非正式教学机构的课程。

80. 人权教育应包括各项国际和区域人权文书所载的和平、民主、发展和社会正义,以便达成共识和了解,从而增强对人权的普遍承诺。

81. 考虑到国际人权和民主教育大会 1993 年 3 月通过的《世界人权和民主教育行动计划》和其他人权文书,世界人权会议建议各国特别考虑妇女的人权需要,制订具体方案和战略,保证最广泛地进行人权教育和散发宣传资料。

82. 各国政府应在政府间组织、国家机构和非政府组织的协助下,促进对人权和相互容忍的认识。世界人权会议强调有必要加强联合国从事的世界公众宣传运动。它们应发起和支持人权教育,有效地散发这一领域的公众宣传资料。联合国系统的咨询服务和技术援助方案应能够立即响应各国的要求,帮助它们进行人权领域的教育和培训活动,特别是教育各项国际人权文书和人道主义法律所载的标准,并将这些标准适用于军队、执法人员、警察和医疗专业人员。应考虑宣布联合国人权教育十年,以推动、鼓励以及重点突出这些教育活动。

E. 执行和监测办法

83. 世界人权会议促请各国政府将国际人权文书中的标准纳入国家立法,并加强能在促进和保障人权方面发挥作用的国家结构、机构和社会组织。

84. 世界人权会议建议加强联合国的活动和方案,以满足那些希望建立或加强其国家机构、以促进和保护人权的国家的援助要求。

85. 世界人权会议还鼓励特别是通过资料交换和经验交流,加强促进和保护人权的国家机构的代表之间的合作,也加强同区域组织和联合国的合作。

86. 在这方面,世界人权会议极力建议促进和保护人权的国家机构代表在人权事务中心的主持下定期举行会议,研究如何改善他们的机制,分享经验。

87. 世界人权会议建议各人权条约机构、各条约机构主持人会议和缔约国会议继续采取步骤协调各项人权公约关于编写国别报告的许多要求和准则,研究是否确如建议所认为,由每一缔约国就其承担的条约义务提出一份全面报告可以提高这些程序效率,扩大这些程序的影响。

88. 世界人权会议建议国际人权文书的缔约国、大会和经济及社会理事会审议研究现有的人权条约机构以及一些专题机制和程序,以期考虑到必须避免职权和任务的不必要的重复重叠,更好地协调不同的机构、机制和程序,提高效率和效力。

89. 世界人权会议建议继续努力参照这方面的多项有关提议,改进条约机构的工作,包括监测任务,考虑到这方面提出的许多建议,特别是条约机构本身和条约机构主持人会议的建议。同时,也应鼓励采用儿童权利委员会所拟的综合性国家方针。

90. 世界人权会议建议人权条约缔约国考虑接受所有的任择来文程序。

91. 世界人权会议关切地注意到侵犯人权的肇事者逍遥法外的问题，并支持人权委员会和防止歧视及保护少数小组委员会努力审查这一问题的所有方面。

92. 世界人权会议建议人权委员会审查是否可能更好地在国际和区域一级执行现有人权文书，并鼓励国际法委员会继续进行设立一个国际人权法庭的工作。

93. 世界人权会议呼吁尚未加入 1949 年 8 月 12 日《日内瓦四公约》及其议定书的国家加入这些公约和议定书，并采取一切适当的本国措施，包括立法措施，以期充分执行这些公约和议定书。

94. 世界人权会议建议迅速拟定并通过关于个人、群体和社会机关促进和保护普遍公认人权和基本自由的权利和责任的宣言草案。

95. 世界人权会议强调有必要维持和加强人权委员会和防止歧视及保护少数小组委员会的特别程序、报告员、代表、专家和工作组制度，使他们得以在全世界各国执行其任务，并有必要向他们提供所需的人力物力。应定期举行会议，使各种程序和机制能够协调其工作，并使之合理化。请各国同这些程序和机制进行充分的合作。

96. 世界人权会议建议联合国在促进和保护人权方面发挥更积极的作用，以确保国际人道主义法在所有武装冲突中根据联合国宪章的宗旨和原则获得遵守。

97. 世界人权会议认识到人权内容对联合国一些维持和平行动的个别安排能起到重要作用，建议秘书长按照联合国宪章，考虑到人权中心和人权机制的报导、经验和能力。

98. 为了加强经济、社会和文化权利的享用，应审查新的一些做法，例如拟订一套指数，用以衡量在实现《经济、社会、文化权利国际盟约》所规定权利方面所取得的进展。大家必须协同作出努力,确保经济、社会和文化权利能在国家、区域和国际各级得到承认。

F. 世界会议后续行动

99. 世界人权会议建议大会、人权委员会和联合国系统内与人权有关的其他机关和机构考虑用什么方法立即全面执行本宣言所载的建议,包括可能宣布"联合国人权十年"。世界人权会议还建议人权委员会每年审查为此而取得的进展。

100. 世界人权会议请联合国秘书长在《世界人权宣言》发表五十周年之际邀请所有国家以及联合国系统内与人权有关的所有机关和机构向他报告执行本宣言方面的进展,并通过人权委员会和经济及社会理事会向大会第五十三届会议提交一份报告。同样,区域人权机构和相关的国家人权机构以及非政府组织也可向联合国秘书长提出它们对本宣言执行进展的意见。应特别注意评估朝向普遍批准联合国系统框架内通过的国际人权条约和议定书这一目标所取得的进展。

选自北京大学法学院人权研究中心:《国际人权文件选编》,北京大学出版社,2002年,第41~59页。

6.《和平权利宣言》(2016年)

大会,

遵循《联合国宪章》的宗旨和原则,

回顾《世界人权宣言》《公民权利和政治权利国际公约》《经济、社会及文化权利国际公约》和《维也纳宣言和行动纲领》,

又回顾《发展权利宣言》《联合国千年宣言》《2030年可持续发展议程》,包括可持续发展目标,以及2005年世界首脑会议成果,

还回顾《为各国社会共享和平生活做好准备的宣言》《各国人民享有和平权利宣言》和《和平文化宣言和行动纲领》,以及与本宣言主题相关的其他国际文书,

回顾《给予殖民地国家和人民独立宣言》,

又回顾《关于各国依联合国宪章建立友好关系及合作之国际法原则之宣言》郑重宣布下列原则:各国在其国际关系上应避免威胁使用或使用武力,或以任何与联合国宗旨不符的其他方式侵害任何国家的领土完整或政治独立;各国应以不危及国际和平、安全及正义的方式,用和平手段解决国际争端;各国有义务依照《宪章》不干涉任何国家国内管辖事务;各国有义务依照《宪章》彼此合作;各国人民享有平等权利与自决权;各国主权平等;各国应一秉诚意履行其依《宪章》所负义务,

重申所有会员国根据《宪章》有义务在国际关系中避免威胁使用或使用武力,或以任何与联合国宗旨不符的其他方式,侵害任何国家的领土完整或

政治独立,并有义务以不危及国际和平与安全及正义的方式,用和平手段解决国际争端,

承认更充分地培育和平文化与各国人民,包括生活在殖民或其他形式外来统治或外国占领下的人民实现《宪章》所载、国际人权两公约4及大会1960年12月14日第1514(XV)号决议所载《给予殖民地国家和人民独立宣言》所体现的自决权密不可分,

深信任何旨在部分或完全破坏一国国家统一和领土完整或政治独立的企图,都不符合大会1970年10月24日第2625(XXV)号决议所载《关于各国依联合国宪章建立友好关系及合作之国际法原则之宣言》中所述《宪章》的宗旨和原则,

确认以和平手段解决争端或冲突的重要性,

对一切恐怖主义行为深感痛惜;回顾《消除国际恐怖主义措施宣言》声明,恐怖主义行为、方法和做法严重违反联合国的宗旨和原则,可能威胁国际和平与安全、危害国家间友好关系、威胁国家领土完整与安全、妨碍国际合作,旨在破坏人权和基本自由,摧毁社会的民主基础;并重申,任何恐怖主义行为,无论动机如何、在何时由何人所为,均属犯罪,无可辩解,

强调反恐斗争中采取的一切措施均须符合各国根据国际法承担的义务,包括根据国际人权、难民和人道主义法承担的义务,以及《宪章》所载的义务,

敦促所有还没有加入与恐怖主义相关的国际文书的国家作为优先事项,考虑加入这些文书,

重申促进和保护所有人的人权和法治是反恐斗争的关键所在;确认切实有效的反恐措施与保护人权这两项目标并非相互冲突,而是相辅相成、相互促进的,

又重申联合国人民如《宪章》序言所述,决心避免后世再遭战祸、重申对基本人权之信念、促成大自由中的之社会进步及较善之民生,力行宽容,彼此以善邻之道,和睦相处,

　　回顾和平与安全、发展、人权是联合国系统的三大支柱，也是集体安全与福祉的基础；确认发展、和平与安全、人权是相互联系、相辅相成的，

　　确认和平不仅仅是没有冲突，而是要求有一种积极、活跃和参与性的进程，鼓励对话，本着相互谅解与合作的精神解决冲突，确保社会经济发展，

　　回顾承认人类大家庭所有成员的固有尊严及其平等和不可剥夺的权利是世界自由、正义与和平的基础；确认充分享有所有人固有的尊严所产生的一切不可剥夺的权利可促进和平，

　　又回顾人人有权享有能充分实现《世界人权宣言》所列人权和自由的社会和国际秩序，

　　还回顾世界对消除贫困和促进持续经济增长、可持续发展和全球共同繁荣的承诺，以及减少国内和国家间不平等之必要，

　　回顾必须根据《宪章》的宗旨和原则预防武装冲突，并承诺倡导一种预防武装冲突的文化，以此有效应对世界各国人民面临的相互关联的安全和发展挑战，

　　又回顾一个国家的充分和完全的发展，世界的昌盛及和平的事业，需要妇女最大限度地与男子平等参与所有领域的工作，

　　重申战争起源于人的思想，因此必须在人的思想中筑起保卫和平的屏障；回顾以和平手段解决争端或冲突的重要性，

　　回顾有必要加强国际努力推动全球对话，以尊重人权和宗教及信仰多样性为基础，在各个层面倡导一种宽容与和平的文化，

　　又回顾在冲突后情况下以国家自主权原则为基础的发展援助和能力建设，应让所有相关人员参与进来，通过康复、重新融入与和解进程恢复和平；确认联合国促成和平、维持和平与建设和平活动对全球争取和平与安全事业的重要性，

　　还回顾推广和平文化，讲授正义、自由与和平的人文教育，于人类尊严不可或缺，也是所有国家必须本着互助关怀的精神履行的职责，

　　重申和平文化是《和平文化宣言》中确定的一套价值观、态度、传统和行

为模式以及生活方式，而这一切均应当在有利于和平的国内和国际扶持型环境中培育，

确认温和与宽容作为有助于促进和平与安全的价值观的重要性，

又确认民间社会组织在建设和维护和平以及加强和平文化方面可以作出重要贡献，

强调各国、联合国系统和其他有关国际组织有必要划拨资源，支助通过培训、教学和教育争取强化和平文化和维护人权意识的方案，

又强调《联合国人权教育和培训宣言》对弘扬和平文化所作贡献的重要意义，

回顾在互信互谅的氛围下尊重文化多样性，践行宽容、对话及合作，乃是国际和平与安全的最佳保障，

又回顾宽容是对我们这个世界各种文化、表达方式和做人方式丰富多样性的尊重、接纳和欣赏，也是一种让和平成为可能、有助于弘扬和平文化的美德，

还回顾在基于法治的民主框架内，作为整个社会发展必不可少的部分，不断促进和实现在民族或族裔、宗教和语言上属于少数群体的人的权利，会有助于增强人民和国家之间的友谊、合作与和平，

回顾需要在国家、区域和国际各级制订、促进和执行相关战略、方案、政策和适当法律，可包括一些特别的积极措施，促进公平的社会发展，使种族主义、种族歧视、仇外心理和相关不容忍行为的所有受害者都能享有公民权利和政治权利，以及经济、社会及文化权利，

确认种族主义、种族歧视、升级为种族主义和种族歧视的仇外心理和相关的不容忍行为是人民和国家之间友好与和平关系的障碍，是许多国内和国际冲突，包括武装冲突的根源之一，

郑重邀请所有利益攸关方承认，全体人类、世界各国人民及所有国家务必践行相互宽容、对话、合作与团结，以促进和平，并以此认识指导自己的活动；为此，当代人应抱着避免后世再遭战祸的最高愿望，确保自身和后世均

学会和平相处，

宣告如下：

第1条

人人有权享有和平，从而使所有人权得到促进和保护，使发展得以充分实现。

第2条

各国应尊重、实践和促进平等与不歧视、正义和法治，保障人民免于恐惧和匮缺，以此在社会内部和不同社会之间建立和平。

第3条

各国、联合国和各专门机构应采取适当的可持续措施实施本《宣言》，尤其是联合国教育、科学及文化组织。应鼓励各国际、区域、国家和地方组织及民间社会支持和协助本《宣言》的实施工作。

第4条

应加强开展和平教育的国际和国家机构，以便强化所有人的宽容、对话、合作与团结精神。为此，和平大学应通过参与教学、研究、研究生培训和传播知识等途径，为开展广泛的和平教育这一重大任务作出贡献。

第5条

本《宣言》的任何内容不得解释为违背联合国的宗旨和原则。本《宣言》所载条款须依照《联合国宪章》《世界人权宣言》和各国批准的相关国际和区域文书来理解。

《联合国和平权利宣言》，联合国2016年12月19日第A/RES/71/189号文件，https://documents-dds-ny.un.org/doc/UNDOC/GEN/N16/454/64/PDF/N1645464.pdf?OpenElement.

五

人权理论研究

1. 自由主义人权思想

米尔恩[①]:道德与权利的多样性

（1）作为最低限度标准的人权

一种经得起理性辩驳的人权概念必须能够应付所有这些非议。兹将这些非议如下小结：

（a）作为由自由-民主权利和现代社会-福利权利构成的理想标准，人权概念使其中许多权利与包括第三世界在内的人类大多数无关。

（b）作为任何一种理想标准，人权概念都忽视了文化的多样性。理想若要连贯成理，就必须出自某种特定的文化和文明传统。属于另一传统的人们没有理由接受它。

（c）作为一种无论何时何地都属于全体人类的人权概念，它不仅忽视了文化的多样性，而且忽视了人的个性的社会基础。它以同质的无社会、无文化的人类为前提，但这样的人类并不存在。

（d）麦金泰尔的非议有三：第一，权利概念并不是在每个社会都能见到，也不是社会生活本身所必需的。此论的事实根据是，直到中世纪结束前夕，

---

　　① 米尔恩（A.J.Milne），英国法哲学家，1952 年在伦敦经济与政治学院获博士学位，先后在英国伦敦经济学院、英国贝尔法斯特女王大学、美国加利福尼亚大学、美国圣迭戈州立大学、英国达勒姆大学担任过教职。1983—1986 年，担任英国法律与社会哲学协会主席。著有《英国理想主义的社会哲学》《自由与权利》《持异议道德权利——政治哲学问题》。

古代和中世纪语言里没有任何可以被准确地译成我们所谓"权利"的词语。希腊人也没有用以表达"权利"的文字！第二，倘若真有人权，也无人可以知道它在近代以前存在过。第三，人权是不存在的，因为所有的为确信人权提供充足理由的尝试已告失败。相信人权，犹如相信女巫和独角兽。

我要论证的是经得起理性辩驳的人权概念不是一种理想概念，而是一种最低限度标准的概念。更确切地讲，它是这样一种观念：有某些权利，尊重它们，是普遍的最低限度的道德标准的要求。无论怎样，它们也不是自由-民主权利和现代社会-福利权利。所以，就所涉及的(a)而言，是用不着作答的。那么，(b)怎样呢？最低限度标准(以下简译低限标准)必定不能像理想标准那样出自特定的文化和文明传统吗？不，如果低限标准植根于某种社会生活本身的道德要求，那么，无论它采取何种特定形式，我都将认定低限标准在事实上能够适用于一切文化和文明，而不管它们之间有何种差异。我的论点若是正确的，也就回答了异议(c)。一种能适用于一切文化和文明的低限道德标准并不否认每个人在很大程度上是由其特定的文化和社会经历造成的。它不以所谓同质的无社会、无文化的人类为前提，相反，它以社会和文化的多样性为前提，并设立所有的社会和文化都要遵循的低限道德标准。这种要求为多样性的范围设立了道德限制，但绝不否认多样性的存在。低限道德标准的普遍适用需要它所要求给予尊重的权利获得普遍承认。用明白易懂的话来说，它们是无论何时何地由全体人类享有的道德权利，即普遍的道德权利。

(2)作为最低限度普遍道德权利的人权：初步的阐释

人权一定是普遍道德权利。但是，只有存在于作为其渊源的某种普遍道德才可能存在这样的权利。存在普遍道德之普遍适用的理性基础。它们和实践理性原则一起存在于康德的人道原则，由此产生了普遍的最低限度的道德标准。这个标准在消极的方面，要求人不能被仅仅当作手段；在积极的方面，则要求全人类在一切交往中始终遵循共同道德原则。所以，我们将共同道德不仅仅在作为每个共同体实际道德一部分的意义上，而且是在适用于一切人类而不论其为何种人、属于何种共同体和联合体的意义上，当作一种具有普遍意义的道德。作为共同体生活原则，共同道德原则对于道德的多样性来讲是中庸的。它们不拘泥于任何特定的生活方式、特定的道德，以及特定的制度、信仰和价值。不过，我们也看到，它们的普遍适用在一个重要的方面减弱了这种中立。任何要求或者只是容许将人仅仅作为手段来看待因而违反普遍标准的特定道德，就是有道德缺陷的。

　　"究竟为什么要有权利？"回答是，没有权利就不可能存在任何人类社会。无论采取任何形式，享有权利乃是成为一个社会成员的必备要素。不过，这并非完满的回答，因为它仅限于社会权利，未曾考虑到普遍道德的要求，即在消极方面和积极方向的普遍低度道德要求。将人仅仅作为手段，否定了属于他的一切东西，也就否定了他享有任何权利。如果他不仅仅被视为手段，而是被作为一个其自身具有内在价值的个人来看待，他就必须享有权利。这给了我们一个较为完满的答案。不仅仅是要有社会就要有权利，而且是若要遵从普遍的低度道德标准的要求，就必须让每个人类成员都享有权利。不过，这并未告诉我们这些权利究竟是什么。所以，必须考察共同道德原则，因为它在积极方面的普遍标准要求人们在一切人类交往中奉行之。共同道德原则里包含了每个人类成员必须享有的权利，即普遍道德权利，后者，就是严格意义上的人权。

　　敬重人类生命的原则有两个主要要求：第一，任何人不得被任意杀戮；第二，人的生命不得遭受不必要的危险的威胁。任意杀人在道德上被证明为不正当，但是，什么样的剥夺生命的行为在道德上被认为正当，并不是在一切场合、一切时代都是相同的。所以，以有关特定的社会道德作为特殊的参照来进行具体解释，是必要的。根据某些道德法典，不是根据所有的道德法典，决斗、堕胎和安乐死，属于任意杀害。对不必要的危险也该作具体解释。尤其这涉及就特定环境作审慎的分析。敬重生命的原则显然包含生命权。每个人都享有不遭受任意杀害、不受不必要的生命威胁的权利。相应的义务则是禁止以这些方式里的任何一种去对待任何人。用拉斐尔的话讲，这种权利是一种消极的承认权。依霍菲尔德所见，这种权利由两项豁免权构成；免于任意杀害和免于不必要地面临危险。

权利人通过抵抗任意杀害他的图谋和抗拒做任何无故威胁其生命的事情来行使其生命权。在这样行使权利时，生命权授权他未来自保可以采取他所能采取的一切行动，假如他不侵犯任何无辜者的生命权利的话。这意味着，作为自保权，生命权既是行为权也是消极接受权，用霍菲尔德的话讲，它是一种权力权，因为威胁它的人要承担权利人在行使其权利时所采取的任何防卫措施的后果。在这里，道德的多样性也具有重要意义。正如我们在提到决斗、堕胎和安乐死时所看到的，对任意杀害的认定不是在任何时间、任何场合都相同的。所以，根据一种道德法典认为侵犯生命权的，根据另一道德法典却未必。这与宽泛把握的关于人权的概念是相矛盾的，后文将对此进一步的论述。不过，还是存在无论何时何地都可视为任意杀人的情况，因为它从消极方面违反了普遍的最低道德标准，即将人仅仅当作手段，根本不视为同类。例如，出于私人目的、社会权宜处理或虐待狂的快乐而杀人。倘若特定的道德以受害人属于"劣等种族""人民公敌"或者属于其成员看作社会牺牲品（如"不可接触的人"）的阶级为理由，而允许这种杀害，那么，这种特定的道德就坏透了。不认定此种杀害为任意而且容许它，这已表明这种道德本身在道德上是有缺陷的。

（3）作为最低限度普遍道德权利的人权：进一步的阐释

共同道德原则的第一组已经包含两项人权，即生命权利和以公平待遇为形式的公正的权利。它们是独立的，并且在逻辑上，前一项权利高于后一项。否认人的生命权，事实上就否认了他的公平对待权，因为，如果道德上允许杀害他，那么，在道德上他就不可能被授予得到公平对待的权利。可是，当公平对待权被否定时，生命权可能还被承认。奴隶制度即为明证。我们已经看到，共同道德的第二组原则全部是以"给其所应得"为一般形式的正义中推论出来的。满足无时不在无处不有的共同道德原则所提出的特定要求，是每一个人类成员的义务。其中所包含的权利因此是进一步的人权。正如我们将要看到的,包含此类权利的每一项原则都有一项例外。这一例外就是社会责任。

作为社会生活原则,社会责任要求每一个共同体成员在维持和推进共同体利益方面发挥作用。一旦发生冲突,必须让共同利益高于个人利益。为满足这一要求,每个社会成员对社会合作关系负有责任。这也适用于联合体的场合。联合体成员对团体利益负有同样的责任。这意味着包含于社会责任原则中的唯一的权利,是由作为合作组织的共同体或联合体所享有的权利。这就是霍菲尔德的权力权。为了维护和增进社会利益,该权利使共同体有资格通过其立意代理人去组织和规范其成员行为。与这一权力权相关联的是共同体成员所担负的在必要的范围内使其行为组织化、规范化的义务。共同体能够动用这个权力做什么,是有道德限制的,其成员所享有的公平对待权利必须得到尊重。这意味着应该公平地分配为共同体利益所必需的负担和牺牲。社会责任原则还设立了对其成员自由权的限制,其成员负有满足这一要求的义务。这意味着他们绝不享有从事与其义务相冲突的行为的自由权。

社会责任原则能够适用于任何形式的国际共同体。国际共同体的利益在于不仅能够使每个成员国得以生存,而且能够使之尽可能繁荣的条件。因此,该原则要求所有的民族政府进行合作,以增进这一利益,并且将民族自身的利益追求置于这种合作要求之下。这些要求也适用于国际共同体内的联合体。例如,双边合作、工业组织(诸如石油输出国组织、欧洲经济共同体)以及民族政府之间的同盟和联合等。现代技术的全球性影响意味着,如果人类要生存下去,国际共同体就是必不可少的,更不用说人类要走向繁荣了。现代技术已经将世界的所有部分联系起来,并导致了世界范围的商业和工业的相互依赖。不过,它也制造了广泛毁灭的尖端武器并随时准备使用它。与当今国际共同体利益明显相关的两件事情,是保卫世界和平和保护自然环境。其他的则包括控制世界人口的增长和减少贫困。联合国是世界人类共同体的一种极不完美的体现,但它至少把社会责任作为一项普遍道德原则来适用提供了一种场合。此项原则和行善原则一起,要求各民族政府懂得它们作为联合国成员的各种责任,以便使联合国成为世界人类共同体的一种较完美的体现。

选自[英]米尔恩:《人的权利与人的多样性——人权哲学》,夏勇、张志铭译,中国大百科全书出版社,1995年,第6~7页、124~157页、162~165页。

莫恩①:人权是最后的乌托邦

(1)人权之前的人性

建立起权利与国家之间的基本连结是重要的,因为这也为权利与人性普世主义之间的联系赋予了截然不同的解释。对许多人来说,今天的人权仅仅是一种历史悠久的普世主义或"世界主义"信仰的现代版本。倘若古希腊人或《圣经》宣称人类是同根同源的——通常人们是这么认为的——那么他们就必须在人权史上占据自己的位置。但事实上,在历史上有许多不同甚至相左的普世主义信仰,而每一种信仰都坚称,所有的人都属于同一个道德群体,或者——如1948年的人权宣言所说——属于同一个"家庭",在此之后,这些信仰产生了分歧,关于什么是人类共享的,什么应当被认为是善的,什么规则是他们必须遵守的,等等。

因此,基于国际权利的普世主义只能算是世界历史中诸多普世主义理想中的一种。而且事实上,权利与国家之间的长期纠葛更有助于把权利确证为一种很站不住脚的世界主义——其更多的是在历史上鼓动不同国家和民族进行繁衍和竞争,而不是帮助人们设想一个没有道德边界的世界。在启蒙时代之后,在国家与民族中寻找权利就意味着难以坚持那种时而与权利一道被援用的普世主义。许多19世纪的观察家都对此感到好奇,如果国家是产生

---

① 莫恩(Samuel Moyn),哈佛大学法学与历史学教授,曾任哥伦比亚大学历史系詹姆斯布赖斯讲座教授,于2000年和2001年分别获得加州大学伯克利分校历史学博士和哈佛大学法律博士。主要研究欧洲现代思想史,偏重于政治与法律思想、史学理论和犹太研究,关注人权的历史研究。2008年获古根海姆奖金。参与编辑《人文》《现代思想史》等学术杂志。著有《他者的起源》《辩论大屠杀》《最后的乌托邦》等。

权利政治的必要条件,那么除了国家本身的权威及其在本土的重要性,还有什么东西能作为权利的真正本源呢?

最后,权利概念的产生并不意味着普世主义之争的即刻结束。在现代历史当中,颇具特色的全球主义和国际主义始终存在,但是它们必将被驱除,从而使一座基于个人权利的乌托邦得以成为"期待更美好的世界"的唯一标语。对人权的最佳理解就是:权利学说(其包含了世界历史中一种晚近的普世主义)在与其国际主义的新、旧对手的激烈斗争中幸存了下来,并在当代改头换面,摇身变成"人权"。正是在这些晚近的发展中,当代信仰与实践的源头亟待发现;至于剩下的则属于古代史的范畴。

自从其登上政治舞台之后,人权就经常被宣称为"人与生俱来的权利"。人类属于同一个群体,这一不加限定的假设或许早在有史记载以前,在人和神、动物区分开来的时候就存在了,尽管这些群体之间的界限从来都是可以逾越的。但是,人性普世主义——包括古希腊哲学和一神论宗教中的各种普世主义——与人权史是无甚关联的。原因主要有两个。其一,这些普世主义渊源为过去几千年中的大量学说和运动提供了原料;其二,与这些渊源相关的仅仅是那些为了实现后来的"人权"而必须抹掉的其他要素。古希腊人和犹太人都需要"公正",尽管其根植于非常不同的自然渊源与神学渊源。从那以后,诸多后继的普世主义形成了。但是,它们的概念迥异,留下的遗产也不尽相同,仅仅如此就足以使人怀疑它们是当代道德伦理的来源。在世界历史中,重要的并不是通往普世主义的诸多突破中的某一次,重要的是人权如何成为一种在今天看来唯一可行的普世主义。

(2)人权与战争的关系

不管在国际上有什么新的重要性,"人权"在20世纪40年代的核心意义,和过去那种本国内的人的权利的传统一样,与现代国家保持着一致——人权统一了诸国的基本原则。在这些年里,人权条款的逐渐制定,确实要比确立一种全新的、有关人权潜在的全球地位的政治理解,走得更远。尽管《世界人权宣言》确实是由一个国际组织宣布的,但正如其文本所表明的那样,它仍然保留着国家的神圣性,而不是将这种神圣性取而代之。既然如此,如果还有其他什么意义的话,那就是它更多地保留了有关人与公民的权利的记忆,而不是指向未来的某种借助法律的超国家治理的乌托邦。在 20 世纪 40 年代中期,将社会及经济权利纳入人权是一件非常重要的事情,尽管它们是公民斗争的早期产物,而且对国际秩序仍未构成什么影响。不过从另一个角度来看,宣告权利这一古老的观念,在战后拥有了崭新的面貌:既不像在英裔美国传统中那样,把权利说成是特权的真正范围,也不像在法国那样,把权利当作第一原则,《世界人权宣言》是作为一种事后的回想出现的,它是对世界政府的基本原则所做出的回应,而它本身并没有对后者产生什么影响。

后来,一个非常不同的回顾性视角聚焦于战后时刻,极大地篡改了这一时刻,即使它允许这个时刻的某些内容得以复兴。人权的宣告非但不是一个出生即死的故事,反而成了一个死后即生(尤其是犹太人之死)的故事。就在不久之后的联合国大会上,在围绕《世界人权宣言》探讨的数周内,犹太人所遭受的种族屠杀并未被提及——尽管在为有关保护的具体条款进行辩护时,或是在讲述置人类尊严于不顾所造成的后果时,他们会一再地提及纳粹的种种野蛮行径。这更多的是一种有关大屠杀的晚近记忆——其支持对于纽伦堡审判的暧昧理解,这在现实中导致了对犹太人所陷入的特别困境的漠视——而没有形成一种在道德上为人熟悉的、对大规模暴力做出回应的传统。更为重要但看上去根本不明显的是,在当时,纽伦堡审判及相关的法律创新——例如灭绝种族罪公约——与人权条款的逐渐制定一样, 被认为是同一事业的组成部分, 更别提它们还身处后者的保护伞下——尽管它们现在经常被当作一项独立而多方面的成就。灭绝种族罪公约幕后的主要推手拉斐尔·拉姆金就认为他的运动与联合国的人权计划之间是有出入的;而且不管怎么说,在之后的日子里,这一公约在公众的想象中,确实要比《世界人权宣言》来得更加边缘化与无足轻重。

然而,在 20 世纪 70 年代以后,尤其是在冷战以后,把第二次世界大战理解成一场追求普世正义的战役成为惯例;令人意外的是,人们竟然发现有一些阵营在积极地致力于人道的国际秩序。对于战争后果抱有的这种不准确的、去政治化的看法虚构出了一部神话,认为人权是作为一种对于世纪之罪的直接回应生根发芽的;这种看法混合了在更为晚近的时刻寻找当代乌托邦想象的发明的重要性。确实,对于人权的承诺是作为大屠杀记忆的结果被具体化的,尽管要等到几十年之后,当人权被召唤去为崭新的目的而服务。关于 20 世纪 40 年代的人权时刻,事实上最重要的并不是这个时刻的到来,而是——像更深远的过去一样——这个时刻必须在事后被重新塑造,而不仅仅是被恢复。

(3)人权的诞生

人权的诞生完全是从反政治开始的,然后再向作为实践计划的人权推进的。那么是否正是因为处在这样的诞生环境中,人权本身才会有缺陷的呢?这个推进的过程之所以艰难曲折,是否也是因为在这个过程中,人权是被构建为个人权利的结果,或者说,是否是因为这个推进过程无视那些为实现这些权利而存在的经济以及更宏观的结构关系的结果呢?又或者说,这样的无视是一个充满混乱的扩张过程,而问题是,是否仅仅因为要把与现有的政府计划及政府间计划的合作和对于这些计划的批评相结合才造成了这个过程的重重困难呢?再或者说,对这个推进过程最初的关键态度是否就旨在于要赋予批评的力量呢?这些都是在起初就要回答的问题,因为我们可以意识到,人权作为一个最佳的承诺载体——承载着对于一个更好的世界的期望——所受到的限制,这些令人不满意的地方至少是人权成功推进时所必须面对的重负。至于长期来看这会有何种重大的后果,现在来谈还为时过早。

与其通过追溯历史,以强调人权在过去有着多么深厚的根源来为人权立碑,还不如承认人权确实是件新兴事物,承认其出现是多年的偶然。毕竟,重要的是将人权的出现与有关乌托邦理念——某种发自内心的、旨在为令世界变得更美好的欲望——的历史联系起来。如今,一个众所周知的事实是,人权的出现只是一种形式的乌托邦主义,而它之所以在今天仍旧存在,完全是因为人权乌托邦渡过了其他乌托邦主义无法熬过的难关。但是,这并不意味着,对于政治乌托邦需要保持着冷静与警惕。所以,人权计划会面临着这样一个重大的抉择,即到底是去拓宽其领地以至于能够更光明正大地承担起政治的重负,还是把位子腾空,让给其他那些新的、但尚未被明确绘制出来的政治理想呢?

在某些意义上,抉择已经做出:因为人权的议程已经拓阔了其范围——或者说,它不得不如此,所以它也就不可避免地成为某种新事物。然而,这样的转型过程既不是轻而易举的,也不是显而易见的,它的发生应该也是有意为之而非偶然碰巧的结果。最终在该领域成为一名专家的法学教授亨利·斯坦纳最近开始负责起哈佛法学院的人权计划,他对于人权运动提出了明确的警告,告诫我们需在不同的意义上仔细区分出两项非常容易被混为一谈的任务,即作为避免大灾祸意义上的人权和作为乌托邦政治意义上的人权。"整个人权的内容包含了各种权利与自由,其内涵十分丰富",斯坦纳注意到,一些规范表达了可被称之为人权运动的反灾祸的目的或维度的内容,即阻止会对人道造成伤害的大规模灾难。该目标同时又以其他相关的但又截然不同的乌托邦维度作为补充来完善人权,即给予人们以自由和能力去发展他们自己的生活以及世界……若你忽视了这个关键点,则是绝对"不行的",因为那会造成不可避免的混淆以及直接的冲突。从历史角度来看,斯坦纳的区分是错误的。事实上,正是因为底线主义和乌托邦主义,这两者是不可分离、合二为一的,所以人权才会在这个世界上有了一席之地。但是,维持两者结果的条件转瞬即逝,而且很早以前就消失了。

今天,这些目标——通过诉诸作为底线的伦理规范避免大灾难以及通过诉诸作为最高理想的政治眼光来构建乌托邦——是彻头彻尾的不同。一个目标在起初的时候还和人权在道德化倾向上所取得的进展保持着一致;而另一个目标则是来自于人权自那时起就赋予的强烈期望,那些充满着奇思妙想同时又互有张力的期望。第一种人权可以坦然地面对无解的困境,并且声称,为了未来,它必须为那些真正的政治理想留下互相竞争的空间:寻找方式去抑制竞争,这样可能就不会导致灾难,但是这样做,它就无法在其他方面发挥作用。然而那样的话,人权就无法成为一个普遍性的宣言或世界观,或理想。如果人权是凭借诉诸道德才获得权威性的话,那么作为另一种类型的乌托邦理念,人权就会轻而易举地摇身为致使政治更替的因素,使得那些实际上充满争议的强烈愿望看起来会没有那么多的争议性,就好像对于如何为一个非常不公正的世界带去个人和集体自由这样的问题,人类尚未表现出困惑或分歧一样。

人类在诞生之时就怀着超越于政治的渴望,如今已经成为新的人类政治的核心话语,这一话语从过去的左派与右派的意识形态之争中汲取了能量。随着人权发展成左右两派的共同标准之时,大量关于转型、规范以及"治理"的计划在全世界范围内互相竞争。但是,如果自20世纪70年代的人权爆发之时算起,人权在三十年里已从道德走向了政治,但是那些人权拥护者们并不总会直接地承认这个事实。人权是从对于"无权者的权力"的主张中诞生的,所以其必然会与有权者的权力紧密地联系在一起。如果"人权"象征着千万种互相竞争的政治计划的话,那么不管怎么样,其依然是在利用政治在道德层面上的超越性,这种超越性在人权取得最初的成就时就相伴随至今。所以,可能现在还为时不晚的是,去思考人权这个概念以及基于这个概念而展开的运动是否应该给予自身一个最低程度的限制,将自身限制在责任政治的意义上,而非一种在自身的最高意义上所呈现的新的政治类型。如果人权使人联想到一些新的、需要捍卫的核心价值的话,那么人权就不可能是所有人的一切。换句话说,最后的乌托邦不可能是一个道德的乌托邦。至于人权是否有资格去定义未来的乌托邦主义仍旧是一个悬而未决的问题。

选自[美]塞缪尔·莫恩:《最后的乌托邦——历史中的人权》,汪少卿、陶力行译,商务印书馆,2016年,第13~14页、77~79页、225~228页。

2. 权利本位的主张

耶里内克①:人权是宪法的渊源

(1)1789 年 8 月 26 日法国《人权与公民权利宣言》及其意义

法国国民议会于 1789 年 8 月 26 日宣布的《人权与公民权利宣言》是法国大革命诸多实践中最有意义的事件之一。对这一宣言的批评观点针锋相对。完全认识到其重要性的政治科学家和历史学家不断地得出结论,认为这一宣言在攻克巴士底狱之后席卷全国的无政府混乱状态中起到了推波助澜的作用。他们指出宣言的抽象表述是含糊不清因而是危险的,宣言脱离了政治现实并缺乏实践的政治艺术。他们认为宣言空洞的爱怜搅乱了人们的头脑,破坏了冷静的判断;掀起了激情,并阻滞了人们的责任感,因为在宣言中根本没有提到责任这一字眼。另一方面,其他人,尤其是法国人,则高度赞扬宣言,认为它开启了世界历史中的新篇章,并把"1789(法国人权宣言)的原则"称颂为第一种(无可置疑的)教义,其中的原则是形成政府结构的永恒基石。同时,他们还把宣言认为是法国给予人类的最珍贵的礼物。

---

①   耶里内克(G.Jelinek),德国著名法学家、政治学家,法律实证主义的重要批判者之一。曾在维也纳大学、海德堡大学与莱比锡大学学习哲学、历史与法律,获得哲学博士与法学博士学位。其在短暂的行政工作之后,开始在维也纳大学教授国家法与国际法。1889 年,其因犹太出身而无法获得进一步升迁,不得不前往柏林,在那里获得教授职位,此后先后在巴塞尔、海德堡等地任教。1896 年,荣膺普林斯顿大学名誉博士。其一生都在与 19 世纪后期主导德语公法学界的法律实证主义抗争,坚持在社会与政治中理解公法理论。其"伦理最低限度"的法律定义,及主观公权利体系对德国法学产生了持久影响。其代表作有《法的社会意义》《主观公权利体系》《人权与公民权利宣言》《国家学通论》等。

相比起法国宣言的历史和政治意义而言，人们较少关注的是这份宣言在法律史中的重要性，这种重要性一直持续至今。无论宣言大而化之的宽泛表述是否有价值，毫无疑问是在宣言的影响下，个人的公共权利(the pubilic rights of the individual)的观念在欧洲大陆国家的实证法中发展了起来。直到宣言出现之前，在公法文献中我们可以找到政府首脑的权利，某些阶层的特权，个人或某些特别团体的特权，但是臣民的普遍权利则只能以对政府的义务的形式出现，而不是以确定的个人权利可以对抗作为一个整体的国家这一观念，而这一观念在此之前只在自然法中存在。这一观念接着出现在1791年9月3日颁布的法国的第一部宪法之中。这部宪法在宣言的基础上设定了一系列由宪法保证的自然和公民权利(droits naturels et civils)。与投票权一起出现的还有"受到宪法保证的权利"(droits garantis par la constitution)，这一权利上一次被列举是在1848年11月4日颁布的宪法中，这些权利形成了关于个人的公共权利的法国理论和实践。在法国的人权宣言的影响下，类似的被列举的权利被引入了欧洲大陆各个国家的宪法之中。这些不同的用语则多多少少适应了各自国家的特殊情况，并因此经常展现出内容上的差异。

在德国，1848年之前的宪法大都包含了臣民的权利这部分内容。1848年在法兰克福举行的国民宪法会议通过了"德国人民的基本权利"，这些权利作为联邦法律在1848年12月27日公布。尽管后来1851年8月23日联邦决议宣告上述权利无效，但它们依然有着长久的影响，因为许多具体的条款几乎被逐字逐句地吸收进现行的联邦法律。1848年后，这些被列举的权利在欧洲宪法中大量出现。首先是在1850年1月31日的《普鲁士宪法》中，然后是在1867年12月21日出现的《奥地利国家基本法》中的"国家国民的普遍权利"之中。最近则出现在巴尔干半岛新独立的几个国家的宪法之中。

值得注意的例外是1867年7月26日颁布的《北部德国联邦宪法》和1871年4月16日颁布的《德意志帝国宪法》，这两部宪法完全没有对基本权利的表述。不过，《德意志帝国宪法》倒是可以省却这样的宣言部分，因为它已经被包含在大多数州的宪法之中了，并且正如上面所说的，一系列的联邦法律已经立法确立了法兰克福国民宪法会议通过的那部宪法的基本权利的原则。除此之外，对于帝国国会而言，国会的特别关注在于承担授予国会的保护基本权利的职责，而由于州宪法以及联邦宪法作为补充的规定，国会在修改宪法时并不需要遵守特别形式，因此就没有必要再在基本权利保留位置。事实上，德意志帝国个人所拥有的公共权利要远大于大多数已经在州宪法中规定了个人权利的州的个人权利。这一点只要看一下奥地利的立法、司法和行政实践就可以明白。

然而，不管我们对这些抽象原则持有什么意见——这些抽象原则只有通过具体的立法程序才能获得生命力，并能影响到个体的法律地位，对这些原则的承认是历史性地与第一个《权利宣言》相联系的这一事实，使得对于宪法史来说，确定 1789 年法国人权宣言的来源成为一项重要的任务。这项任务的重要性对于解释现代国家的发展和理解国家保证的个人的地位来说都具有重要意义。

（2）北美各州的权利法案是《人权宣言》的模板

权利宣言的观念可以在法国国民议会召开之前的法国找到其表述。这一观念已经在几部陈情书中找到。纳姆辖区陈情书就很值得注意，因为它已经包含了一章节叫作《人和公民权利宣言的必要性》，并且勾画了一个包含30 章的宣言的计划。在其他类似的计划中，巴黎的第三等级陈情书对此显示出一些兴趣。

不过，在国民议会中，是拉法耶特在 7 月 11 日国民议会中提出了颁布与宪法相关的权利宣言的动议，这样就在国民议会面前出现了一个提出颁布人权宣言的计划。一个流行的观点是拉法耶特是受到美国《独立宣言》的启发而提出这个动议的。而北美殖民地《独立宣言》更进一步被宣告为国民议会在宣布《人权宣言》时心目中的模型。北美《独立宣言》尖锐、犀利的言辞风格和这一美国文献所展示的实践性的品格被许多人认为是值得赞扬的，这些特性与法国《人权宣言》令人困惑的含混冗长的教条式的理论形成了鲜明的对比。其他人则把美国宪法第一批十条修正案作为一个更适合的对比目标,甚至认为美国宪法修正案对法国《人权宣言》产生了某些影响,完全不顾美国宪法第一批修正案是 1789 年 8 月 26 日之后才存在这一现实。产生这一错误的原因在于:1789 年的《人权宣言》已经逐字逐句地体现在 1791 年 9 月 3 日的法国宪法中,对于那些不熟悉法国宪法历史的人,以及那些只看到文本的人来说,法国《人权宣言》好像是后来才出现的。

事实上,如果我们越过法国《人权宣言》往回看就会发现 1776 年 7 月 4 日的美国《独立宣言》就已经包含了对一系列的人的权利的阐述。

然而,美国《独立宣言》只包含着一段关于权利的宣言的段落。这一段是:

> 我们认为这些真理是不言而喻的。人人生而平等,造物主赋予他们若干不可剥夺的权利,其中包括生命权、自由权和追求幸福的权利,为了保障这些权利,人类才在他们之间建立政府,而政府的正当权力,是经过被治理者的同意而产生的。当任何形式的政府对这些目标具有破坏作用时,人民便有权力改变或者废除它。

这一段话在内容上是如此笼统以至于很难从中读出或者说推导出一套权利系统。因此,从根本上来说,美国《独立宣言》不可能作为法国《人权宣言》的模本。

这一点可以通过拉法耶特自己的论述加以印证。在拉法耶特的《回忆录》一书中一个几乎被完全忽略的地方,拉法耶特提到了他在法国制宪会议上提出发表《人权宣言》的动议时心目中的模板。他非常肯定地指出北美自由州的联邦议会在当时根本就不曾拥有为各个拥有主权的州设立有约束力的权利规则的地位。他指出的事实是:《独立宣言》仅仅设定了人民的主权原则以及人民改变政府形式的权利。其他的权利则是从被包含在所列举的英王侵犯的北美人民的权利之中推论出来的, 这些对北美人民权利的侵犯行为使得北美与母国——英国的分离成为正当的。

然而,各州的宪法之前都有权利宣言作为序言,这些权利宣言对于各州人民的代表都是有约束力的。第一个设立了应当被称作权利宣言的州是弗吉尼亚州。

弗吉尼亚州和其他独立北美各州的权利宣言才是拉法耶特的提议的来源。这些权利宣言不仅影响了拉法耶特,而且影响了所有试图提出权利宣言的人。即使上文所说的权利请愿书也受到了这些权利宣言的影响。

北美独立各州的新宪法在当时的法国广为人知。早在 1778 年,一本题名献给富兰克林的关于北美各州宪法的书籍的法语译本已经在瑞士出现。在本杰明·富兰克林本人的鼓励下,另一本出版于 1783 年。这些北美独立各州的宪法对法国大革命时期的立宪运动的影响并没有被充分地认识。在欧洲,直到近代人们还只知道美国联邦宪法,而在现代宪法史上具有重要地位的北美各州宪法却不为人知。这一点尽管还没有得到某些著名历史学家和公法学者的认可,但事实是很明显的:北美各州拥有最早的宪法。在英国和法国,北美各州宪法的重要性已经开始被承认,但是在德国,它们几乎没有被注意到。毫无疑问,在很长时间内,这些更加古老的宪法作为一个整体在欧洲很难接触到,但是,通过美国参议院的编排,包含美国最早时期的宪法的书籍已经出版,现在个人可以知晓这些非常重要的文献。

法国大革命的《权利宣言》绝大部分都是从美国各种各样的"权利宣言"里抄过来的。法国《人权宣言》的各种草案,无论是在请愿书中提出的,还是在国民议会上提出的 21 条草案,只不过多多少少在简洁的程度上或者涵盖范围上,在表述的精巧或笨拙上与它们的美国原型有点差异而已。但就实质性的增加而言,法国的《人权宣言》只不过是增加了一个属于政治形而上学纯粹理论的教条式的声明而已。

(3)人权和条顿权利观念

对于正确地从法律的角度去理解国家和个人的关系来说,存在着两种均能被逻辑地加以推导出来的可能性。一种可能认为:个人权利的所有范围都是由于国家的授予和许可所产生的。另外一种可能则认为：国家不仅产生了个人权利，而且还给个体留下了一定程度的自由。国家自己不会以整体利益的名义要求(限制)这些自由。无论如何，国家并没有创造这些自由，而只是承认这些自由。

第一种观念是建立在国家全能的基础之上的。这种观念在16世纪和17世纪的专制主义者的信条中得到最明显的体现。

另一方面，第二种理论则是与历史事实相对应的条顿式的权利观念，这些历史事实是在国家权力的逐步发展中形成的。如果自然权利是一种没有历史语境的权利，那么对于现代国家来说，第一种理论就相当于是自然权利理论，第二种则是历史权利理论。无论这些获得了承认的自由的边界随着时间的改变如何变迁，这些边界始终存在的观念在条顿民族中从未消失，即使是在专制国家的时期。

相应地，这种自由不是被创造的，而是被承认的。这种自由是国家在自我限制并在界定必须保留给统治者的空间与国家为个人提供的空间时承认的。因此，剩下的东西与其说是一种权利，倒不如说是一种环境。自然权利理论的巨大错误就在于把自由的现实环境当作了一种权利并把这种权利赋予了一个更高的权力，并相信这个更高的权力创造并限制了国家。

初看起来，一个人的行动是直接由国家准许的还是只是间接地由国家承认的这个问题并没有什么重要的实际意义。但是，法律科学的任务不仅仅是训练法官和执法官员以及教会他们如何决定疑难案件。厘清在个人和社会共同体之间存在着的真实界限是任何有远见的人类社会必须要解决的最高问题。

选自[德]格奥尔格·耶里内克：《〈人权与公民权利宣言〉——现代宪法史论》，李锦辉译，商务印书馆，2013年，第1~5页、9~13页、58~59页。

佩里①:权利的新生

（1）"人权"是什么?

当我们阅读任何一份人权文书——无论是国际的、区域的还是国内的，都会找到其中的实体性条款。这些实体性条款与程序性条款存在很大区别，后者主要涉及的是诸如监督机构、国家报告提交义务等内容。实体性条款则规定具体行为;或者更准确地说,实体性条款主要是指明政府行为的规定,既包括政府不可以对人们做什么,也包括政府应当为人们做什么。正如哈贝马斯所强调的那样,"人权",无论作为日常词汇还是专业术语,都已成为这类规则的首要用语。并且随之而来的,"权利"的表述必然衍生出"义务"的规定:说 A 有某项"权利",则 B 不能对 A 做 X,这就意味着 B 有不能对 A 为 X 的"义务";同样的道理,说 A 有 B 须对 A 做 Y 的"权利",则意味着 B 有对 A 做 Y 的"义务"。

然而,需要注意,我们在说存在某一权利——即存在某一行为规则时,并不意味着这一权利/规则本身即拥有了任何权威;我们其实是在宣称该权利:①源自上帝而具有了合法性,②由"理性"而证明其正当,③受一国法律体系的保障,④列入某缔约国所签署的条约中。宣称某一特定权利具有这样或那样的权威,——比如说该权利是有"理性"加以背书的——往往是存有争议的,甚至很可能是虚假的。

正如各种国际人权条约——包括我在前文中提及的那些——所载明的:

> 凡涉及国际人权,义务承担者包括政府行为人在内。
>
> 绝大多数国际人权,政府行为人是唯一义务承担者。

① 佩里(M.J. Perry),美国宪法学家,埃默里大学罗伯特·伍德拉夫讲席教授,法律与宗教研究中心高级研究员,《法律与宗教》期刊的合作编辑。他曾于西北大学、维克森林大学担任讲席教授,并在耶鲁大学、纽约大学担任访问教授。其研究侧重于三个领域:人权理论、宪法权利、法律与宗教问题,先后出版《宪法、法院和人权》等十二本专著。

有部分国际人权，义务承担者包括政府行为人以及非政府（及私人)行为人。

绝大多数国际人权,权利享有者均为全体人类(此指自然人)。

有部分国际人权,权力享有者不包括全体人类而仅指部分人群。

《儿童权利公约》是目前批准国家数最多的一项国际公约,它可以作为一个例子说明有些权利享有者不是全体人类而只是部分。《公约》(第37条要求政府"确保:(A)对未满18岁的人所犯罪行不得判以死刑或无释放可能的无期徒刑";第38条要求政府"应采取一切可行措施确保未满15岁的人不直接参加敌对行动"。

就像《公约》(第37条和38条所反映出来的那样,政府对某类人群所为之举是正当的并不必然意味着其对所有人群为同样的举动也是正当的;政府招募承认加入军事组织是合法的，但并不意味着招募童军也合法。同样地，政府可以对能力健全的普通人消极不为之事并不必然导致其可以免除对残疾人的积极作为之义务。最近的例子就是2008年生效的《残疾人权利公约》。

在何种意义上，我们说权利享有者只能是部分群体——比如儿童的这类权利也是真正的人权呢?《世界人权宣言》(第1条即宣称:"人人……应以兄弟关系的精神相对待。"那么，如果符合包含在《世界人权宣言》及其他所有国际人权条约中的"人权"理念,即便某些权利的享有者不是人类全体而只是部分个体,该权利也是一项人权。因为这些以条约为依托的权利,其得以确认和保障的基本原理就是:某一行为只要侵犯了某一权利,即侵犯了"以兄弟关系的精神相对待"的律令,而此律令正是人权的最基本规范。《儿童权利公约》(第38条的基本原理即是，凡违反第38条规定的行为即不能"以兄弟关系的精神"对待某些人类群体:儿童。

人权是法律权利吗? 某一特定权利——包括某一项特定人权——当且仅当该权利在该国有效的法律实践中得到普遍实现时,方能成为法律权利。

因此,有些特定权利——例如,宗教自由——在某些国家(比如加拿大)是法律权利,而在其他国家(如沙特阿拉伯)则不称其为法律权利。

写进《世界人权宣言》中的权利并不必然在任何地方都是法律权利,因为有的权利并不意味着在任何地方都能普遍推行。

并非每一项人权——哪怕是国际公认的人权——在每一个国家都是法律权利。也许让人沮丧,但事实是,尽管目前相当多的人权在很多国家都已成为法律权利, 在某些国家有些权利却依旧未得到法律保障。值得庆幸的是,尽管进度很慢,但我们看到这样的国家数量正在减少。或者更确切地说,是否某一项推定的人权都是推定的道德权利?

我们不妨回想一下在《世界人权宣言》及其他国际人权条约中的"人权"概念是怎样被理解的。当我们确认和保障某一项权利的基本原理为,某一行为如果侵犯某一权利就是"侵犯了人人当以兄弟关系的精神相对待"的律令,我们就说这一权利是人权。按照这样的理解,假如"道德权利"中——无论其包括哪些权利——包括有某些如被侵犯也即是"侵犯了人人当以兄弟关系的精神相对待"的权利,那么这样的人权也是道德权利。

然而,可能某些人会坚持认为"道德"权利不是真正的权利,因为只有法律权利才是真正的权利,所谓"道德"权利只是虚假的/伪造的/冒充的/不实的权利。在这方面边沁那段著名的否认"自然"权利的论断可供参考:

①有人问及对自然权利的看法,我只能说,无可奉告。在我看,自然权利就是一个圆的方形,一个无形的实体。法律权利是什么,这我知道。它怎么来的、都有哪些含义,这个我明白。对我来说,权利和法律权利就是同一回事。权利和法律是密不可分的词语,就像儿子和父亲的关系。我把权利称为法律之子:不同种类的权利来自不同的法律运作。

②权利,实体性权利,是法律之子。从真实的法律中产生真实的权利;但是,从自然法——这些由诗人、修辞学家、道德和知识毒品贩子臆想和发明的产物——那里制造出的只是虚幻的权利,一个"蛇发女妖和

可怕的杂合体"的私生子。

　　③自然权利根本就是无稽之谈：所谓自然的、不可动摇的权利。这只是在"高跷"上的修辞学上的谬论。

　　法律权利和道德权利之间的根本差异在于权利的强制性不同。法律权利本身是有强制性的。而社会权利——在某些特定的共同体中，它们尽管不具备法律的形态，却被共同体成员广泛地认同其权威性，在这个意义上，它们仍然是可以实施的。共同体成员通过羞辱那些侵犯了权利的人，或者是用疏远他们的方式来强制实施这些权利。

　　……

　　詹姆斯·格里芬在《论人权》一书中也作了类似的但更为集中的论述，他没有泛泛地讨论道德权利话语的用处，而是针对人权话语的功能展开论述：

　　　人权话语有一个突出特点，那就是，它尤其关注和凸显了对人的尊严所负有的义务，这种尊严是基于人自身的地位产生的，而非针对某种社会身份或者特点的才华、有能力的人。人自身的尊严不是人类唯一或者最为重要的道德身份，单单把它挑选出来很大程度是为了其实用性。易言之，特别强调维持这种身份是为了使其得以凸显，更容易传播，并强化其在社会生活或者毋宁说道德生活中的效用。

　　不管是好是坏，权利话语——尤其是人权话语——现在已经成为整个世界道德对话的普遍特征，并且这种状况还会持续下去。事实上，人权话语已经成为道德的通用话语。拒绝接受这一事实很难想象会有什么后果。

　　(2)人权的基础性规范

　　"固有尊严"和不可侵犯

　　每一个人都不容侵犯，意味着我们不得侵犯任何人；相反，我们当总是尊重每一个人，换言之，我们"当以兄弟关系的精神彼此相待"。如果我们侵犯某一个人,从"侵犯"的意思来讲,我们就没有"以兄弟关系的精神对待他人"。同样,当我们"以兄弟关系的精神对待他人"时,我们即尊重了他人。

人权"源自"固有尊严和人的不可侵犯性。那么,这个"源自"又作何理解?

因为我们不仅不可侵犯他人,并且还应始终尊重他人,由此,我们当作那些"合理之事":一方面,要防止对他人造成伤害(包括对全体人类,也包括对某些特定的人,如儿童);另一方面,要求我们做对他人有益的事(如残疾人)。因此,我们应当特别做那些能使某些权利得以确立和保护的合理之事。如果我们总是做有害他人之事而不为有益他人之事,那么,这还能叫"尊重"他人吗? 这就是在侵犯他人,也就没有"以兄弟关系的精神对待他人"。

对于《世界人权宣言》的起草者而言,他们所达成的共识不仅包括"权利"有哪些,而且还包括这些权利之所以具有正当性的基础,即人人享有固有尊严和不容侵犯。《世界人权宣言》明确地指出"人类家庭所有成员……的固有尊严",并且称"人人生而自由,在尊严和权利上一律平等……与兄弟关系的精神相对待"。因此,马里旦的评论本来应该这样写:"我们不仅同意哪些是权利,而且同意权利之正当性基础。但是,对于人类为什么享有固有尊严以及为什么我们不能侵犯他人这一点,我们还远远没有达成一致意见。"

(3)利他主义的视角

今天,如果从利他主义的视角再反观《世界人权宣言》前言中"人类家庭所有成员……的固有尊严",以及第一条中"所有人生而自由,在尊严上一律平等……且应以兄弟关系的精神相对待"等字句时,尽管这样的表述明显地确认了这样一个事实:人人皆有固有尊严,但她只能作如此理解呢? 它可以被更直白地理解为希拉里·帕特南所称的"全人类是一个家庭,所有男女皆兄弟姊妹的暗喻"吗? ——这正是克里斯腾·伦威克·门罗所称的"利他主义的视角":

正是这个视角本身构成了利他主义的核心。没有这个独特的理解路径，便没有利他主义者。对于所有利他主义者来说，顺着这样的观察角度，形成了一个共同观念，那就是通过这种共同分享的人道精神，他们和其他人如此紧密地联系在一起。这种自我意识构成了利他主义者毫无选择地认同他们对待他人的行动方式的核心部分：他们是约翰·邓恩的子民。所有生命都是他们所关注的，任何人的失望都是他们的损失，因为他们都是人类的一部分。

即使我们对于《世界人权宣言》(第一条被看作"利他主义视角"的表达这一观点持肯定态度，利他主义者的正当性仍然受到质疑。我们来听听来塞克·科拉科夫斯基怎么说："皮埃尔·贝尔主张道德不依赖宗教，而更多来自于心理上的独立。他实际上指明了无神论者能够达到的最高道德标准……这也使得那些虔诚的天主教徒们蒙羞。就目前的情形看，这无疑是真实的；但这种事实证据还是把有效性问题原封不动地保留了下来……"再听听约翰·瑞斯特怎么说："尽管一个道德圣徒不需要现实主义（因而也就是宗教）信仰也能存在，但无论如何，他作为道德圣徒的例子并不能因为缺乏现实主义的资源而变得正当化。"

按照正当性论证的要求，利他主义者——尤其是那些既不信仰宗教又不依靠哲学的人——可以这样回答：

我反对并痛恨这样的状况：人类因为错误的活着更糟的法律和政策而深受其害。你要问支持我的这种利他主义的正当性何在——如果有任何东西能证明这一点的话。我想说，这个关键点正是"我已探及岩基，铲子被震回来"的地方。这就是我身处世上的出发点以及因之而据的立场。此外，如果借助生物学进化论进行佐证，我相信应该没有比这更适合的立身之道。生命如此短暂，要做的事情如此之多。我的工作就是致力于建立这样一个世界，在那里，这样的伤害随着时间流逝逐渐被消除。我会与其他人一起来建设这样的世界，不管他们的动机或者观点是怎么样的。

（4）自我利益

现在，人能够我们来考虑一下自我利益。我将自我利益作为回答本章所提问题的第三种也是最后一种答案。通常所理解的自我利益，不仅是关注其一个人的幸福，同时也关涉他所关注的其他人的幸福，如家庭、朋友的幸福。

《联合国宪章》（第 55 条第 3 款规定："为造成国际间以尊重人民平等权利及自决原则为根据之和平友好关系所必要之安定及福利条件起见，联合国应促进……全体人类之人权及基本自由之普遍尊重与遵守，不分种族、性别、语言或宗教。"《世界人权宣言》《公民权利和政治权利国际公约》和《经济、社会与文化权利公约》都在前言中声称"鉴于对人类家庭所有成员的固有尊严及其平等的和不移的权利的承认，乃是世界自由、正义与和平的基础"。《维也纳宣言和行动纲领》在第六段陈述道："回顾《联合国宪章》的序言部分，特别是决心重审对基本人权、人的尊严与价值、男女的权利平等、大国小国的权利平等之信念。"

1993 年，美国国务卿沃伦·克里斯托弗在世界人权大会上宣称，"一个民主的世界将会是更安全的世界"。

尊重人权并且实行民主原则的国家往往是世界上更为和平、稳定的国家。而那些恶劣的人权侵犯者则更容易成为这个世界的挑衅者和"增生物"。后一类国家输出的是对全球安全的威胁，无论它表现为何种形式的恐怖主义、大规模的难民潮或者环境污染。否认人权不仅导致人类生活的浪费，也在制造跨国境的不稳定。

2002 年，大赦国际美国执行总裁威廉·舒尔茨以 9·11 事件为例，回应了克里斯托弗的这一断言：

　　无论是在美国还是海外，尊重人权不仅能保持我们的正直品格，而且在维护我们的福祉方面也具有重要意义。对人权受害者的忽视几乎随处可见,这不可避免地让我们这个世界变成一个更加危险的地方。如果我们从9·11事件中没有汲取其他任何教训的话,至少这一点是我们学到的唯一东西。

选自[美]迈克尔·佩里:《权利的新生——美国宪法中的人权》,徐爽、王本存译,商务印书馆,2016年,第18~50页。

3. 善优先于权利

罗尔斯①:通过正义实现人权

(1)正义的主题

许多不同的事物被说成是正义或不正义的:不仅法律、制度、社会体系是如此,许多种特殊行为,包括决定、判断、责难也是这样。我们也如此称人们的态度、气质以至人们本身。然而,我们现在的题目是社会的正义问题。对我们来说,正义的主要问题是社会的基本结构,或更准确地说,是社会主要制度分配基本权利和义务,决定由社会合作产生的利益之划分的方式。所谓主要社会制度,我的理解是政治结构和主要的经济和社会安排。这样,对于思想和良心的自由的法律保护、竞争市场、生存资料的个人所有、一夫一妻制家庭就是主要社会制度的实例。把这些因素合而为一体的主要制度确定着人们的权利和义务,影响着他们的生活前景即他们可能希望达到的状态和成就。社会基本结构之所以是正义的主要问题,是因为它的影响十分深刻并自始至终。在此直觉的概念是:这种基本结构包含着不同的社会地位,生于不同地位的人们有着不同的生活前景,这些前景部分是由政治体制和经济、社会条

---

① 罗尔斯(J.B.Rawls),美国当代著名哲学家、伦理学家,1921 年生于马里兰州巴尔的摩。1950年获普林斯顿大学哲学博士学位,先后在普林斯顿大学、康奈尔大学、哈佛大学任教。自 20 世纪 50年代起潜心于社会正义问题研究,出版《正义论》《政治自由主义》《作为公平的正义:正义新论》等著作。

件决定的。这样,社会制度就使人们的某些出发点比另一些出发点更为有利。这类不平等是一种特别深刻的不平等。它们不仅涉及面广,而且影响到人们在生活中的最初机会,然而人们大概并不能通过诉诸功过来为这类不平等辩护。假使这些不平等在任何社会的基本结构中都不可避免,那么它们就是社会正义原则的最初应用对象。所以,这些原则调节着对一种政治宪法和主要经济、社会体制的选择。一个社会体系的正义,本质上依赖于如何分配基本的权利义务,依赖于在社会的不同阶层中存在着经济机会和社会条件。

(2)政治正义和宪法

一种正义的宪法是一种不完善的程序正义,所以政治正义具有两个方面。第一,正义的宪法应是一种满足平等自由要求的正义程序;第二,正义的宪法应该这样构成,即在所有可行的正义安排中,它比任何其他安排更可能产生一种正义的和有效的立法制度。我们应当在环境允许的范围内从这两个方面来评价宪法的正义,这些评价是从立宪会议的观点来进行的。

当平等的自由原则被运用到由宪法所规定的政治程序中时,我将把平等的自由原则看成是(平等的)参与原则。参与原则要求所有的公民都应有平等的权利来参与制定公民将要服从的法律的立宪过程和决定其结果。作为公平的正义肇端于下述观念:只要共同原则是必要的并对每个人是有利的,它们就应当是从适当的规定的平等的最初状态——在这种最初状态中,每个人都公正地被代表——的观点来制定的。参与原则把这个观点从原初状态转用到作为制定其他规范的最高层次的社会规范体系的宪法上。如果国家要对某一领域行使决定性的强制权力,并且要以这种方式永久性地影响一个人的生活前景的话,那么立宪过程就应该在切实可行的范围内维持原初状态中的平等代表制。

我暂时假设一种立宪民主政体能够被制定得满足参与原则。但是我们需要更准确地知道这个原则在有利的环境下,或者说在最好的条件下要求什么。当然,这些要求都是为人们说知的,它们包括了康斯坦特所称的与现代自由形成对照的古代自由。然而,弄清这些自由是怎样被归到参与原则之下是有价值的。

参与原则也认为所有公民至少在形式上应有进入公职的平等途径。为了竞选候选资格并在权力机构中占据地位,每个人都有权参加各种政党。诚然,这方面存在着年龄、居住年限等等限制条件。但是这些条件理应与职位的任务具有合理的关系;这些限制的目的大概是为了公共利益,而不是为了不公平地歧视某些人及其团体。因为它们是平等地在每个人的正常生命过程中加给他们的。

从历史上看,立宪政府的主要缺点之一是一直不能保证政治自由的公平价值,必要的正确措施一直没有被采取。确实,这些措施似乎从来没有被认真地考虑过。资产和财富分布上的不均等——这大大超过了与政治平等相容的范围——一般都被法律制度所宽容。公共财富一直没有被用来维持那些政治自由的公平价值所要求的制度。从根本上说,这种缺点出在这样一种情况上:民主政治过程充其量只是一种受控的竞争过程,它甚至在理论上也不具有价格理论赋予真正的竞争市场的那种值得向往的性质。此外,政治制度中的不正义结果比市场的不完善更严重,持续的时间更长。政治权力极速地被集中起来,而且变得不平等;那些既得利益经常能通过使用国家和法律的强制工具来保证他们的有利地位。这样,经济和社会制度中的不平等很快就摧垮了在幸运的历史条件下政治平等可能存在的基石。普选权是一个不充分的补偿措施,因为当不是公共资金而是私人捐款资助着各方和选举活动时,占统治地位的利益集团的意图就约束着政治议会,以至于建立正义的宪法规则所需的基本法案被严肃地提出过。不过,这些问题是属于政治社会学的。我在此提出这些问题是为了强调我们的讨论是正义论的一部分,决不应把这一讨论误解为是一种有关政治制度的理论。我们是在描述一种理想安排;与这种理想安排的比较确定了一个人判断现实制度的标准,而且指出为了证明对这个理想安排的偏离的正当性而必须维护的东西。

(3)正义感的善

既然正义论的各个部分已展现在我们面前,我们现在就可以完成对一致性的论证了。只要把一个组织良好的社会的各个方面综合起来并在恰当的联系中看清它们就足以达此目的。正义和善的概念和不同的原则相联系，一致性问题就在于这两类标准是否相互适合。更准确地说，每一类标准和与之联系的原则规定者一种观点，制度、行为和生活计划只能根据这种观点作出评价。一种正义感是运用正义原则和按照正义原则即按照正义观点去行动的一种有效欲望。所以有待于论证的是：对一个组织良好的社会的人们来说，肯定他们的正义感使之成为他们的生活计划的调节因素是合理的。有待于说明的是：发展这种倾向，用正义观点来指导这种倾向是和个人的善一致的。

　　这两种观点是否一致可能是决定着稳定性的一个关键因素。但一致性甚至在一个组织良好的社会中也不是一个过时的结论。我们必须证明它。当然，在原初状态中选择正义原则的合理性是无可怀疑的。对这一抉择的论证在前面已经作出；如果这种论证是合理的，正义的制度就在总体上是合理的，而且从恰当的一般观点来看是对每个人有利的。每个人要求他人支持这些安排并履行他们的义务和职责也是合理的。问题是，根据那种不存在知识方面的限制的善的弱理论，按照正义观点去行动的调节性欲望是否属于一个人的善。我们想知道它的确是合理的；想知道它作为一种合理的东西，对所有的人也都是合理的；因而不存在不稳定的倾向。更准确地说，假设某人生活于一个组织良好的社会之中。我们假定他知道制度是公正的，知道其他人有一种与类似的正义感，因而他们也按照这些安排去做。我们希望说明在这些假设条件下，一个人肯定他的正义感对他来说是——按照弱理论的规定——合理的。肯定他的正义感的生活计划是他对他的伙伴们的类似计划的最好回答；这种计划由于对任何个人是合理的，因而就对所有的人都是合理的。

　　重要的是不可把这个问题同证明应当作一个公正的人而不是一个利己主义者的问题混淆起来。一个利己主义者是一个局限于自己利益的观点的人。他的最终目标只和他自己相联系：他的财富和地位，他的快乐和社会声望等等。这样一个人可能行动得公正，即可能做一个公正的人乐于做的事；但是只要他还是一个利己主义者，他就不可能出于公正的人的那种理由来做这些事。按照这些理由去做是同做一个利己主义者不协调的。所发生的仅仅是,在某些场合,正义的观点同他自己的利益导致了同样的行为过程。因此,我不是要说明在一个组织良好的社会,一个利己主义者可能从正义感出发去从事活动,也不是要说明他可能公正的行动,因为这样做可能最有利于实现他的目的。同时,我们也不是要证明一个利己主义者一旦发现自己身处一个公正的社会之中,假如他有某种目标,他就会接受劝告而转变为一个公正的人。宁可说,我们所关心的,是我们所确定的按照正义观点去行动的欲望本身的善。我假定一个组织良好的社会的成员们已经具有这样的欲望。问题在于,这种起调解作用的情操是否与它们的善一致。我们不是要从某种观点来考察行为的正义或道德价值;我们是要估价采取一种具体的观点即正义本身的观点的欲望的善。我们绝不从利己主义的观点估价这种欲望,无论这种观点可能为何,而是依据善的弱理论来作此种估价。

我假定人们的行为产生于他们现在的欲望,并假定这些欲望只能慢慢地改变。我们不可能在某一特定时刻就决定改变我们的目的系统。我们现在是作为我们所是的那种人,是从我们所具有的那些需要出发而行动的;而不是作为假如我们以前作了另一种选择我们就可能成为的那种人,或从在那种情况下我们可能有的那些欲望出发而行动的。调节性目标尤其服从这种约束。所以我们必须努力估价我们较远的将来的境况以便预先决定我们是否应当肯定我们的正义感。我们不能在决定时亦此亦彼。我们不能保持一种正义感,而这句话的含义就是:尽管我们容易不公正,但行为公正就能得到某种利益。一个公正的人有所不愿为,但如果他太易于受诱惑,他毕竟仍有所愿。所以我们的问题仅仅同那些具有一定心理和欲望系统的人有关。显然,假如提出这样的要求,说稳定性不应当依赖于这方面的明确限制,就是要求得过多。

有一种解释提供了这个问题的明确答案。我们假定如果某人有一种有效的正义感,他就将具有一种按相应的原则去行动的调节性欲望。那么合理选择的标准就必须把这种欲望考虑在内。如果一个人根据审慎的合理性原因按正义观点而不是按其他观点去行动,那么对他来说这样做就是合理的。因而在这种形式中,问题很平常:作为他们所是的那种人,一个组织良好的社会的成员们对公正行为的欲望超过其他的欲望,满足这种欲望是他们的善的一部分。一旦我们获得了一种真正终结性的和有效的正义感,由于正义的优先性的要求,我们就会实行——只要我们是理性的——一项引导和鼓励这种情操的生活计划。由于这个事实是公认的,第一种不稳定性就不再存在,因而第二种不稳定性也就不再存在。真正的一致性问题在于,如果我们设想某人只在这种程度上,即仅当他的正义感是用善的弱理论所表达的那些理由来描述的时候,才珍视他的正义感,会发生什么。我们不应当依赖那些纯粹良心行为学说来回答这一问题。因此,假定行为公正的欲望不是一个像避苦、冷淡或实现有蕴涵的利益的欲望那样的最终欲望。假定正义理论提供着关于正义感欲求的对象的其他描述;我们必须用这些描述来说明,一个遵循善的弱理论的人可能实际地巩固这种情操,使之成为他的生活计划的调节因素。

上面是对于问题的规定。现在我想通过已经提出的各种论点来指出一致性的根据。首先,由于契约论的要求,正义原则是公开的:它们描述了一个组织良好的社会的成员们共有的得到普遍承认的道德信念的特征。我们不去研究某人会对这些原则发生怀疑的问题。根据假设,他也像所以其他人一样,承认从原初状态的观点来看,对正义原则的选择是最好的选择。这样,由于其他人被假定为具有一种有效的正义感,我们假设的个人就将考虑一种实际的策略:即假装有某种道德情操,而同时准备着一有发展他的个人利益的机会出现,就像一个自由骑手那样去做。由于正义观念是公开的,他就将考虑是否要采取一种系统的欺骗和伪装的做法,就将毫无信念地——这适合于他的目的——伪装接受公开的道德观点。这种欺骗和伪装是不公正的这一点我想是不会打扰他的;但是他在谋算时不得不付出心理上的代价:他必须采取预防手段,必须保持他的姿态,必须忍受由此带来的自发性和本能方面的损失。可以说,在大多数社会中,这种伪装所付的代价可能还不很高,因为制度的非正义和司空见惯的其他人的龌龊行为使一个人的欺骗尚可容忍;但是在一个组织良好的社会中则没有这种安慰。

这种看法得到下述事实的支持:在公正行为和自然态度之间有一种联系。根据正义原则的内容和道德心理的法则,想公正地对待我们的朋友和给我们所关心的人们提供正义的保护和愿望,在很大程度上同与他们相处和为他们分忧的欲望一样,是这些情感的一部分。因而,假如人们需要这些依恋关系,那么,这种谋略就可能仅仅在于同我们有感情和同情以及所珍视的生活方式——这种生活方式是我们为之献身的——的联系的那些人说来,才是公正行为的谋略。但是在一个组织良好的社会里,假如心理学的三条法则有效地发挥作用,这种联系就会极大地扩大并且把同制度的联系包括进来。此外,我们一般也无法确定谁应当受我们的不公正的伤害。例如,如果我们在付税时欺骗,或找机会逃避对共同体应尽的职分,那么,我们就伤害了每一个人,伤害了我们的朋友和伙伴以及其他人。诚然,我们可能给我们特别喜欢的人们带来好处并由于这一点而悄悄原谅自己,但是这会成为一种前途未卜的、复杂的事情。所以在一个组织良好的社会——在这里存在对个人对社会都是十分广发的有效联系纽带,并且我们无法确定谁应当因为我们的欺骗而受损失——中,存在着保持一个人的正义感的强有力的根据。保持正义感以一种正常的简单的方式维护着公正制度及我们所关心的那些人,并引导着我们去迎接新的和更广泛的社会联系。

选自[美]约翰·罗尔斯:《正义论》,何怀宏、何包钢、廖申白译,中国社会科学出版社,1988年,第7页、219~225页、570~574页。

朋霍费尔①:善是生命的权利

我们总是在一个已经不再倒退的环境里:我们活着,遇到何谓善这个疑

---

① 朋霍费尔(D. Bonhoeffer),德国信义宗牧师,认信教会的创始人之一,也是一名神学家。他是20世纪最卓越的基督教思想家之一,生前的主要著作《狱中书简》于20世纪70年代就已经有了中译本。《伦理学》从神学家的立场思考现代的政治哲学、社会哲学和历史哲学问题,奠定了他作为20世纪神学大思想家的历史地位。

问。这至少意味着，我们不再能够这样地提出和回答何谓善的疑问，仿佛美好的生命尚待我们去创造。我们作为造物而不是作为创造者问及何谓善。我们关心的并非假如我们不是活着而是处在某种虚构的环境里，那么，什么是善的——我们作为活人，也根本不可能认真地提出这个疑问——，因为，即便我们从生命中作出抽象，那也是由于我们是受生命制约的，所以我们不可能自由地进行这种抽象。我们要问的，并非善本身是什么，而是在已有生命的前提下，对于我们活人而言，什么是善的。我们恰恰不是在撇开生命的前提下，而是进入生命的深处下，问及何谓善。对善的追问本身就是我们生命的一部分，正如我们的生命从属于对善的追问。在我们生命的被规定却又未结束的、独一无二却又在流逝的环境中，在人、事物、制度、权力的活生生的关系中，亦即在我们的历史生存中，何谓善的疑问被提出和决断。何谓善这个疑问不再同何谓生命、何谓历史的疑问分离。

伦理思想在很大程度上仍受支配于孤立的个体人的抽象概念，他运用善自身的绝对准则，不断地只在明确认识到的善和同样明确认识到的恶之间作出决断，不断地只在明确认识到的善和同样明确认识到的恶之间作出决断。而我们已把这种抽象抛到身后了。没有这种孤立的、个别的人，没有一种原本的善的绝对标准可供我们采用，历史上的善与恶也不以其纯粹的形态表现出来。这种抽象的基本模式恰恰在其任何环节上都没有抓住特殊的伦理学难题。一个从它的历史环境和历史/作用中分离出来的孤立的个体，能否被视为伦理学上关系重大的，这至少是非常成问题的；这样的概念是不真实的，无论如何是一种不得要领的、理论上模棱两可的情况；一种善自身的绝对标准——在这样的标准被想象成无异议的这一前提下——把善变成一条死的律法，变成摩洛赫神，把所有的生命和自由都献给他，而这种标准本身甚至不能施加一种真正的义务，只因为这种标准是同生命没有根本关系的、形而上的、独自存在的虚构物；在明确地认识到的善和明确地认识到的恶之间作出的决断，把人的认识本身从这一决断中抽走，把伦理移到已经以善为导向的认识跟还在抗拒的意志之间的斗争中去，因此不可能作出那种真正的决断即在一个历史环境的多样性中完整的、有认识也有意志的人,只能在行为的风险中去寻找并找到善。在这种对生命的抽象中,伦理被放到一个静止不变的基本公式上,它把人从人的生存的历史性里拽出来,再把人置入纯私人和纯理想的真空里。在此,实行特定的原则——不论这些原则同生命的关系是怎样的——被视为伦理学的任务。这会导致把生命完全私人化,因为不顾及他人而自己忠于原则被冒充为善,在这种情况下,各按诸原则的激进程度,相关的生命形式在返回市民存在的私人区域同修道院之间。对伦理的抽象理解,也会导致狂热,在这种情况下,相关的生命形式——又各按诸原则的性质——将包括伟大的政治狂热者和意识形态家,乃至小丑般讨厌的、各种形象的生活改革家。所有这些尝试面对生命都失败了,并将一再失败,我们这样说,并不意味着他们和耶稣基督一样,他的生命也以失败而告终,因为他既不是私人圣徒,也不是狂热者;他们的失败是一种理想化的失败(即使暂时成功时也是失败),其最终原因在于以下事实,即在这里没有发生同生命、同人的真正遭遇,在这里只是抖落下一些陌生的、非纯正的、假的、幻想的以及非常专横的东西,而并未真正触及改变人的本质,并未能促使人本身作出决断。在人身上发泄出来的意识形态,离开了人,像一场噩梦,离开了清醒的人。对这些意识形态的回忆是苦涩的。意识形态不会使人变得更成熟、更坚强有力,而只会变得更贫乏、更多疑。倘若在这种清醒的不幸时刻,上帝作为造物主——在他面前,人只能作为造物而生活——向人显现,并且赞美人的贫乏,这就是恩典。

指摘抽象的善概念不能触及生命,这并不意味着要使善与生活对立,这反倒意味着,问题恰恰不在于真正对立,而在于未能触及。生命被当作一个可以忽略不计的数,根本不必知道它。充其量,生命被理解为"自然"的那一部分,它的起源和解脱都归功于心灵、精神、观念。若善与生命的关系犹如自然与精神的关系,那也不会有对生命的实际克服,而只会有一种在律法上被理解的对立,对于这种对立而言,没有和解,至多只有一方对另一方的施暴。如果善的概念忽略生命,即是说,即使它包含着一个生命概念,但这个概念既不符合实在,也不能克服善跟生命之间的对立,那么,这种善的概念,根本上是不会有结果的。这会导致提出何谓生命本身的疑问,并且在对这个疑问的回答中寻找对正确理解善的引导。

耶稣基督谈到自己时说:"我是生命",自那以后,基督徒的思考、哲学家的思考,都不能无视这个要求以及这个要求所包含的实在。耶稣的这番自白说明,任何一种要说出生命自身之本质的尝试,都是徒劳的和已经失败了的。只要我们还活着,还不知道我们生命的界限即死亡,我们又怎能说得出生命自身是什么呢? 我们只能度过生命,却不能给生命下定义。耶稣的这番话把关于生命的任何想法都同他的位格联系在一起。我是生命。没有任何对生命的探问能像这个"我是"这样归返自身。在这里,从什么是生命这个疑问里,让位于谁是生命这个回答。生命不是一事物,一实体,而是一个位格,而且是一特定和唯一的位格,说它是特定和唯一的位格,不是说它与其他位格所共同者而言,而是就这一位格中的我;这就是耶稣的我。耶稣把这个我置于同要求构成生命本质的所有想法、概念、途径的尖锐对立中。耶稣并没有说,"我有生命",而是说"我是生命"。生命就此永远不再会同耶稣的这个我、这个位格分开。耶稣宣告这一点时,他并不仅仅是说他(生命)——亦即某一有可能使我得以显示的形而上的精神——,而且恰恰是我的生命,我们的生命;这是保罗用"基督是我的生命"和"基督是我们的生命"这些话十分准确又似非而是地说出事实真相。我的生命在我本人之外,在我的支配之外,我的生命是另一个人,耶稣基督。这并非转义为没有另一个人,我的生命是没有生命价值的,或基督把一种特别的质量、一种特别的价值赋予我的生命,而生命本身又有它自己的存在,而是这个意思:生命本身是耶稣基督。适合于我的生命的,也适合于所有的造物。"已形成之物——在其中他是生命。"

"我是生命"——这是耶稣基督的话、启示、宣告。我们的生命在我们本身之外,在耶稣基督中,这无论如何不是我们认识自身的结果,而是我们遇上的外来的要求,对此我们或者相信,或者反对。当这句话击中我们——这句话就是为此而讲的——时,我们认识到,我们背离了生命,背离了我们的生命,我们生活在同生命、同我们的生命的矛盾之中。于是,我们在耶稣基督的这句话里听到了对我们生命的谴责和否定;我们的生命并不是生命,或者说,就算它是生命,那我们还一直生活在同生命的矛盾之中,这生命叫作耶稣基督,叫作一切生命和我们生命的本源、本质和目标。对我们的背离的生命的否定意味着,在我们的背离的生命跟此即耶稣基督的生命之间是结束、毁灭、死亡。我们听到的否定,把这死亡带给我们本人。但是,当这否定把死亡给予我们的时候,从这否定中产生了/隐藏着的对新生命、对此即耶稣基督的生命的肯定。这生命,是我们自己不可能给予自己的,它完全从外部、完全从彼岸而来,但它不是遥远的、异己的、同我们不相干的生命,而是我们自己的、真实的、每日的生命。这生命存在着,无非是隐藏在死亡、否定的标记下。我们此时活着,处于肯定与否定的张力之中。除非在同耶稣基督的这种关系中,否则就无从谈及我们的生命。撇开作为我们生命的本源、本质和目标的耶稣基督,撇开我们是造物、被和解者、被拯救者,我们只能抵达生物学上的和意识形态上的抽象。作为被创造、被和解、被拯救者,作为在耶稣基督中找到基本源、本质和目标者,我们的生命处于肯定与否定的张力之中。我们也只能在肯定与否定中认识作为我们的生命的基督。这是创世、和解和拯救的肯定,是审判和死亡对背离其本源、本质和目标之生命的否定。但知道基督的人,没有一个会听到肯定而听不到否定,听到否定而听不到肯定。

这是对被创造者、对形成、对生长、对繁荣、对果实、对健康、对幸福、对能力、对成就、对价值、对成功、对伟大、对名誉,简而言之,对生命能量值施展的肯定。这是对总是寓于所有这些存在中的、同生命的本源、本质和目标之背离的否定,这否定意味着死亡、苦难、放弃、谦卑、贬低、自我否定,其中又包含着对新生命的肯定,一种生命,它不再碎裂成肯定和否定的并存,譬如说,活力不受制约地施展同禁欲的精神生活并行不悖,或者"受造物的"同"基督的"共存——这样一来,肯定与否定就会失去其在耶稣基督里的统一,这种新生命,在耶稣基督里是一,被夹在肯定与否定之间,这样就可以在每个肯定里听到否定,在每个否定里听到肯定。生命力的施展与自我否定、成长与死亡、健康与苦难、幸福与弃绝、成就与谦卑、名誉与自贬,同属一个生动的、充满不可解决之矛盾的统一体。

使这一个摆脱另一个而独立,利用这一个反对另一个,依据这一个反对另一个,任何此类尝试都严重破坏生命的统一。于是就产生了一种活力伦理和一种所谓的耶稣伦理的抽象;产生那些同登山宝训无关的、关于自律生活区域的知名理论;产生那种对生命统一体的割裂,这随同一种特别深的实在认识的激情一起出现,因为这种认识把悲剧的——英雄的昏暗光辉给予生命,却丝毫未能触及在耶稣基督中被认识到的生命之实在。在这里,作为错误的抽象的结果,人们就陷入永远不可解决的冲突中,实践行为跳不出这些冲突,并因这些冲突而消耗。不消说,这些理论都同《新约》和耶稣的话相去甚远。基督徒的行为并非源自对于活力与自我否定、"世俗的"与"基督的"、"自律伦理"与"耶稣伦理学"之间不可弥合之裂缝的心酸忍从,而是源自对于已经完成的世界同上帝和解的欢乐,源自在耶稣基督里面已经完成的拯救事业的和平,源自此即耶稣基督的、涵括一切的生命。由于在耶稣基督里上帝和人成为一体,"世俗的"和"基督的"也通过耶稣基督而在基督徒的行为里合成一体。"世俗的"和"基督的"不是作为永远敌对的原则而对立,基督徒的行为则源自在基督里面被创造的上帝和世界的统一,即生命的统一。在基督里面,生命又找到了它的统一,虽然肯定与否定的矛盾依然存在,但是,这种矛盾在信仰基督的人的行动里却一再被克服。

选自[德]朋霍费尔:《伦理学》,胡其鼎译,商务印书馆,2012年,第193~200页。

4. 国家本位的视角

黑格尔①:"为承认而斗争"

(1)从道德向伦理的过渡

第 141 节

善是自由的实体性的普遍物,但仍然是抽象的东西,因此它要求各种规定以及决定这些规定的原则,虽然这种原则是与善同一的。同样,良心作为起规定作用的纯粹抽象的原则,也要求它所作的各种规定具有普遍性和客观性。如果两者各自保持原样而上升为独立的整体,它们就都成为无规定性的东西,而应被规定的了。但是,这两个相对整体溶合为绝对同一,早已自在地完成了,因为意识到在它的虚无性中逐渐消逝的这种主观性的纯自我确信,跟善的抽象普遍性是同一的。善和主观意志的这一具体同一以及两者的真理就是伦理。

　　附释　关于概念的这种过渡的详情,在逻辑中已经阐明。这里所要谈的是,局限的和有限的东西——这里是抽象的只是应该的善和同样抽象的应是善的主观性——的本性,在它自身中有其对立面,即善以它的

---

① 　黑格尔(G. W. F. Hegel),德国著名哲学家,曾任柏林大学校长。著有《精神现象学》《逻辑学》《小逻辑》《哲学科学全书纲要》《法哲学原理》等。

现实性为对立面,主观性(伦理成为现实的这个环节)以善为对立面;但由于它们是片面的,所以它们尚未被设定为自在地存在的东西。它们在它们的否定性中才达到这种被设定的地位,这就是说,在它们的片面性中, 那时它们的每一个都不欲在自身中具有自在地存在的东西——善没有了主观性和规定,决定者即主观性没有了自在地存在的东西,——它们构成为独立的整体,于是两者就被扬弃从而降为环节,即概念的环节。这一概念是作为两者的统一而显现,并因其各个环节这样地被设定而获得实在性,从而,作为理念而存在,理念就是已把自己的种种规定发展成为实在性, 同时在这些规定的同一中作为其自在地存在的本质而存在的概念。

直接作为法而存在的自由的定在,在自我意识的反思中被规定为善,现在,这里要过渡的是第三个阶段,它是这个善和主观性的真理,所以同时也是主观性和法的真理。

伦理性的东西是主观情绪,但又是自在地存在的法的情绪。这一理念是自由概念的真理,这一点不是什么被假定的,也不是从情感或其他什么地方采取来的,而是在哲学上应予以证明的道理。这一道理的演绎完全包含在下述事实中:即法和道德的自我意识在它们自身中都表明返回于作为其成果的理念。那些认为在哲学中没有证明和演绎也行的人们,表明它们离开懂得什么是哲学这种初步思想还很远,他们尽可以谈别的,但是在哲学中,如果想不用概念立论,那就没有参加谈论的权利。

补充(抽象法和道德片面性)　到此为止所考察的两种原则即抽象的善和良心,都缺少它的对立面。抽象的善消融为完全无力的东西,而可由我加入任何内容,精神的主观性也因其欠缺客观的意义,而同样是缺乏内容的。所以为了摆脱空虚性和否定性的痛苦,就产生了对客观性的渴望,人们宁愿在这客观性中降为奴仆,完全依从。最近有许多新教徒之所以转入天主教,就因为发现其内心空虚,于是便想抓住某种结实的东西、某种支持或某种权威,虽然,结果他们所拿到手的不是思想上的稳固的东西。主观的善和客观的、自在自为地存在的善的统一就是伦理,在伦理中产生了根据概念的调和。其实,如果道德是从主观性方面来看的一般意志的形式,那么伦理不仅仅是主观的形式和意志的自我规定,而且还是以意志的概念即自由为内容的。无论法的东西和道德的东西都不能自为地实存,而必须以伦理的东西为其承担者和基础,因为法欠缺主观性的环节,而道德则仅仅具有主观性的环节,所以法和道德本身都缺乏现实性。只有无限的东西即理念,才是现实的。法不过是整体的一个分支或是像藤类植物,攀援在自在自为地屹立着的树上。

……

(2)对外主权

第321节

对内主权就是这种理想性,意思是精神及其现实性——即国家——的各个环节按其必然性而获得了发展,并作为国家的肢体而稳固地存在着。但是精神在自由中是无限否定的自我相关,同样,在本质上它是自为的存在,这种自为的存在把现存的差别纳入自身中,从而它是排他性的。就这种规定说,国家是具有个体性的,这种个体性本质上就是个人,而现实的直接的个人就是国君。

第322节

个体性作为排他性的自为的存在,表现为它对别国的关系,其中每个国家对别国来说都是独立自主的。现实精神的自为的存在在这种独立性中达到了它的定在,所以独立自主是一个民族最基本的自由和最高的荣誉。

附释　一个集体如果已经构成一个多少是独立自主的国家并具有自己的中心,而说这个集体愿意丧失这个中心和它的独立,以便同其他一个集体组成一个整体,说这种话的人对于集体的本性和一个独立民族所具有的自尊感就知道得很少。因此,国家在历史上最初出现的权力就是这种独立本身，纵然它是完全抽象的、还没有获得进一步的内部发展。所以，例如家长、酋长等个人占据最高地位，正是符合这种原始现象的。

第 323 节

国家的这种否定的自我相关，在定在中表现为一个国家对另一个国家的关系，并且似乎否定的东西是一种外在的东西。因此这种否定关系的实存就具有事故的形态，以及同外来的偶然事变错综交错的形态。但是这种否定关系是国家最特有的环节，国家的现实无限性，其中一切有限的东西都达到了理想性。正是在这个环节中，国家的实体——即对抗一切单一和特殊，对抗生命、财产及其权利，以及对抗其他集团的那国家的绝对权力——使这些有限东西的虚无性出现在定在和意识中。

第 324 节

把个人的利益和权利设定为瞬即消逝的环节这个规定，同时是肯定的东西，即肯定个人的绝对个体性而不是个人的偶然和易变的个体性。因此，这种关系以及它的承认就成为个人的实体性的义务，他有义务接受危险和牺牲，无论生命财产方面，或是意见和一切天然属于日常生活的方面，以保存这种实体性的个体性，即国家的独立和主权。

附释　有一种很误缪的打算，在对个人提出这种牺牲的要求这一问题上，把国家只看成市民社会，把它的最终目的只看成个人生命财产的安全。其实，这种安全不可能通过牺牲应获得安全的东西而达到；情形刚刚相反。

本节所述也包含战争的伦理性的环节。战争不应看成一种绝对罪恶和纯粹外在的偶然性，从而说它本身具有偶然的根据，不论其为当权者或民族的情感，不公正的事由，或任何其他不应有的事都好。本性是偶然的东西才会遭到其他偶然的东西,而这种命运正是必然性。一般说来,概念和哲学会使纯粹偶然性这种观点消失,而在表现为假象的偶然性中识别其本质,即必然性。有限的东西,如生命财产,被设定为偶然的东西,那是必然的,因为这就是有限东西的概念。从一方面看,这种必然性具有自然力的形态,因而一切有限的东西都迟早必死,从而是暂时性的。但是在伦理性的实体即国家中,自然被夺去了这种力量,而必然性也就上升为自由的作品,即一种伦理性的东西。至于那种暂时性则成为所希求的消逝,作为有限东西的基础的否定性也成为伦理性的本质所特有的实体性的个体性。

战争是严肃对待尘世财产和事物的虚无性的一种状态——这种虚无性通常是虔诚传道的题目。因此,在战争这一环节中,特殊物的理想性获得了它的权利而变成了现实。战争还具有更崇高的意义,通过战争,正如我在别处表示过的,"各国民族的伦理健康就由于它们对各种有限规定的凝固表示冷淡而得到保存,这好比风的吹动防止湖水腐臭一样;持续的平静会使湖水发生相反的结果,正如持续的甚或永久的和平会使民族堕落"。

可是,这个只是哲学观念,或如人们所惯说的,是天意的辩护,而实际的战争还需要他种辩护,关于这一点,客俟下述。

在战争中即在一种对外的偶然关系中所含有而显露出来的理想性,与国家内部各种权力成为整体的有机环节这一理想性是相同的。这在历史现象中是以各种不同形态表现出来的,其中一种就是幸运的战争防止了内部的骚动,并巩固了国家内部的权力。其他现象也能说明这一点。例如一国人民由于不愿意忍受或竟害怕对内主权,结果被另一国征服,他们愈是不能首先对内把国家权力组织起来,他们争取独立的事业就愈难有成功和光荣的希望(为了怕死而他们的自由死亡了)。又不依靠武装力量而用其他方法来保障它们自主的那些国家(例如与邻邦相比小得不相称),可以根据一种内部国家制度而巩固地存在,这种国家制度,就其本身而言,是不能保证对内对外和平的。

……

第 325 节

由于为国家的个体性而牺牲是一切人的实体性的关系，从而也是一切人的普遍义务，所以这种关系，作为理想性的唯一的方面以对抗巩固地存在的特殊物的实在性，同时就成为一种特殊关系，而献身于这种特殊关系的人自成一格等级，以英勇著称。

第 326 节

国与国之间的争议可以它们关系中任何一个特殊方面为其对象。戮力保卫国家的特殊等级的主要使命也就在于应付这种争议。如果国家本身，它的独立自主，陷于危殆，它的全体公民就有义务响应号召，以捍卫自己的国家。如果在这种情况下，动员全国力量，放弃本身内部生活而全力对外作战，防御战就转化为征服战。

附释　国家武装力量之成为常备军，以及负有卫国使命的特殊职业之成为一个等级，都是一种必然性，正如其他特殊环节、利益和职业之各成为一个身分或等级——婚姻身分、产业等级、政治等级、公务人员等级等等——也都是一种必然性一样。在各种根据上往返徘徊的抽象推论考察了设置常备军还是比较有利或有害这一问题以后，结果竟论断后者为是，这是因为事物的概念总比事物个别的和外在的方面难于捉摸，又因为在市民社会的意识中，特殊性的利益和目的（费用及其后果，更沉重的赋税等等）要比绝对必然的东西被抬举得更高，结果，后者仅仅被看作前者的手段。

第 327 节

英雄本身是形式的德，因为它是从一切特殊目的、财产、享受和生命中抽出的那自由的最高抽象；但是这种外在现实方式的否定性和作为完成英勇行为的那种舍身取义，就其本身说，不具有精神性质；内心情绪可能是这种货那种英勇行为的理由，而它的实际结果也可能不为自己而只是为着别人。

补充（英勇）　军人等级是负责保卫国家的普遍性的等级，它有义务使它本身中自在的理想性达到实存，即有义务牺牲自己。英勇诚然是各种各样的。动物和强盗的胆量，为荣誉的英勇和骑士式的英勇，都还不是英勇的真实形式。有教化民族的真实英勇在于准备为国牺牲，使个人成为只是多数人中的一个。在这里，重要的不是个人的胆量，而是在于被编入普遍性中。在印度，500个人战胜了20000个人，其实这20000个人不是都胆怯的，但是他们就没有这种情绪同别人结合，戮力一致。

第 328 节

作为情绪的英勇，它的固有价值包含在真实的绝对的最终目的即国家主权中。这种最终目的的现实性，作为英勇的作品，是以个人现实性的牺牲为其中介。因此这种形态包含着极端尖锐的矛盾：牺牲自己，然而这却是他的自由的实存！个体性具有最高的独立性，然而同时它的实存在外部秩序和服务的机器中起作用；一方面，绝对服从和放弃私见与争辩，就是要做到没有头脑，另一方面，要最强烈地、广泛地做到镇定和当机立断；对个人施加最敌对而且是亲身的行动，然而他对他们，作为个人说来，毫无冤仇，甚至不无好感。

附释　冒生命的危险当作比光怕死要高明，但还是属于单纯否定的东西，它本身既没有规定，也没有价值。肯定的东西即目的和内容才给与这种勇敢以意义。强盗和杀人犯以犯罪为其目的，冒险家以他私见所想象的为其目的，如此等等，他们都有那种拼命的胆量。

现代世界的原则，即思想和普遍物，给应用以更高的形态，因为英勇的表达看来更加机械式了，它不是这一特殊人的活动，而只是某一整体的一肢的活动。同样，它看来不是指向单个人，而是指向一个敌对的整体，这就使个人英勇成为一般的无人称的勇敢。现代世界的原则就因而发明了枪炮，这种火器的发明把英勇的个人形态转变为较抽象的形态，乃非偶然。

第 329 节

国家的对外趋向在于它是一个个别主体，因此，它对别国的关系属于主权的范围。正因为这个缘故，王权而且只有王权才有权直接统率武装力量，通过使节等等维持同其他国家的关系，宣战媾和以及缔结条约。

　　补充（国君）　几乎所有欧洲国家，其王权都属于个人形式的最高当局，他以处理对外关系为职责。在采行等级会议制的国家，可以发生这样一个问题：宣战媾和是否应该由各等级来决定才对，无论如何，特别有关经费事项它们将保持对战与和的决定发生影响，例如，在英国不可能进行不得人心的战争。但如果以为国君和内阁比较国会更容易受激情的支配，因而企图把战与和的决定归国会掌握，那就必须指出，往往整个民族可能比它的国君更为兴奋激动。在英国，有过好多次全体人民逼着要进行战争，并且在一定程度上强迫部长们这样做。毕特之所以能得人心，正因为他知道怎样迎合全国人民当时的意向。只是后来人民才冷静下来，开始意识到战争是无用的和不必要的，并且也没有考虑到经费就开始作战的。除此以外，国家不是只同另一个国家而是同许多国家发生关系，这些关系错综复杂，微妙之至，只有最高当局才能加以处理。

选自［德］黑格尔：《法哲学原理》，范扬、张企泰译，商务印书馆，1961年，第161~163页、338~345页。

大沼保昭①:文明相容的人权观

（1）文明相容的视点与文化相容的视点

20 世纪 90 年代对人权关注的国际性高涨,不能单纯地把问题归之于流行或禁锢在普遍性和相对性论争的圈子内。虽然,对以往的普遍主义人权论提出异议的主要是东亚各国的领导者,但冠之以"亚洲式"人权论的称谓很不贴切。考虑到亚洲的多样性和上述问题的多层次性,很明显,贴上这种标签毫无意义。

一方面,人权理念与人权保护的机制给亚洲各民族在内的全人类所带来的利益或将带来的利益是巨大的。对此,应给予正确评价。另一方面,思考占人类人口百分之八十以上的发展中国家人权时,就必须将各方面问题放入视野。比如,对强迫人权与其他所有理念、制度一样,视为一定地区、一定时代,也即一定文明的历史产物,那么,我们就必须探讨研究更为根本性的问题。也即, 以人权观念为中心的人之价值实现机制在人类历史中应放在什么地位,或者说,在即将来到的 21 世纪中,应给这种构造以什么地位。无疑,这是在人类历史和文明发展过程中为人权定位的问题。

我所倡导的文明相容的人权观（an intercivilizational approach to human rights）就是为探索解答这一课题的尝试。对人权,我们不是从人权赖以生成的欧美中心的文明去探讨,而是从与这一文明并行,并可能将在 21 世纪用于克服近代文明的赘疣和极限的其他文明来分析探讨。这是因为,东亚文明、伊斯兰文明以及其他各地区的文化、宗教、规范、理念等,尽管在近代欧洲文明以及其他各地区的文化、宗教、规范、理念等,尽管在近代欧洲文明向世界扩张的过程中被否定,包含许多有益于在后现代实现人的物质、精神福利的构思。

探讨人权时,文明本来就是一个重要的视点,对此当不存异议。众所周

① 大沼保昭,日本东京大学法学部国际法教授,著有《战争责任论》《从东京裁判到战后责任的思想》《战争与和平的法》,以及英文专著 *A Normative Approach to War*。

知，文明有各种各样的定义，文明与文化的关系也因学说、国家、时代的不同而各式各样。比如，法语中，法国文化不说 laculture francaise，而是说 la civil-iastion francaise。德语中，kultur 表现文明的精神侧面、而 zivilisation 表现物质文明侧面的倾向很强。而现在，"文明"概念里混进纠缠不清的暧昧内容，成了被扭曲了的意识形态，据此，有的学者对著名的亨廷顿的《文明冲突论》进行了批判。

鉴于这种情况，依照文化人类学的一般性用法，将"文化"概念定义为，从在社会中支配地位的思维和行为方式里剔除与生俱来的因素，而具有很强继承性的思维和行为方式。这一定义有很大的包容性，回避了"文明"概念所带有的暧昧不明，当是可取方法之一。后文将阐述，主张应当寻求"纵横文化"的人权等出色的研究和建议已然问世，它与本文"文明相容"意图基本一致，足以用于作为阐述上述问题的具体方法。

然而，现行人权文件、人权理论和实务中，"文化"并不是包容性的概念，而是作为不包含政治、经济在内的狭义概念。例如，在制定和讨论人权时，文化权利与社会、经济、政治、市民权利并列为权利之一。这是继《国际人权公约》之后，所有国际人权文件、人权理论、人权实务中的一贯用法。因此，分析人权问题时，把"文化"这一包容性概念置于分析中心的做法与人权文件以及过去有关人权的理论、实务中的用语方法不相一致。

"文化"一般具有指国家、民族、一国范围内的地方和阶层的较强倾向，与此相反，"文明"则更倾向于指比如东亚文明、伊斯兰文明、基督教文明等超越一国、一民族、包容广阔范围（普遍化倾向）和历史的存在。在考察与全球规模的人类全体息息相关问题时，仅仅触及国家之间和民族之间（国际性观点），则不够充分。我们应当承认现实世界中存在多种思维和行为方式，它们虽然具有超越国家、民族地域性，但却不构成世界性规模的思维和行为方式。我们应当通过它们之间的相互关系，且立足于它们的影响、传播、变迁、盛衰的长期历史来考虑事物。笔者正是基于这一主张选择使用了"文明相容"概念，而且，这也是我长期以来一直所主张的一个观点。

如上所述,探讨人权,特别是探讨它的普遍性时,应该克服那种仅注意以发达国家为中心的支配性知识存在方式的倾向,注意考察占人类百分之八十以上的发展中国家民众的意识、思维、观念。然而,要挖掘出发展中国家的意识和思维方式,仅仅依仗以国家为单位的国际性观点是不够的。发展中国家对世界经济、政治、文化的影响有限,加之,当今新闻媒介以发达国家为中心,除去中国、印度这样的大国,一般很难进入人们的视野,其存在容易被忽视。发展中国家因人权问题唤起人们注视它们的存在,即便如此,这常常局限于独裁政权对本国国民的虐杀、饥饿、大量难民发生、对政治犯施刑或拷问等重大人权侵犯事件。发生这类人权侵犯事件后,人们所看的重要反响是以发达国家为中心的救济要求和指责,而对导致这类事态发生的原因、发展中国家民众自身的想法和思维则很少有人问及。

可是,发展中国家里产生严重人权侵犯,对此发达国家采取相对的对症疗法,这种问题处理模式如果持续下去的话,人权全球规模的普及和渗透就必然存在障碍。即使发达国家的压力和支援表面上改善了发展中国家的人权保护状态,也很难说它能真正达成人权保护的目的。我们认为,最重要的是从自身切实要求出发,靠自身的智慧和力量来实现人权,这才是人权的根本意义所在。还有,不仅从人权,从凡具有普遍性的观念、理论、信条体系,来否定表征上具有普遍性的欧美观念、理论、信条体系,用批判的形式对此加以论证时,证明欧美之当然的"普遍性"之最有力的手段,是以伊斯兰教、儒教、佛教、印度教形式所表现和规定的当今世界上多数人的思维和行为方式的宗教和社会规范。

当然,批判欧美知识霸权流传于世的"普遍性"或"国际性"理念、理论、基准、标准、信条体系的普遍性,阐明其相对性,除上述手段之外,并非没有其他抗争的手段。例如,一国的文化若具有普遍性意义以及妥当性,或许就可以用于阐明欧美文化的相对性。但是,不论是观察战后日本文化论的存在方式,还是观察诸外国的文化论,可以明确看到,以国家单位的文化论很容易陷入一家独善论或狭隘的民族主义。另外,举出一国或是一个国家内的地区、阶层文化来观察,则很难看到普遍性的依据或其母体。

除此之外,把发展中国家当作一个地域群来研究,例如从联合国、国际政治中 77 国集团的交涉力、影响力观点来研讨人权,这种方法在某种程度上有益,与文明观点有部分重合,但作为研究出发点则不充分。今天的"发展中国家"绝不是别无二致。人权问题上,个人中心主义、法律中心主义、宗教等在社会上的重要性等方面都存在差异。例如,穆斯林诸国在法律中心主义、单一神教等方面与基督教欧美毋宁说有着许多共通性,反而与儒教或佛教占优位(狭义的)东亚各国有着很大差异。

(2)文明相容的视点与民间交流的视点

"民间=跨国=超越国境"视点重视国家以外的企业、非营利组织(NPO)、新闻媒介、个人的活动以及视点,包含许多文明相容视点无法消解的侧面。毋宁说,文明相容的视点是与民间交流视点一起,具有纠正、补充"国际"所内含的"国家间"或"政府间"的特性,可以说是确保更高层次的全球正统性的视点。"国际=国家间=政府间"的思维常常遗忘个人、企业 NPO、政治、宗教、经济、社会、文化团体等,而这两个视点正是以这些作为对象,着眼超越国家的活动,主张应当把其重要性导入国际法、国际政治、国际关系论等领域,在这些方面表现同一立场。只是"跨国"在形式和性质上,更注重国内各种主体、超越国家障壁的活动以及它们向世界发展的趋向。

然而,现实情况是,这些主体(全球范围内活动的企业、非营利组织、新闻媒介等)集中在欧美发达国家。而且个人、企业、非营利组织等全部包容在"跨国"这一范畴内,结果只能是由其中最强有力的企业国际活动来代表"跨国"。换而言之,个人、非营利组织,尤其后者却实是重要的国际行为主体,对国际政治、国际法有一定影响,但与国家和企业相比仍旧很微弱,无法充分起到制约"国际=政府间"协议、跨国籍企业的活动和其影响力的作用。因而"跨国"视点中孕育出新的问题,它最终不过是补充加强了欧美发达国家中心的思想。

与此相应,文明相容视点着眼于伊斯兰教圈、儒教圈、基督教圈等超越国家、区域范围的存在、活动、性质,强调它们的意义。因此,例如从文明相容视点来纵观伊斯兰教,它的现实影响力每每可与超级大国美国争高低,可以认为,把它作为说明现实国际政治、国家法存在方式的概念——至少是补充、制约"国际"概念的概念——颇具一定的实效力量。对儒教圈,有人曾一度提出仅从儒教文明观点来解释东亚的经济发展的见解,这当然不可行。但是,如果不仅从重视只由国家为单位国际视点或仅从重视经济的跨国境性的跨国视点,而且也从东亚(主要是亚洲东北部)共有的文化、宗教、规范性要素出发作补充说明,在这样限定意义范围内,不可否认考察儒教文明是有益的。

　　人权、地球环境保护等关系到人类全体,与不同规模的人类集团的价值观念直接相关,而且,这种关系的调整是一个很困难的课题。人们对伊斯兰教、儒教、基督教、近代产业情报文明等种种文明的归属——如同在日本看到信仰佛教、儒教、甚至近代欧洲文明的互相重叠,它们之间未必互相排斥——其中不少要比对企业、非营利组织、各种团体等种种的集团或组织的归属具有更重要的意义。例如,对多数穆斯林教徒而言,成为穆斯林与作为某一国或民族成员具有同等意义,有时,甚至更为重要。可以认为,将这种观点导入国际法、国际政治学,有着一定的现实的妥当性。我们认为,着眼于文明的复数存在、制约支配性文明的过大影响力的文明相容视点,在考察"国际性"问题与"民间交流"视点一道,具有积极的矫正、补充机能。

　　由此可见,从文明相容观点分析事物的思维方式,是为在21世纪中各个国家,尤其是美国和中国两个超级大国得以和平共处、维持安定的国际秩序,而为世界各国(民众)所普遍追求的。中国至19世纪为止长期地保持着华夷思想传统,它一旦成为超级大国,很难想象仍会像今天一样接受以美国为中心的世界格局。中国有着华夷思想传统以及19世纪至20世纪前期半殖民地的屈辱记忆,要把20世纪占支配地位的欧美中心,尤其是美国中心的思想强加于21世纪超级大国的中国,必然遭到具备经济、军事实力的21世纪中国的强烈抵制。国际秩序会因此而走向极度的不安定。因此,要维持和平安定的国际秩序,就必须尊重多文明的存在方式,通过互相调整重新组合国际新秩序,从而达成相互共存。

对日本来说,探索文明相容观点,普及该视点具有重要意义。日本是吸收、实现欧洲文明的非欧洲文明圈的先行者,事实上被迫在两者之间寻找出路。"和魂洋才"与"脱亚入欧"的关系反映了日本的这种矛盾特征和其中所孕育的紧张关系。而从国际性权力政治观点来看,日本处于美中夹板之间,与二者的共存和友好成为自我存在和繁荣的条件。但是,人权领域里的日本迄今并未立足于文明相容视点这一业已意识到的原则,而是应具体情况、尽量回避与欧美和非欧美国家的对立激化,表现出很强的因情况而变的色彩。为此,我们认为,无论是对 21 世纪日本的外交方式,还是每个日本国民对人权的理解,都有必要在理论上阐明这种态度里无意识地包含着的视点,把它提炼成原则。

为阐明分析文明相容视点的前提,需要检讨产生于近代欧洲并且成为人权母体的自然权,分析这一观念是怎么作为探讨国际关系的思维框架而导入国际社会的,以及该思维框架是以什么形式规定着我们的思想。我们不仅要分析阐明,个人的自然权之思维框架通过"人权"的"国际化",即国际人权保护的形式导入国际社会,发展成为一种制度,而且我们还将从权利角度来理解国家间关系,阐明自然权的思维框架对探讨国家平等、人民自决权本身所带来的影响,同时分析阐明,从"人权"所代表的权利角度考察、主张事物的思维方式为何虽在规范理论上有很大不足,却仍旧影响力很大。

选自[日]大沼保昭:《人权、国家与文明》,王志安译,生活·读书·新知三联书店,2003年,第16~23页。

5. 人权的时代境遇

唐纳利①：普遍人权的理论与实践

我们从哪儿获得人权？"人"权的实际用语指明了一个来源：人，人性，作为一个人或者人。法律权利以法律作为其来源。契约权利来自于契约。因此，人权显然以人或者人性作为其来源。

不过，人性——如何能够成为一个人——怎样产生权利呢？谈到法律，我们可以指法规或者习惯。谈到契约，存在着立契行为。人怎样使一个人获得权利呢？

人的需求常常被人们用来定义产生人权的人性："需求创立了人权。"不幸的是，"人的需求"几乎是与"人性"一样含糊不清的观念。如果我们转向科学，我们就会发现一系列特别有限的需求。克里斯琴·贝可能是最著名的人权的需求理论的倡导者，甚至她也认为，"超越生存和安全来谈论任何经验上既定的需要，是不成熟的"。如果我们转向别处，"需求"就会获得一种隐喻的或者道德的意义，而且我们就会以有关人性的哲学争论为依据。只要哲学理论不冒充为科学，那么，它就没有什么错误。事实上，要想理解人权的来源，我们必须转向哲学；关于需求的伪科学性搪塞将无济于事。

---

① 康纳利(J.Connery)，美国人权学者，先后在《美国政治学评论》《人权周刊》《世界政治》《国际事务月刊》《国际组织》《国际月刊》发表人权研究论文，著有《普遍人权的理论与实践》等。

　　人权的来源是人的道德性，这种道德性与按照科学上可确定的需求定义的"人性"只是松散的联系。人们并不是为了生活而"需要"人权，而是为了一种有尊严的生活而"需要"人权。正如《世界人权宣言》所指出的：人权产生于"人自身的固有尊严"。对于人权的侵犯就是对于人性的否定；这些侵犯未必使人的需求得不到满足。我们并不是对于健康要求拥有人权，而是对于这一种有尊严的生活，过一种称得上是人的生活，一种没有人权就不可能享有的生活所"需要"的那些事物拥有人权。

　　作为人权基础的"人性"是一个道德假定，一种对于人的可能性的道德考虑。科学家的人性确定了人的可能性的外部限度。作为人权基础的道德性是来自这些可能性的社会选择。科学家的人性认为，超越这一点我们寸步难行。作为人权基础的道德性认为，我们不能允许自己堕落于这一点之下。

　　与其他的社会实践一样，人权产生于人的活动；它们并不是上帝、自然或者生活中的有形存在赋予人的。人权代表着一种社会选择，它所选择的是有关人的潜能的一种特定道德观，这种道德观的基础是关于有尊严的生活的最低限度要求的一种特定的本质性的看法。人的潜能极具可变性，而且包含着善和恶在内；潜在的强奸犯和杀人犯与潜在的圣徒至少数量相当。在决定哪一种潜能将得以实现和如何实现方面，社会充当着关键角色。人权很大程度上阐明了这种选择将如何作出。

　　虽然人权理论家们可能会否定奥古斯丁的原罪及其世俗罪恶，但是，他们却可以承认在人性中存在着大量并不吸引人的因素。事实上，人权的核心目的之一就是找出这样的因素。因此，人们只是承诺而并不保证实质性的政治进步和道德进步。人权指出了这种进步性发展的途径。

　　人权要求特定类型的制度和实际活动，以实现关于人的可能性的基本道德观，即那些权利的实施和保护。人权是一种旨在通过制度化的基本权利实现有关人的尊严和潜能的特定观念的社会活动。当人权要求使法律活动和政治活动与其要求相吻合时，它们就将塑造按照那种道德观假定的人。

　　因此，在道德观和政治现实之间存在着一种建构性相互作用。在个人和社会(尤其是国家)之间也存在着建构性相互作用。这两种相互作用都是通过人权的实践形成的。对于国家活动的限制和要求是又人性和以人性为基础的权利确定的,不过,由人权引导的国家和社会在塑造(或者实现)人性的过程中起着重要作用。

因此,正如人性是一个给定物一样,它也是一个社会课题。正如一个人的"本性"或者特性要通过天赋、个人活动和社会制度的相互作用才会从大量给定的可能性中产生出来一样,人类(通过社会途径)才能塑造出其本身的真正本性。人权阐明了一种达成人的潜能的特定实现的社会活动结构。

人权超越了存在的现实情况;它们很少涉及人在已实现意义上的状况,而更多涉及的是关于人可能怎样生活,是一种被视为更深刻的达到现实的可能性。《世界人权宣言》没有告诉我们大多数国家中的生活状况,然而,它以权利的形式确定了这些要求,这就包含了一切。甚至在富裕和强大的国家中,这些最低限度的标准也并非能够经常得以实现。然而,这恰恰是拥有人权为何如此重要,而且可能是为何如此重要的原因;作为权利,他们要求一种能够实现潜在的人性道德观的社会变革。

因此,人权学说基本上把拥有人权与是人等同起来了。如果不享有人权的"对象",一个人几乎肯定被疏远或者疏离了其道德性。因此,人权常常被认为是不可剥夺的,这并不是说人们不能否定某人对这些权利的享有,因为每个压迫性政权都使其人民疏离其人权,而是说如果丧失了这些权利,在道德上是"不可能的":一个人不可能失去这些权利而过一种称得上是人的生活。

这就立即招致了一种乌托邦式的理想和实现这种理想的实际活动。人权实际上是说:"把人作为人来对待,你才会成为一个人。"这是其乌托邦的一面。可是,人权也说:"问题在于你怎样把人作为人来对待",并且进一步列举了一系列人权,这些人权确立了一个合法的政府必须在其中活动的框架。

就此而言,人权是一种自我实现的道德预言:"把人当作人对待——你就会成为真正的人。"关于人性的有远见的道德观是人权的来源,它为内含于人权要求中的社会变革提供了理由。这些权利的实际运用将使这种道德观成为现实,因此,使这些权利要求成为不必要。就人权来说,拥有的悖论不过是形成现实与理想、道德观念与政治实践之间这种本质性相互作用的另一种方式而已。

因此,人性、人权和政治社会之间的关系是"辩证的"。人权形成了政治社会,进而形成了人,进而实现了人性的可能性,这种可能性首先为这些权利提供了基础。"人性"为人权奠定基础,它把"自然的"、社会的、历史的和道德的因素结合到了一起;它由客观历史过程规定,但是并不完全由这一过程决定。

选自[美]杰克·唐纳利:《普遍人权的理论与实践》,王浦劬等译,中国社会科学出版社,2001年,第12~15页。

博比奥①:人权与宽容的理性

最活生生的理性,最纯粹意义上的实践的或政治的审慎,以及归根到底对不同宗教信仰——甚至是那些基本上持不宽容态度的人所信奉的宗教信仰(因为他们确信真理在握,并把一切与他们有着不同思想的人判为错误)——的尊重,所有这些都是我的出发点:宽容或为小恶,或为必要之恶。这一点当作如是解:宽容并不意味着对自身坚信的信念的放弃,而纯然意味着并直接在可能性上要求根据环境和境况时时检讨此信念,真理完全得益于错误,因为正如历史经验所证明的那样,他人对真理的压制无法扼杀真理,相反会使真理得到加强。而不宽容则不能因其设定获此结果。宽容者与怀疑论者之间的差异亦复由是判然:怀疑论者之为怀疑论者,在于他们昧于何种信仰将能胜出;而宽容论者则出于实践之理性而笃信真理必将胜出,且其必由

① 博比奥(N.Bobbio),意大利当代著名法哲学家、政治哲学家和思想史家,长期任教于都灵大学。他是当代西方自由左派最重要的理论家之一,著有《政治与文化》《法律规范理论》《法律秩序理论》《哪一种社会主义》《民主的未来》《权利的时代》《左与右》等。

之路只能是宽容,真理的目的是回击错误而免于受错误的妨害,这一目的只能通过宽容而非不宽容来实现。

这种理性,由于特别地具有实践性,因而表现方式也是多样的,决定其表现方式的因素是我或我的信条或学派、真理的掌握者与他人——沉溺于错误之中的他人——之间的力量关系的不同性质。如果你力量强大,那么容纳他人的错误则不失为明智之举:指控并压制、扩大其污点使其名誉扫地固然不错,但应尽可能以隐蔽的方式进行。压制可能比慷慨、宽大和宽容(包容,但也是审慎)更能使错误得到扩大。如果你力量极小,那么容忍他人的错误则是必然之举:如果我的抗辩被粉碎而我将失去一切希望,那么我的微弱的种子也能在未来结出果实。如果双方力量相等,便会开始博弈,其间的一切交易、一切妥协、一切协议赖以形成的共同遵守的博弈原则的基础就是和平共存(而所有共存都是建立在妥协与强制的基础之上的):宽容于是便成了交换的结果,成了暂时妥协的结果,成了两造对抗的结果,总之不外乎就是"你让我,我便敬你"的结果。再明显不过的是,我若有权利迫害他人,那么也是在授人以柄,使他人有了迫害我的权利。今天你能这么做,明天我也能这么做。在所有这些情况中,宽容都是公开地、有意识地、功利性算计的结果,因而与真理问题没什么关系。

越是走向健全理性的更高层面,我们就越是远离纯粹的政治审慎的理由,而转向对真正普适方法的选择,或者说转向对普遍适用于文明社会的方法的选择:宽容与其说是暴力的或强制的方法,不如说是一种说服的方法。一旦以这种方式理解宽容,就不再会存在对错误的消解接受,不再会有对错误的放任,而代之以信任理性或信任他人的理性能力的一种积极态度。代之以这样一种观念,即确信人能够不仅只济济于自己的利益,还能从一切人的利益着眼于看待他自己的利益,进而有意识地拒绝把暴力当作使他自己的观念胜出的唯一手段。

作为对恶和错误的纯粹容忍的宽容乃是一种神学信条,而且涉及说服方法的宽容则是那些最具启蒙精神的哲人们最常论及的主题,他们无不致力于在血流成河的宗教战争终结之时在欧洲使宽容原则确立起来。

一旦从宗教领域扩展到政治领域,便能代表一种大有希望的理由,对民主政制以及民主政体相对于所有形式的专制所具有的独特性质之一做出论证。民主种种可能的定义之一特别强调,民主在于用说服的技术取代强迫的技术以作出解决冲突的方式。这样做并不是为了让说服性的论证的特征和"新修辞术"广为流布。但众所周知的是,新修辞学派确乎有助于解释论说中的修辞性的推理和有效的民主方法之间存在着关联。

选自[意]诺伯托·博比奥:《权利的时代》,沙志利译,西北大学出版社,2016年,第228~231页。

6. 人权的跨学科研究

亨特①:人权与想象平等

在卢梭出版了他的《社会契约论》的前一年,他以一部畅销小说《朱莉》或《新爱洛漪丝》吸引了世界的注意力。虽然当代的读者感觉到书信体小说情节的发展有时是令人难以忍受的缓慢,但是 18 世纪时的读者内心的感受正好相反。此书的副标题激起了他们的期望,因为爱洛漪丝和阿贝拉尔的爱情是中世纪著名的悲剧故事。12 世纪时的一位哲学家和天主教神职人员彼得·阿贝拉尔诱奸了他的学生爱洛漪丝,因此她的叔叔让他付出了高昂的代价:阉割。两个相恋的人被永远地分开了,其后,他们私下里交换着那些几个世纪流传下来的令读者着迷的信件。卢梭同时期的滑稽模仿最初似乎对着极为不同的方向。这位新爱洛依丝,朱莉,也爱上了她的家庭教师,但是为了达到她专制父亲的要求,她放弃了一贫如洗的圣普尔的爱,嫁给了以为曾经救过她父亲生命的俄罗斯老兵——沃尔玛。她不仅超越了她对圣普尔的强烈的爱,而且似乎学会了仅仅像一个朋友一样地爱他。当她在将自己溺水的小儿子救出之后,她离开了这个世界。卢梭是旨在赞扬她对父亲的顺从,还是意欲作为悲剧来描写她牺牲自己的情欲呢?

---

① 亨特(L. Hunter),美国当代著名历史学家,新文化史运动的主要倡导者和领导者之一。曾任教于费城宾州大学、加州大学伯克利分校。著有《法国大革命时期的政治、文化与阶级》等,主编《新文化史》《超越文化转向》。

　　小说的情结,还有它的歧义,几乎无法解释卢梭的读者所经历的激情的迸发。小说真正打动他们的是书中的人物,特别是朱莉所引起他们的那种强烈的情感上的共鸣。自从卢梭已经享有国际声誉以来,他的小说即将出版的消息不胫而走,迅速地传播开来,部分原因是他将小说的段落大段地朗读给他各种不同的朋友们。尽管伏尔泰把它嘲笑为"这可怜的文字垃圾",让·勒龙·达朗贝尔——狄德罗的《百科全书》的合编人,在给卢梭的信里面说道,他已经"如饥似渴地读完了"这本书。他警告卢梭,在"一个谈论太多的伤感和激情而对他们却所知甚少的国家里",等待他的是公开的指责和批评。《学者杂志》承认,这部小说确有缺陷和一些甚至冗长鼓噪的段落,但是它推论道,只有那些没有同情心的人能够抵制这些"如此毁灭灵魂的情感的洪流,它是那么跋扈、那么专横地榨取出如此痛苦的泪水"。

　　廷臣、神职人员、军官们和各种普通人都写信给卢梭来诉说他们那"强烈的情感之火"、他们那"不断升腾地涌动的激情"。一个人详细地描述道,他没有为朱莉的死而哭泣,而是相反,他"像一只动物一样地尖叫和狂吼"。当一位 20 世纪的评论者,对写给卢梭这些信件作出的评论是,18 世纪时这部小说的读者们不是以愉悦的心情,而是带着"强烈的激情和极度的兴奋、一阵阵失控的扭动和抽泣去读的"。在法语原著出版不到两个月,就出现了英译本;从 1761 年到 1800 年的 40 年的时间里,英文版的《新爱洛漪丝》连续印刷了 10 版。在同一时期,为了满足世界上那些求知若渴的法语读者的需求,此书的法语版竟印刷了 115 版。

　　阅读《朱莉》为读者打开了移情的一种新形式。虽然卢梭使"人权"一词广为流传,但是人权几乎不是他小说的主题,贯穿于他小说始终的是炽热的激情、爱和美德。然而,小说中的朱莉激发了书中人物强烈的情感上的共鸣,以她的这种感染力使读者们对跨越阶级、性别和民族界限的情感产生同情。18 世纪的读者们像他们之前的人们一样,对那些与他们关系密切的人们以及那些很明显地像他们一样的人们——他们的直系亲属、他们的亲戚、他们同一教区的人们,总的说来,与他们惯常的社会身份平等的人产生同感。可是 18 世纪的人们必须认识到对跨越更加广泛的限定界限去产生共鸣。阿历克西·德·托克维尔详细讲述了伏尔泰的秘书讲过的关于迪沙特莱夫人的一段故事,她脱衣服时从不顾忌她面前的仆人们,她"没有考虑到贴身的男仆是男人这一既定的事实"。当男仆也被视为男性公民时,人权才会有意义。

选自[美]林·亨特:《人权的发明》,沈占春译,商务印书馆,2011年,第20~22页。

安靖如①:人权与中国思想

中国在经济和政治实力方面的不断崛起无疑地增加了中国人希望看到中国价值观崛起的渴望:一个拥有五千年文明历史的国家难道不可以给当代世界贡献良多吗? 近几年来,中国在"普适价值观"的倡导者与"中国模式"的支持者之间掀起了一场广泛的争论。当然,人权并非是此场争论的唯一主题,争论也涵盖了经济和政治组织、自由和福利之类的一般价值观,以及全世界是否或应否趋向一套单一的价值观等问题。也许从此争论中可以得到的一个启示是,无论是对"普适价值观"还是对单纯"中国模式"的单一理解而言,没有一个答案适用于所有这些不同领域。

另一个可以得到的启示是,我们应该寻找那些可以使普遍性与地方性得以结合的方式。有三种方法可以做到这一点。第一,某些在一个地方性语境中以一种独特的当地词汇首先表达出来的东西, 最后也会会变得具有普遍意义。可以肯定的是,科学、医学和技术上的诸多发现都是如此。例如,传统中医的很多疗法在西方国家正日益得到更多的了解,它们开始被越来越广泛地接受,这说明并不是只有中国人才能从针灸中获益。我们也可以以这种方式理

---

① 安靖如(S.Angle),美国密歇根大学哲学系博士,维思里安大学哲学系教授。2006—2007 年为北京大学哲学系福布赖特访问学者。主要研究领域包括儒家伦理和政治哲学、德性伦理学、宋明理学、现代中国政治哲学以及比较哲学方法论等。著有《人权与中国思想》《中国人权读本》《圣境:宋明理学的当代意义》。

解人权：虽然这种思想最早为西方人所提出，但它最终可以使所有人都同样从中获益，而不论人们是哪里人。有意思的是，中国哲学家赵汀阳最近提出了其所谓的"非西方的普遍人权理论"，他认为这种理论不同于源于西方的人权理论，但却同样具有普适性。

第二种将普遍性与地方性相结合的方法是，主张一种普遍价值观在不同的语境总可以以不同的方式予以运用或实现。对这种主张的其中一种说法，我将其称之为"环境相对论"：由于语境存在差异，同样的一个价值观却会要求人们从事不同的行为或以不同的制度予以实施。随着地方"环境"的改变，该价值观所要求的行为的具体类型可能也会发生改变。这种将普遍性与地方性相结合的方法还有一种变体形式：主张某个普遍价值观的正当化论证必须以地方性术语进行表达。例如，雅格·马里旦的一个著名论断认为，只要全世界的哲学家中没有人问及"为何"这些东西就是人权，那么就表明他们都认同人权。迈克·沃尔茨对单薄价值观和厚实价值观的区分则是这种思想的另一个版本。

第三，我们还可以通过对具有不同层次的不同类型价值观予以区分的方法将普遍性与地方性结合起来。即便我们认为，为了国内或国际社会的良好运转，或者为了对所有人都公平，就有必要对某些价值观达成共识，我们也仍然相信，社会亚群体也可以拥有他们自身独特的价值观。牟宗三本人虽然不是一个多元论者，但他提出的有关"自我缺陷"的著名观点同样可以用来为将不同伦理观与一套普遍获得接受的政治价值观结合起来的方法进行辩护。

我所倡导的理解人权的方法与上述三种观点都完全一致。我不为任何一种具体的人权理论辩护，因为我的论题是，看看在有关人权的问题上我们可以从过去两个世纪以来中国权利话语的演进方式中得出什么更广泛的结论。我将从两方面对此进行说明。一方面，中国权利理论家们探讨权利问题是基于一些在当地语境下可以理解的原因，并且这些讨论都是用地方性词汇进行的。中国的权利话语无论在历史和概念方面都独具特色。然而另一方面,中国权利理论家们都一致将权利视为普遍的,他们在讨论权利时都好像认为他们已经成功地理解了那些非中国的权利话语。我提出的口号是"保持特色但仍坚持交流",其含义就是,地方性差异并不会妨碍中国理论家们按其中一种或多种上述方法将权利理解为具有普遍性的。

我相信,理解中国权利话语的起源与演变对于理解应如何平衡人们对普遍性与地方性所具有的不同看法这个问题具有重大价值。将人权视为普遍的并不意味着就推定每个社会都是或应当都与 18 世纪的法国或 21 世纪的美国完全一样。这两个国家都曾面临很多质疑,很多质疑可以理解为在指责它们对人权的关注不够充分。纵观过去两个世纪不断变化的历史和概念语境,中国的知识分子都试图更好地理解从而更好地处理他们自身社会所面临的挑战。这些知识分子们经常利用普遍人权来应对这些挑战,尽管他们将人权概念化的具体方式仍然保持着自己的特色……

选自[美]安靖如:《人权与中国思想》,黄金荣、黄斌译,中国人民大学出版社,2012年,中文版序第1~4页。

版权说明

1. 本系列丛书所有选编内容,均已明确标明文献来源;

2. 由于本系列丛书选编所涉及的版权所有者非常多,我们虽尽力联系,但不能完全联系上并取得授权;

3. 如版权所有者有版权要求,欢迎联系我们,并敬请谅解。

本丛书编委会

(复旦大学马克思主义学院,上海,邮编200433)

2020 年春